W0174112

Die Kunst des Alleinseins

Ursula Wagner

Die Kunst des
Alleinseins

Theseus Verlag

Theseus im Internet: www.Theseus-Verlag.de
Wir senden Ihnen gern unseren Gesamtprospekt zu.

Bibliografische Information Der Deutschen Bibliothek
Die Deutsche Bibliothek verzeichnet diese Publikation in der
Deutschen Nationalbibliografie; detaillierte bibliografische Daten
sind im Internet über
http://dnb.ddb.de abrufbar.

ISBN 3-89620-255-3

Originalausgabe

Lektorat: Ursula Richard

Copyright © 2005 Theseus Verlag, Berlin
Die Theseus Verlag GmbH ist ein Unternehmen
der Verlagsgruppe Dornier.

Umschlaggestaltung: Morian & Bayer-Eynck, Coesfeld, www.mbedesign.de
unter Verwendung eines Fotos © Getty Images/Taxi, Diane Padys
Gestaltung und Satz: Typografik & Design – Ingeburg Zoschke
Druck: Clausen & Bosse, Leck
Printed in Germany

GEWIDMET   *Meiner Mutter*
und in liebevoller Erinnerung
meinem Vater († 2002)

Inhalt

Dank

Ich möchte allen Personen sehr herzlich danken, ohne deren Unterstützung, Wissen und Hilfe dieses Buch nicht hätte entstehen können.

Zuallererst danke ich den Lektorinnen Ursula Richard und Heike Neumann für die Ermutigung zum Schreiben und ihre hilfreichen Anregungen bei der Umsetzung dieses Projektes.

Marianne Henry danke ich sehr für Transkription und Korrekturarbeiten.

Den Schwestern des Karmelitinnen-Ordens in Berlin möchte ich besonders für den Ort der Stille danken, den sie für Gäste bereitstellen und teilen.

Meinen Interviewpartnern verdanke ich fachliche Beiträge und persönliche Geschichten zum Thema Alleinsein, die mir sehr wichtig waren.

Herzlich bedanken möchte ich mich bei der Psychoanalytikerin, Prof. Dr. Eva Jaeggi, der Psychoanalytikerin Esther Staewen-Schenkel und der Psychotherapeutin Erdmuthe Kunath sowie den Meditationslehrerinnen Sylvia Wetzel, Joan Halifax Roshi und dem Benediktinermönch Anselm Grün, mit denen ich sehr inspirierende Gespräche führen konnte.

Sofern es sich um persönliche Geschichten handelt, habe ich die Namen und biografischen Umstände der Interviewpartnerinnen und -partner auf Wunsch so weit verändert, dass man keine Rückschlüsse auf ihre Namen ziehen kann, ihre Geschichten jedoch lebendig geblieben sind. Ich danke allen für ihre Offenheit und Bereitschaft, über das Thema Allein-sein und Einsamkeit mit mir zu sprechen.

Aus meinem persönlichen Umfeld standen mir in der Ent-stehungszeit mit hilfreichen Gesprächen zur Seite: Birgit Bauer, Gloria Brandt, Imke Fiedler, Monika Löhlein-Heidt, Gertrud Mayr, Brigitte Stresemann, Dorothee Wagner und Thomas Zimmermann. Danke auch an den Mittwochskreis, solange er bestanden hat.

Mein besonderer Dank geht an Guido für inspirierenden Austausch und tatkräftige Unterstützung im Endspurt sowie für den Beginn eines wundervollen neuen Kapitels …

Ursula Wagner

Vorwort

Als ich begann, ein Buch über das Alleinsein zu schreiben, war ich vor allem neugierig darauf, das Alleinsein in seinen vielfältigen Facetten zu erforschen und zu beschreiben. Ganz unterschiedlich hatte ich selbst bis dahin das Alleinsein erlebt: von den ersehnten Momenten der Ruhe und inneren Einkehr im Kloster bis zur Enttäuschung über Phasen des ungewollten Alleinseins als Single.

Mehr und mehr entdeckte ich im Verlauf der Zeit die Qualitäten des Alleinseins: die Möglichkeit, sich seiner selbst bewusst zu werden, sich im Leben auszuprobieren, die spirituelle Dimension des Seins zu berühren und bei sich selbst anzukommen. Dazu will Sie auch dieses Buch einladen: anzukommen bei sich selbst, ganz gleich, ob Sie sich im Familienalltag nur jeweils kurze Auszeiten genehmigen können oder als Single längere Zeit allein leben und diese Zeit sinnvoll nutzen möchten.

In den vier Teilen des Buches werden die unterschiedlichen Aspekte des Alleinseins dargestellt. Die »weltliche« Dimension des Single-Lebens und wie man damit umgehen kann werden ebenso untersucht wie die Möglichkeit, spirituelle Erkenntnis durch das Alleinsein zu finden.

Sie können jeweils einfach mit den Kapiteln beginnen, die Ihnen spontan zusagen. Viele Interviewpartner, Frauen und Männer, sowie Experten aus der Psychologie und spirituelle Lehrerinnen und Lehrer haben zu diesem Buch beigetragen.

Neben diesen Anregungen und Geschichten finden Sie in jedem Kapitel Übungen und Meditationen, die Sie in Ihrem Alltag ausprobieren können.

Sie können die Übungen und Meditationen auch unabhängig von der im Buch angegebenen Reihenfolge ausführen. Sofern eine andere Übung zur Grundlage nötig ist, wird darauf jeweils verwiesen. Im Anhang finden Sie eine Übersicht sämtlicher Übungen und Meditationen.

Wenn Sie das Buch immer wieder einmal zur Hand nehmen und unterschiedliche Übungen oder Meditationen machen, kann es sinnvoll sein, Ihre Aufzeichnungen dazu in einem Notizbuch oder Ihrem Tagebuch zu sammeln.

Gerne möchte ich Sie dazu inspirieren, die Kunst des Alleinseins zu üben, denn sie ist nach meiner Erfahrung die Voraussetzung für wirkliches Glück.

Für Ihren Lebensweg – allein und mit anderen – wünsche ich Ihnen von Herzen alles Gute.

Einführung:
Mein Alleinsein,
erste Spuren

Ich erinnere mich …

Ich bin sechs Jahre alt und werde eingeschult. In einer Aula, die mir aus der Perspektive des kleinen Mädchens riesig erscheint, sitze ich neben meiner Mutter. Der Raum ist gefüllt von dem aufgeregten Geschnatter und Gelächter der anderen Kinder mit ihren Eltern. Die Geräuschkulisse überschwemmt mich. In der unüberschaubaren Masse von Kindern und Erwachsenen fühle ich mich verloren. Wenigstens gibt es da noch die Hand meiner Mutter, in die ich meine kleine Kinderhand ängstlich vergrabe.

Und dann kommt der Moment, in dem wir Erstklässler aufgefordert werden, zu den neuen Klassenlehrerinnen nach vorn zu gehen. Name für Name wird aufgerufen, jetzt kommt meiner, jetzt soll ich nach vorne gehen, allein, die Hand der Mutter loslassen … ich habe so viel Angst! Und ich fühle mich so allein! Mit meinen zittrigen kleinen Beinen und mit Tränen in den Augen gehe ich nach vorn ins Ungewisse.

Alleinsein, das heißt loslassen von dem, was Halt, Sicherheit und Schutz gibt, Aufbrechen ins Unbekannte.

Ich bin vielleicht zehn oder elf Jahre alt und atme die kühle Weihrauchluft der Kapelle in meinem Heimatort ein. Es ist ein winziger Raum, bestückt mit nur drei kleinen Bänken vor einem Marienaltar, auf dem Opferkerzen und Weihrauch

brennen. Drei Treppenstufen führen hinunter in das grotten-
artige Gewölbe, diesen Ort der Stille, mitten im Stadtkern
der niedersächsischen Kleinstadt, in der ich aufwachse. Es ist
Hochsommer, draußen ist es stickig heiß und laut. Hier drinnen aber ist es kühl und still. Ich sitze hier, so oft ich kann, ein
zartes, junges Mädchen, das auf die Stille lauscht und noch
nicht weiß, noch nicht sagen könnte, was es hier sucht – und
findet.

   Alleinsein, das ist Stille. Stille, die eine Verbindung herstellt
mit dem tiefsten, dem unausgesprochenen Wesensgrund, den
ich mein Leben lang suchen und erforschen werde.

Ich wache an einem Sonntagmorgen auf, eine Frau Mitte dreißig. Meine Hand fährt über die leere Seite meines Doppel-
betts. Ich bin allein an diesem Sonntagmorgen, wieder allein,
und meine Gedanken machen mich traurig. Warum ist niemand bei mir? Warum habe ich niemanden, mit dem ich
mein Leben teile, jemanden zum Reden, Lachen, Anfassen?
Warum muss ich so viel allein sein? Die Gedanken hallen bit-
ter in meinem Kopf wider.

   Alleinsein, das ist Einsamkeit und sie tut weh. Meine Wahr-
nehmung reduziert sich auf meinen persönlichen Schmerz.
Das Herz verkrampft sich, die Gedanken drehen sich im
Kreis.

Ich sitze auf dem Lieblingsplatz in meiner Wohnung, auf dem
Sofa, neben dem breiten Fenster zur Dachterrasse. Der Blick
schweift ungehindert frei über den Horizont, weit über die
Dächer Berlins. Der Abendhimmel bietet mir sein erstaun-
liches Farbschauspiel, gelb, orange, violett. Ich sitze nur und
schaue. Es gibt nichts zu tun, außer hier zu sitzen, in dieser

erfüllten Stille, allein. Ich muss keine Kinder versorgen, keinen Mann bekochen, keine materiellen Ängste ausstehen, ich bin gesund.

Und ich bin dankbar, so dankbar hier angekommen zu sein, dass es mir Tränen in die Augen treibt.

Alleinsein, das ist ein Privileg. Allein zu sein und so glücklich sein zu können, das ist eine wundervolle Blüte des Lebens.

Übung.

Spurensuche meines Alleinseins

- *Nehmen Sie sich Zeit, am besten spontan, wenn Sie »in Stimmung« sind, und gehen Sie auf die Spurensuche Ihres eigenen Alleinseins.*

  Schreiben Sie Ihre Erinnerungen, Gedanken und Gefühle auf oder malen Sie ein Bild mit Wasserfarben oder Wachsmalkreiden. Je unzensierter und spontaner, desto besser.
- *Achten Sie dabei auch auf Ihren Körper – wo spüren Sie das Alleinsein jeweils? Im Brustkorb, im Bauch, im Kopf? Welche Körperempfindungen sind es? Wärme, Kälte? Ein Ziehen, Brennen, ein Druck oder ein Klopfen?*

Symbole des geglückten Alleinseins

Als ich persönlich begann, mich mit dem Alleinsein zu beschäftigen, war es mir wichtig mit Menschen zu sprechen, denen das Alleinsein zu glücken schien. Und ebenso wichtig wurden mir Symbole, die dieses glückliche Alleinsein verkörperten.

Ich fand zwei Bilder, die mich in dieser Hinsicht besonders beeindruckten.

Eines ist ein Foto aus der Natur. Darauf sieht man einen Baum, der an einem Felsen wächst, mitten in der Steinwüste von Utah, und seine Gestalt gegen den blauen Himmel streckt.

Geschichte.

Der blühende Baum am Felsen

Kühn möchte man ihn nennen, diesen allein stehenden Baum. Wie er seine vom Wind knorrig gewordenen, gewundenen Äste weit dem blauen Himmel entgegenstreckt und dabei am Abgrund des Felsens balanciert. Seine Wurzeln sind nicht zu sehen, nur zu ahnen, sie müssen irgendwo in den Spalten des rötlichen Felsens stecken. Wo ist wohl die Erde, die diese Wurzeln hält? Der Baum ist in diesen Felsen hineinverwoben und balanciert an der Felskante wie ein Hochseilartist. Auf den zweiten Blick erkennt man, wenn man den Blick von der kühnen Silhouette des Vordergrundes in den Hintergrund des Fotos schweifen lässt, dass es noch andere Bäume in dieser kargen Felslandschaft gibt. Es scheint ein Netzwerk von Baum-Freunden zu geben, die mit dem Fels verbunden sind und sich genau die wenige Erde teilen, die sie zum Überleben brauchen. Wind und Sonne wechseln im Lauf der Tages- und Jahreszeiten ab und spenden Wasser, Licht und Schatten. Eichhörnchen klettern auf den Ästen umher, fressen die Früchte des Baumes und hinterlassen auf dem Boden die Samen, so dass der Baum sich fortpflanzen kann. Hin und wieder kommt ein einsamer Wanderer mit einem schweren Rucksack und einigen Wasserflaschen vorbei, um in dieser kargen Landschaft sein Zelt aufzuschlagen. Und der Baum mag sich denken: Kühn, diese Menschen in dieser Landschaft – so allein.

Übung.

Fels in der Brandung und blühender Baum – Symbole des Alleinseins

- Welches Symbol aus der Natur verkörpert für Sie die Stärke des Alleinseins?
  Suchen Sie sich ein solches Bild, vielleicht aus einem Kalender oder einer Postkarte und hängen Sie es so auf oder stellen Sie es so hin, dass Sie es immer wieder einmal betrachten können.
- Wie ähnlich oder verbunden fühlen Sie sich diesem Symbol der Stärke?
- Oder: Wie verschieden, wie getrennt sind Sie von dem Symbol der Stärke?

Das zweite Bild zeigt eine buddhistische Statue, eine weibliche Buddha-Gestalt, mit dem Namen Kuan-Yin. Dieses Foto sah ich zum ersten Mal als Titelbild auf einer Zeitschrift zu dem Thema:»Körper und Geist in Einklang«.[1] Und genau diesen Einklang mit sich selbst verkörpert diese Buddha-Statue auch für mich.[2]

Geschichte.

Betrachtung der weiblichen Buddha-Figur Kuan-Yin

Wie sie da sitzt, völlig in sich ruhend und zugleich so, als könnte sie im selben Moment voller Energie aufspringen, erkennt man auf den ersten Blick: Sie muss eine Königin sein, wenn nicht gar eine Göttin! Ja, sie ist ein Buddha in weiblicher Gestalt. Man sieht es an ihrem überirdisch schönen Lächeln, dem edlen, figurumspielenden Gewand aus Seide mit eingewirkten Goldfäden. Man erkennt es an ihrem hohen Haarschmuck, an den kostbaren langen Ohrringen und den

Armreifen. Gelassen sitzt sie auf einem Thron, der ganz auf der Erde steht und dessen Kostbarkeit doch himmlisch anmutet. Ein Bein hat sie aufgestellt, ihr rechter Arm stützt sich auf das angewinkelte Knie. Anmutig und vollkommen entspannt hängt ihre rechte Hand mit den langen Fingern über ihrem Unterschenkel. In dieser Haltung könnte Sie gleich aufstehen, ja aufspringen und tausend Taten vollbringen oder für immer sitzen bleiben und nichts tun. Ihr Gesichtsausdruck ist ruhig, gütig und ein klein wenig belustigt. So, als freue sie sich am Leben und vielleicht auch an ihren vielen Betrachtern, die täglich in das Museum zu ihr kommen, um vor ihrer Schönheit und Anmut staunend zu verweilen. Manche Besucher setzen sich vor sie hin, nur um sie eine Zeit lang zu betrachten. Denn man ist gerne in ihrer Nähe – für einen Augenblick, für eine Stunde, für die Ewigkeit.

Kuan Yin ist, wer sie ist. Man fragt sich bei ihrer Betrachtung nicht, wo ihr Mann ist, ob sie Kinder hat oder noch welche bekommen möchte. Oder ob sie Karriere gemacht hat oder noch machen möchte.

Vor Kuan Yins perfektem Alleinsein wird tatsächlich AL-LES-EINS. Zumindest wird es für kurze Zeit der Betrachter mit der Statue, vor dessen Ruhe er in Anbetung verfällt, auch wenn er nicht weiß, wer sie ist.

Meditation.

Klarheit, Kühnheit, Klugheit[3] – *Wer verkörpert für mich die Kraft des Alleinseins?*

- *Wenn Sie an die Begriffe Klarheit, Kühnheit, Klugheit denken, welche Person fällt Ihnen dazu ein?*
  (Es kann sich um eine Person aus dem realen Leben oder aus der Literatur oder Geschichte handeln.)
- *Welche »Botschaft« würde Ihnen diese Figur mit auf den Weg geben, die für Sie persönlich wesentlich und hilfreich wäre?*

Die Kunst,
die Herausforderungen
des Alleinseins
anzunehmen

Der erste Teil dieser Reise durch das Alleinsein untersucht das Alleinsein im Alltag. Wie gelingt der Umgang mit dem Alleinsein und warum sind in unserer Gesellschaft so viele Menschen allein? Eine Frage, die vermutlich viele langjährige Singles kennen, ist der Gedanke: Warum bin ich allein? Stimmt etwas nicht mit mir? Die weniger bekannte Frage ist die nach dem »Wozu« des Alleinseins. Was wird mir durch das Alleinsein möglich? Was kann ich tun, gerade weil ich allein bin und lebe? Wozu will ich Zeiten des Alleinseins nutzen?

Wozu bin ich allein?

Alleinsein bedeutet für Menschen ganz Unterschiedliches. Manche assoziieren damit ausschließlich den Begriff Einsamkeit, andere wiederum kennen das Alleinsein als Voraussetzung für Ausgeglichenheit und Zufriedenheit in ihrem Leben. Zeit mit sich allein – Alleinzeit – das ist nichts, das man möglichst schnell hinter sich bringen sollte wie die Überquerung eines Berges bei schlechtem Wetter. Tägliche Oasen des Alleinseins sind unerlässlich, um in einem Alltag von Beziehungen, Familie, Arbeit und anderen Aktivitäten nicht im Strudel der Eindrücke und Anforderungen unterzugehen. Und Alleinsein als Lebensphase kann ein Abschnitt des Lebensweges sein, der viele reiche Erfahrungen mit sich bringt.

Wir haben alle ein intuitives Wissen darüber, dass Alleinsein wertvoll und wichtig für uns ist. Warum vermeiden so viele Menschen es dennoch, eine Zeit lang allein zu sein oder sogar allein zu leben? Vielleicht liegt es daran, dass Zeiten des Alleinseins auch Angst hervorrufen. Es ist eine tiefe, existentiell menschliche Angst, die beklommen danach fragt: »Bin ich allein und verlassen?« *Eine* Antwort auf die Frage, wozu wir allein sein sollen, liegt genau darin begründet, sich dieser Angst zu stellen. Die Sufi-Lehrerin Annette Kaisern drückt es folgendermaßen aus: »Jeder Mensch hat in sich ein Empfinden für das Ganzsein, für das Heilsein, für ungetrennte Liebe, für das Eine. Wir tragen Es alle im Herzen. Wir werden in diese Welt hineingeboren und erleben an irgendeinem Punkt eine Spaltung, weil diese Welt der Erscheinung auf dem dualen Prinzip basiert. Das ist sehr oft der Punkt, an dem wir uns nicht mehr geliebt fühlen, verstoßen, nicht akzeptiert ... Es ist eine Art Kernspaltung. Wie wir auf diese ›Kernspaltung‹ reagieren und auch die Spaltung selbst müssen uns bewusst werden.«[4] In Phasen des Alleinseins können wir zweierlei erleben, erstens, dass wir diese »Kernspaltung«, diesen tiefsten Punkt des Alleinseins, erleben können und den Schmerz darüber überleben, und zweitens, dass wir in der Konfrontation mit diesem existentiellen Alleinsein erst unsere wahre Stärke finden.

Wozu sollten wir uns dem Alleinsein stellen? Weil Alleinsein uns in unserem Alltag in jedem Fall begleiten wird. Es gibt einen inneren Raum in uns, der sich nicht mit Medien, Beziehungen oder Arbeit verdecken lässt. Eine kleine, innere, nagende Stimme sagt: »Hör mich, ich bin dein Alleinsein.« Damit Sie hören können, was diese innere Stimme Ihnen darüber hinaus sagen möchte, müssen Sie in Ihrem Alltag hin und wieder innehalten. Das können Sie zu festgelegten Zeiten tun, etwa in einer stillen Minute am Morgen, nach Beendigung Ihres Arbeitstages, um zu Hause anzukommen, oder auch immer einmal wieder in Ihrem Alltag, indem Sie innerlich STOPP sagen. Die folgende kleine Übung zur Achtsamkeit schlägt Jessica Wilker[5] vor:

Übung.
Achtsam für Gefühle werden

- *Halten Sie einen Moment inne und versuchen Sie dann wahrzunehmen, was Sie in diesem Moment fühlen. Verwenden Sie zur Benennung Ihres Gefühles einmal nicht die geläufigen Formulierungen wie zum Beispiel:* »Ich bin traurig« *oder* »ich fühle mich müde«, *sondern versuchen Sie einmal, Ihr Gefühl auf folgende Weise auszudrücken:* »Da ist Trauer« *oder* »da ist Müdigkeit«. *Dadurch können Sie Ihre Gefühle mit etwas mehr Abstand und klarer wahrnehmen.*
- *Sobald Sie Ihre innere Verfassung benannt haben, beenden Sie diese kleine Übung schon.*

Wiederholen Sie diese Übung dafür mehrmals im Laufe des Tages. Wählen Sie dafür zunächst Momente, in denen Sie Zeit und Ruhe haben. Zusammengefasst lautet die Übung der Achtsamkeit einfach:

- *Innehalten – Gefühl wahrnehmen – Gefühl benennen – Übung beenden.*

Durch die Übung der Achtsamkeit für Gefühle können Sie Momente des Alleinseins herbeiführen, um sich Ihrer selbst mehr bewusst zu werden. Dies ist eine gute Basis, um kleine Oasen des Alleinseins mehr und mehr auch genießen zu können.

Auf längere Phasen des Alleinseins sind allerdings die Wenigsten von uns wirklich vorbereitet.

Für manche Menschen kommt das Alleinsein auf Samtpfoten, für andere dagegen als Schock. Vera, die mit 45 Jahren plötzlich Witwe wurde, sagt: »Alleinsein, das war für mich in den ersten Monaten nur ein schwarzes Loch.«

Ganz anders ging es Natascha, die drei Jahre allein lebte, bevor sie auf einer Party völlig ungeplant ihren heutigen Mann traf. Sie erinnert sich, dass sie dachte: »Schade, dass meine Zeit des Alleinseins schon vorbei ist.«

Auch die Qualität des Alleinseins kann sehr unterschiedlich erlebt werden. Das Ende einer Beziehung des 40-jährigen Thomas zog sich über mehrere Jahre hin. Einsamkeit erlebte er bereits *in* der Beziehung, und das tatsächliche Alleinleben war dann wie ein Aufatmen. Der 42-jährige Martin wählte das Alleinsein bewusst als Lebensform, nachdem eine Beziehung zu Ende gegangen war, »damit ich zu mir komme«. Auch für Sylvia, eine Schriftstellerin, ist ihr derzeitiges Single-Dasein eine frei gewählte Lebensform. Sie sieht diesen Lebensabschnitt als vorübergehend an und genießt den freien Raum für ihre Arbeit.

Um die positiven Seiten des Alleinseins annehmen zu können, muss man im Alleinsein ankommen und Abschied nehmen vom Mythos der Gleichung allein = einsam = unglücklich, zu zweit = nicht mehr allein = glücklich.

Beruf und Partnerschaft sind in der westlichen Kultur zwar die wichtigsten »Stützräder« unseres Selbstbewusstseins und Selbstwertes. Doch diese vermeintliche Sicherheit ist trügerisch. Wer einmal eine Zeit ungewollt allein gelebt hat, arbeitslos geworden ist oder gar beides, der muss seinen Selbstwert sehr viel mehr aus eigener Kraft schöpfen. Er muss die Kraft aufbringen, gegen den Wind der Ansprüche und der Erwartungen von außen auf seinem eigenen Weg zu bleiben. Allein zu leben, so könnte man auch sagen, ist das reinste Bodybuilding für den Selbstwertmuskel!

Allein etwas zu tun, in die Welt zu gehen, stärkt uns. Und das nicht nur als Kinder, sondern auch als Erwachsene. Wussten wir, dass wir uns gut mit Händen und Füßen am marokkanischen Taxistand verständigen können, bevor wir es nicht erlebt haben?

Wer hat uns immer eingeredet, dass wir »zu wenig selbstbewusst« seien und uns »nicht gut durchsetzen« könnten? Während der Dienstreise allein im Ausland kommen wir plötzlich mit lauter Fremden ins Gespräch und schaffen es auch, unserem Wunsch nach einem warmen, nicht lauwarmen Essen angemessen Ausdruck zu verschaffen.

Wer plötzlich auf sich allein gestellt ist, entdeckt oft Kräfte, die er vorher nicht an sich wahrnehmen konnte.

Übung & Meditation.

Das Stärkeninventar

Wenn Sie sich gerade in einer Phase des Alleinlebens befinden oder sich an eine solche Zeit zurückerinnern können, stellen Sie bitte jetzt einmal spontan eine Liste auf mit Eigenschaften, die Sie gerade in dieser Phase des Alleinseins besonders stark erlebt haben. Konzentrieren Sie sich einmal nur auf die positiven Eigenschaften und Stärken, die Sie in dieser Zeit entwickeln konnten.

Ihre Liste könnte zum Beispiel folgende Punkte beinhalten:
- *auf Menschen aktiv zugehen*
- *unerschrocken sein, sich nicht hinter anderen verstecken*
- *meine Finanzen regeln*
- *mich selbst verwöhnen können*
- *Gedichte schreiben*
- *…*

Um Ihre Stärken zu würdigen und weiter wachsen zu lassen, können Sie sich in einer kleinen abschließenden Meditation Ihre Stärken wie Samenkörner vorstellen, die Sie in einem Blumenbeet oder Blumenkasten einpflanzen und dann wachsen sehen. Dazu können Sie sich

einfach an einen ruhigen Platz bequem hinsetzen, Ihre Augen schlie-
ßen und das Bild der Samenkörner und des Wachsens vor Ihrem in-
neren Auge sehen.

Wie Sie mit einer einfachen Atemmeditation die Übungen
mit inneren Bildern unterstützen können, lesen Sie im folgenden Abschnitt in der kurzen Einführung zur Meditation.

Meditation.
Eine kurze Einführung

- *Setzen Sie sich nun an einen ruhigen Ort und folgen Sie einige Atemzüge lang Ihrem Atem.*
- *Achten Sie besonders auf die Atempausen und warten Sie, bis Sie spontan wieder ein- oder ausatmen.*
- *Beenden Sie die Atemmeditation nach einigen Minuten, bevor Sie sich »anstrengen« müssen, Ihre Aufmerksamkeit zu halten.*

Für die Übungen in diesem Buch reicht es, Meditation in ihrer Grundform zu verstehen, nämlich einfach als unsere natürliche Fähigkeit, aufmerksam zu sein. Meditation ist die
Kunst, diese natürliche Aufmerksamkeit bewusst zu üben und
zu bündeln.

Man kann die Aufmerksamkeit auf verschiedene Objekte
ausrichten, zum Beispiel auf den Atem, auf eine Kerzenflam-
me, ein Bild oder auf Mantras und auch auf Gebete. Der
Atem empfiehlt sich aus mehrerlei Hinsicht als Meditations-
objekt. Einmal ist er immer bei uns – wir können ihn also
nicht verfehlen oder verpassen. Zweitens verbindet uns der
Atem ganz tief mit unserem Lebensprozess: Einatmen und
Ausatmen ist das Leben. Das Ende des Atmens bedeutet auch
das Ende des Lebens.

Tatsächlich verbindet uns der Atem auch ganz besonders
mit unserem Alleinsein. Atmen Sie einmal spontan ein – be-

merken Sie die kleine Pause am Ende des Einatmens – und lassen Sie den Atem wieder ausfließen – bemerken Sie die kleine Pause am Ende des Ausatmens.

Wenn man völlig ausgeatmet hat, spürt man eine gewisse Leere in sich. Der Autor John Selby meint in seinem Buch *Die Kunst, allein zu sein*[6], dass genau diese Leere am Ende des Ausatmens uns mit unserem innersten Wesen verbindet, das stets allein ist.

Dem Atem zu folgen und den natürlichen Drang des Einatmens wieder zu spüren kann in uns das Vertrauen wachsen lassen, dass alles von allein und gut geschieht. Eine weitere Atemmeditation finden Sie im Anhang auf der Seite 263.

Viele Menschen, egal ob sie bisher gar nicht, wenig oder viel meditiert haben, finden es schwierig, sich aus ihrem geschäftigen Alltagsleben herauszulösen, um sich einfach hinzusetzen und ruhig zu werden.

Für die Meditationen und Übungen dieses Buches möchte ich Ihnen deshalb zwei Entspannungs- und Konzentrationsübungen empfehlen, die im Anhang auf den Seiten 262 f. vorgestellt werden. Sie können Ihnen helfen, zur Ruhe zu kommen. Beherrschen Sie selbst schon eine Entspannungsmethode, dann führen Sie diese durch. Wenn es Ihnen zur Entspannung hilft, können Sie auch vor oder während der Übungen in diesem Buch sanfte Musik im Hintergrund laufen lassen.

Was das Alleinsein uns gibt

»Glücklich, wer allein sein kann«, sagt der berühmte Glücksforscher Mihaly Czikszentmihalyi.[7]

Eine Kunst ist es, gut allein sein zu können, so wie es eine Kunst ist, in Beziehungen zu leben. Manchmal wird das »Wozu« des Alleinseins erst im Rückblick auf das eigene Leben wirklich deutlich. So erlebte es die 40-jährige Ulrike, die mit Mitte dreißig fünf Jahre allein lebte und nicht sehr glücklich in dieser Zeit war. Sie sagt: »Ich hatte viel Sehnsucht nach einer Beziehung, doch jetzt, wo ich verheiratet bin und sogar noch ein Kind bekommen habe, kann ich erst schätzen, was ich am Alleinsein gehabt habe.«

Geschichte.

Ulrike: Rückblick auf mein Alleinsein

»Mein Weg in eine längere Phase des Alleinseins war unspektakulär, wie bei so vielen Frauen zwischen 30 und 40. Aus einer Beziehung Anfang 30 ging ich einvernehmlich heraus, das Ende war undramatisch. Ich dachte zunächst auch nicht daran, absichtlich lange allein zu bleiben. Ich spürte kein Bedürfnis dazu. Im Gegenteil, nach einer kurzen Zeit der Trauer, war ich bereit, mich wieder zu binden, so dachte ich jedenfalls. Doch das Leben lief anders als erwartet, und ich blieb mehrere Jahre allein. Irgendwie kam ich mir zwischendurch so vor, als hätte ich einen Zug verpasst, und in der Hoffnung, dass in zwei Stunden der nächste Zug fährt, blieb ich halt so auf dem Bahnsteig allein stehen. Doch dann musste ich erkennen, so schnell fährt hier kein Zug mehr. In meinem Alter ist es schwieriger, wieder einen Lebenspartner zu finden. So musste ich mich dem Alleinsein stellen, mich ihm zuwenden. Oft tat ich es widerwillig, lehnte mich auf, beschwerte mich über das ungerechte Schicksal, das mich ungewollt allein auf dem Lebensweg zurückgelassen hatte. Dann gab es auch wieder andere Phasen. Ich begann in dieser Zeit, mich für Meditation zu interessieren, und ich erlebte diese Meditationszeiten wie eine Oase, eine Voraussetzung für spirituelle Vertiefung und für Balance in meinem Leben. Das ungewollte Alleinsein in meinem Alltag dagegen fühlte sich an wie ein Bremsklotz auf der Fahrt ins Glück.

Nachdem sich ein weiterer Beziehungsversuch sehr schnell zerschlagen hatte, sagte ich mir: ›Nun mache ich was draus, dass ich allein bin.‹ Und dann begann ich, einen großen Lebenstraum von mir in Angriff zu nehmen, nämlich einmal drei Monate in Südamerika zu leben. Schließlich musste ich niemanden um Erlaubnis fragen oder mit jemandem verhandeln, dem es sicherlich nicht recht gewesen wäre, dass ich so allein eine solche Unternehmung in Angriff nehme. Endlich war es so weit, ich konnte über ein Projekt zwei Monate im Land arbeiten und dann noch einen Monat lang den gesamten Kontinent bereisen. Das war eine der intensivsten Lebenserfahrungen, die ich je gemacht habe, und ich fühlte mich reich beschenkt von dieser Reise. Danach richtete ich mich wieder zufriedener in meinem Leben ein. Ich bekam eine neue Arbeitsstelle und lernte so auch neue Leute kennen. Einige Zeit nach meinem 38sten Geburtstag hatte ich mich von der Idee, eine Familie zu gründen, weitgehend verabschiedet. Und dann lernte ich meinen späteren Mann kennen. Mit einem Mal ging alles sehr schnell. Mit ihm hatte ich tatsächlich einen idealen Gefährten gefunden. Uns verband die Liebe zu Südamerika, unser Interesse an Meditation und viele andere Dinge. Obwohl wir uns natürlich in unserer Beziehung auch zurechtruckeln mussten, habe ich es doch als relativ leicht empfunden, vom Alleinsein wieder in eine Beziehung zu gehen. Anderthalb Jahre später haben wir geheiratet, und ich wurde schwanger. Inzwischen hat sich mein Leben also völlig verändert. Ich lebe in einer Familie, etwas, das ich noch zwei Jahre vorher für unmöglich gehalten hätte. Ich bin glücklich in dieser neuen Situation, obwohl sie mir auch vieles abverlangt. Rückblickend auf meine Zeit des Alleinseins denke ich manchmal: ›Hätte ich doch diese Phase mehr genossen.‹ Denn wenn das Alleinsein erst einmal vorbei ist, dann erst kann man oder konnte ich zumindest erst richtig würdigen, was das Alleinsein mir gegeben hat.«

Die Geschichte von Ulrike beschreibt ein Phänomen, das nur zu menschlich ist. Wir können weniger schätzen, was wir haben, und wir vermissen, was wir nicht haben. Doch das muss nicht so sein. Die folgende Übung lädt Sie ein, sich dem Stellenwert des Alleinseins in Ihrem Leben einmal kreativ zu nähern.

Übung.

Die Landkarte meiner Beziehungen und meines Alleinseins

Nehmen Sie sich einen Zeichenblock und Malstifte, die Ihnen gefallen (dicke Buntstifte, Filzschreiber oder Pastellkreide) sowie einen Schreibstift.

- *Malen Sie über das gesamte Blatt den Umriss einer Landkarte. Das kann eine Insel, ein Kontinent oder ein anderer beliebiger Ausschnitt sein. Dieses Stück Land symbolisiert Ihr Leben bzw. Ihre Lebenslandkarte.[8]*
- *Auf dieser Landkarte Ihres Lebens zeichnen Sie nun im Folgenden alle Ereignisse, Lebensabschnitte und eventuell auch Personen ein, die in Bezug zu Ihren Beziehungen und Ihrem Alleinsein stehen. Übersetzen Sie diese Ereignisse, Seelenzustände oder beteiligten Personen in die Sprache der Landkarte und zeichnen Sie sie entsprechend als Städte, Berge, Täler, Flüsse, Straßenverbindungen samt Umleitungen usw. ein.*
  Eventuell kann es helfen, wenn Sie sich zunächst eine Liste der Elemente aufschreiben, die Sie einzeichnen möchten, um diese dann in die Sprache der Landkarte zu übersetzen.

Anbei einige Beispiele, was man in die Landkarte einzeichnen kann:
- *den »Fluss der Einsamkeit«, mit der »Fähre« zur Insel »Nimmerwiedersehen«*
- *das »tiefe Tal der Tränen«, das zum »Berg der Erkenntnis« führt*

- *die Autobahn »A4«, für vier Jahre des Alleinseins, die an einem Örtchen namens »Beziehungsdramenhausen« vorbeiführt*
- *die ehemalige Hauptstadt »Große Liebe« (heute nur noch eine Geisterstadt)*
- *die »Oase – Alleinsein« inmitten der Metropole »Familiencity« oder*
- *die »Wüste Gobi des Alleinseins«, umgeben vom »Fluss der Leidenschaft« (der leider zurzeit kein Wasser führt)*
- *der Ort »Virtual Reality« mit dem Stadtteil »Single-Chatroom« und der Europa-Autobahn »E7«, die zur Stadt »Nirgendwo« führt …*

Je bildreicher und kreativer Sie bei der Übung vorgehen, umso mehr Spaß macht es!

Lassen Sie Ihr Bild schließlich auf sich wirken und betrachten Sie es so oft, wie Sie mögen, fügen Sie eventuell auch noch weitere Elemente ein.

Welche Vorteile Alleinsein hat

Wer längere Zeit ungewollt allein ist, verliert leicht die Perspektive dafür, welche Vorteile das Alleinsein mit sich bringt.

Denn es stimmt tatsächlich, dass das Alleinleben vieles ermöglicht. Menschen, die in Partnerschaften oder Familien leben, können das besonders gut sehen, weil ihnen selbst diese Freiheiten abgehen. Dazu gehören der ganz eigene Lebensrhythmus, den Alleinlebende an niemanden anpassen müssen, und Marotten, die sie ungehemmt ausleben können, ohne sich rechtfertigen zu müssen. Es ist das Ausschlafen am Morgen, weil keine kleinen Kinder quengeln, und der im Bett verbrachte Sonntag mit Krimi und einer Tafel Schokolade.

Doch genauso wie das Single-Leben nicht grenzenlose Freiheit bedeutet, genauso wenig hat man im Paarleben ein Abonnement auf dauerhaftes Glück. Jeder, der einmal in einer längeren Beziehung gelebt hat, weiß das. Manchmal vergessen wir nach einiger Zeit des Alleinseins wieder, wie mühsam und anstrengend auch das Leben zu zweit sein kann.

Für unsere seelische Gesundheit gilt die Faustregel, dass man besser allein bleibt, als zu zweit einsam zu sein.

Bettina, heute 42 Jahre alt, sagt über eine insgesamt achtjährige Beziehung, die sie von Mitte zwanzig bis Anfang dreißig mit einem wesentlich älteren Mann geführt hat: »Nach den letzten fünf Jahren Kampf und Krampf war ich total fertig. Ich war niemand mehr, nichts. Ich traute mir nichts mehr zu, fühlte mich überhaupt nicht mehr liebenswert.«

Alleinsein ermöglicht manchmal erst, dass man sich aus einer Sackgasse des Lebens herausbewegt. Vera, eine 39-jährige Frau, lebte über zehn Jahre mit ihrer Lebensgefährtin zusammen. Rückblickend meint sie heute, »dass die Beziehung uns beide immer mehr erstickte«. Während die Freundin immer passiver und lebensuntüchtiger wurde, übernahm Vera in ungesunder Weise die gesamte Verantwortung für das Leben beider. »Am Ende unserer Beziehung regelte ich alles für meine Freundin, vor allem die finanziellen Dinge. Ich dachte ständig darüber nach, was wohl passieren würde, wenn ich nicht mehr da wäre, zum Beispiel durch einen Unfall. Ich war 35 und beschäftigte mich oft mit meinem eigenen Tod und was ich vorher zu regeln hätte. Dann verliebte sich meine Freundin plötzlich neu. Die Trennung war eine völlige Befreiung für mich. Danach verliebte auch ich mich wieder und heute lebe ich in einer ganz anderen, ausgeglichenen Beziehung. Ich frage mich rückblickend oft, warum ich es so lange in dieser anderen Partnerschaft ausgehalten habe?«

Oft werden Beziehungen aus so genannten »unbewussten Vereinbarungen« heraus eingegangen.[9] Ein Partner springt für die Defizite des anderen ein oder verschließt die Augen davor. Das Ergebnis ist eine Stagnation für beide, die manchmal sogar zu Krankheit und Sucht eines Partners oder beider führt. Auf jeden Fall können die eigenen Stärken untergehen. Erst wenn die Beziehung endet, wird auch der Raum frei, die vorher ungelebten Fähigkeiten wieder zu leben und zu stärken.

Silke, eine Frau Mitte dreißig, die sich nach einer schmerzhaften Scheidung erst sehr einsam fühlte, ergreift schließlich die Gelegenheit, wieder aktiv Musik zu machen so wie vor ihrer Ehe. Sie schließt sich einem Orchester an. Im Laufe der Zeit fühlt sie sich weniger einsam, ist wieder inspiriert und erfüllter. Das Alleinsein hat ihr die Möglichkeit eröffnet, eine verlassene Lebensspur wieder aufzunehmen.

Thomas ergreift mit Anfang vierzig nach dem Ende einer anstrengenden Beziehung zu einer sehr passiven Frau die Initiative und startet allein eine Rucksack-Reise durch die USA. Schon viele Jahre war eine solche Reise sein Lebenstraum, doch während seiner Beziehung hat er nicht gewagt, diesen Traum umzusetzen. Nach der Reise hat er so viel Mut geschöpft, dass er auch eine lange überfällige Änderung in seinem Berufsleben vornimmt.

Phasen des Alleinseins sind für viele Menschen im Rückblick eine sehr ausgefüllte Zeit. Pia, die bis zu ihrem 30. Lebensjahr viel allein gelebt hat, sagt: »In den Zeiten, in denen ich ohne Partner war, habe ich so viele Dinge unternommen wie sonst nie in meinem Leben. Ich bin drei Monate durch Asien gereist, habe ein Praktikum in New York gemacht und mich ganz in meinem Beruf engagiert.«

Für Annette, die nach einer längeren Beziehung mit Mitte dreißig wieder allein lebte, führte die Zeit des Alleinseins zu einer Phase des »aktiven Rückzugs«, wie sie es nennt. »Mein Leben«, sagt sie rückblickend, »war durch den Beruf meines Partners so dominiert, dass ich kaum eigene Pläne machen konnte. Alles ging nach seinem Terminkalender. Erst nach der

Trennung nahm ich mir die Zeit, Yoga zu lernen und regelmäßig an Wochenendkursen teilzunehmen. Diese konzentrierte
Zeit ohne hektische Aktivitäten habe ich total genossen.«

Eine Trennung, die in eine Phase des Alleinseins mündet,
kann zu einer Zeit des Aufbruchs nach außen oder innen werden. Allerdings heißt dies oft, sich zunächst dem Schmerz
des Alleinseins zu stellen. In den meisten Fällen bringt uns
die Zeit des Alleinseins ein »Geschenk«, für dessen Wert wir
manchmal die Augen erst öffnen müssen.

Eine Möglichkeit, sich der Frage zu nähern, was Ihnen das
Alleinsein gibt, ist das so genannte Lebenspanorama. Mit
dieser Übung verschaffen Sie sich einen Überblick über Ihre
Lebensthemen, Lebensphasen und Lebenszeiten. Manchmal
wird erst im Überblick der Entwicklung über die Jahre deutlich, wozu Phasen des Alleinseins dienen können. (Ein Lebenspanorama mit dem Thema der ungewollten Kinderlosigkeit finden Sie auf Seite 199.)

Übung.

Bilanz ziehen mit dem Lebenspanorama

*Für die Übung brauchen Sie einige Blatt Papier sowie eventuell Ihre
Notiz-Kalender der letzten Jahre, wenn Sie diese noch zur Verfügung
haben.*

*Ich schlage Ihnen zunächst vor, sich drei Lebensabschnitte be-
wusst zu machen. Sie können dann mit der Zeit so weit in Ihre Vergangenheit zurückgehen, wie es für Sie spannend ist.*

*Zunächst aber sollten die Gegenwart, die letzten zehn Jahre der
Vergangenheit und die nächsten fünf Jahre der Zukunft der Rahmen
dieser Übung sein.*

- *Legen Sie die Blätter im Querformat nebeneinander hin (Sie brauchen genügend Platz für die Themen und Jahreszahlen).*
- *Das linke Blatt soll die letzten zehn Jahre Ihrer Vergangenheit*

beinhalten. *Das mittlere Blatt die Gegenwart, das rechte Blatt die kommenden fünf Jahre der Zukunft. Beschriften Sie jedes Blatt am oberen Rand mit den jeweiligen Jahreszahlen und Ihrem Alter zu der Zeit. Im Blatt der Gegenwart gibt es nur eine Jahreszahl.*

• *Jetzt sammeln Sie Ihre wichtigsten Lebensbereiche oder Lebensthemen und schreiben Sie sie in Spalten mit etwas Abstand zueinander am linken Rand jedes Blattes herunter. Zu wichtigen Lebensbereichen oder Lebensthemen gehören zum Beispiel: Beruf, Wohnsituation, Partnerschaft, Freundschaften, Fortbildungen, Kinder/-wunsch, Gesundheit, Finanzen, Hobbys, spirituelle Praxis, soziales oder ehrenamtliches Engagement und was immer Ihnen sonst wichtig ist.*

Benutzen Sie für alle drei Blätter die gleichen Lebensthemen und schreiben Sie sie im gleichen Abstand auf, damit die Blätter gut vergleichbar sind.

Eine Spalte wie Studium oder Ausbildung ist dann eventuell nur auf einem Blatt ausgefüllt.

• *Füllen Sie nun die Spalten/Zeilen zu den Lebensthemen in jedem Blatt mit kurzen Kommentaren aus und beginnen Sie in der Gegenwart. Notieren Sie bei den Lebensthemen auch, wenn etwas beginnt oder endet, zum Beispiel »Studium begonnen/beendet«, »Arbeitgeber gewechselt«. Oder notieren Sie, wenn eine wichtige Lebensentscheidung vom Jahr davor noch in diesen Fünfjahreszeitraum hineinreicht, zum Beispiel »Scheidung im Vorjahr, immer noch viel Stress«. Schreiben Sie pro Lebensthema (Querspalte) auf, was Ihnen einfällt, oder konsultieren Sie für wichtige Eckdaten Ihre alten Kalender.*

• *Für das Zukunftsblatt haben Sie natürlich nur Ihre Vorstellungskraft. Da Sie auch fünf (oder auch zehn Jahre) zurückschauen, was halten Sie dann in fünf Jahren für möglich? Wie werden Sie leben, mit wem und von welchem Beruf? Was wäre, wenn Sie nichts verändern?*

• *Wenn Sie mögen, dann unterstreichen Sie jetzt noch jede Zeile, also jedes Lebensthema im Verlauf der Zeit mit einer Linie in einer bestimmten Farbe. Sie können auch die Qualität des Lebensthe-*

mas in die Linie aufnehmen, zum Beispiel Zickzack für schwierige Perioden oder Wellenlinien für angenehme Zeiten.

Legen Sie nun die drei Lebensabschnitte nebeneinander, so dass die Beschreibungen mit den farbigen Lebenslinien nebeneinander liegen. Lassen Sie das Bild und die Erkenntnisse dazu auf sich wirken.

Einige Leitfragen können Ihnen bei der Auswertung helfen.

Mit Blick auf Ihre gegenwärtige Lebenssituation und Ihre Vergangenheit:

- *Welche Lebensthemen habe ich bisher reichlich ausgeschöpft (zum Beispiel berufliche Karriere, Familie, Freizeit, Reisen, Fortbildungen, Therapie- und Selbsterfahrung, spirituelle Entwicklung etc.)?*
- *Welche Lebensthemen sind chronisch »notleidend« (Symptome dafür sind zum Beispiel ständige Probleme in einem Bereich oder Gefühle von Stagnation und Resignation)?*
- *Wie steht es derzeit um meine materielle Basis, d.h. Finanzen und körperliche Gesundheit? Gibt es etwas, das ich in diesem Bereich tun kann oder muss?*
- *Angenommen, Alleinsein wäre überhaupt kein Problemthema mehr für mich und ich hätte alle Unterstützung, die ich mir wünsche, was würde ich gern in meiner freien Zeit tun? Welche Themen in meinem Freundeskreis oder in der Gesellschaft warten auf meinen Beitrag?*
- *Wenn das Ende meines Alleinlebens ein wichtiges Lebensthema für mich ist und bleibt, welche konkreten Schritte habe ich in der Vergangenheit schon unternommen, es zu beenden? Welche konkreten Schritte werde ich ab morgen dafür unternehmen? (Zum Beispiel sich nach Partnerschaftsinstituten erkundigen, eine Annonce aufgeben, eine Freizeitaktivität beginnen, um unter Menschen zu kommen, Beratungsstunden nehmen, um möglichen Ursachen meiner Partnerlosigkeit auf die Spur zu kommen.)*

Alleinsein –
Sinnfindung und Sinngebung

Wozu bin ich allein? Auf diese Frage gibt es viele individuelle Antworten. Um ganz ich selbst zu sein und zu werden. Um Fähigkeiten auszubilden, die in einer Partnerschaft verkümmert sind. Um einfach einmal zur Ruhe zu kommen oder um Selbstliebe und Akzeptanz zu lernen, unabhängig davon, ob es da jemand anderen gibt, der mir das immer wieder bestätigen muss.

Man selbst zu werden nennt die Psychologin und Autorin Ursula Nuber als wichtigste Voraussetzung für ein gelassenes Lebensgefühl. Sie erzählt die Geschichte von Rabbi Sussja: »Rabbi Sussja erklärt seinen Schülern: ›Eines Tages wird Gott mich nicht fragen: Warum bist du nicht Mose gewesen? Er wird mich fragen: Warum bist du nicht Rabbi Sussja gewesen?‹«[10]

Alleinsein gibt Gelegenheit, uns selbst zu spüren und unserem Leben eine ganz unverwechselbare Prägung zu geben. Das »Wozu«, der Sinn des Alleinseins, fällt uns trotzdem nicht automatisch in den Schoß. Besonders dann nicht, wenn der Beginn des Alleinseins ungewollt zu uns gekommen ist, durch eine Trennung oder gar den Tod des Partners. Diesem Zufall des Lebens – also etwas, das uns »zufällt« – müssen wir die Sinnhaftigkeit oft erst abringen. Die Psychotherapeutin Ursula Wirtz unterscheidet die Dimension der Sinn*findung* von der Sinn*gebung*. Also den Sinn, der uns zufällt, von dem Sinn, den wir uns erarbeiten müssen.[11]

Den »Willen zum Sinn« nennt das der Begründer der Logotherapie Viktor Frankl, der als KZ-Überlebender selbst ein extremes Schicksal zu bewältigen hatte. Frankl hält Sinngebung von Schicksal für die zentrale Dimension des Menschseins und Sinnsuche für eine grundlegende Fähigkeit im Menschen.

Auch wenn mir ein schicksalhafter Umstand des Lebens, zum Beispiel mein Alleinsein, rätselhaft oder zunächst sinnlos erscheint, kann ich mich auf die Situation langsam einlassen und dadurch dem Zufall des Lebens innerlich zustimmen. Ich kann das Beste aus der Situation machen und so mein Leben neu gestalten. Gestaltetes Leben ist sinnvolles Leben, unabhängig davon, ob ich den Umständen, die dazu geführt haben, zunächst zustimmen konnte.

Haben Singles eine besondere Aufgabe in unserer Gesellschaft?

Eine weitere Antwort auf das »Wozu« des Alleinseins schlägt die Therapeutin Erdmuthe Kunath mit Blick auf unsere gesellschaftliche Situation vor. Als Familientherapeutin beschäftigt sie sich mit der Eingebundenheit von Menschen in familiäre und historische Zusammenhänge. Erdmuthe Kunath ist davon überzeugt, dass die zunehmende Zahl von Singles auch eine gesellschaftliche Dimension hat. »Singles«, so regt sie an, »könnten sich fragen, welche Aufgabe sie im Leben haben, welchen Freiraum sie besonders durch ihr Alleinleben ausfüllen können.« Und die Therapeutin fügt hinzu: »Es gibt Aufgaben, die sind anders gelagert, als das persönliche Glück in einer Zweierbeziehung zu suchen.« Das Alleinsein sei nicht immer etwas, das es zu überwinden gelte. »Manchmal erfüllt der Mensch gerade durch sein Alleinsein ganz besonders sein eigenes Schicksal.«

Beispiele aus der Geschichte verdeutlichen das. Mutter Teresa wäre sicherlich auch eine wundervolle Ehefrau und Mutter zweier Kinder gewesen, aber hätte sie so ihr ganz besonderes Schicksal im Dienste der Ärmsten erfüllen können? Und hätte die surrealistische Künstlerin Meret Oppenheim ihre unkonventionellen Werke geschaffen, wenn sie ein ganz normales bürgerliches Beziehungsleben geführt hätte? Die Menschenrechtlerin Aung Suu Kyi nahm sogar willentlich Einzelhaft und Isolation für den Kampf um Menschenrechte in Burma in Kauf und verzichtete dafür auf das Zusammenleben mit ihrem Mann und den Kindern.

Bei Menschen, die sich einer großen Aufgabe widmen, gehören Phasen des Alleinseins und der Einsamkeit oft zu ihrem Leben dazu.

Für Menschen wie Sie und ich, die vermutlich ein weniger außergewöhnliches Leben bewältigen, ist die zentrale Aufgabe des Alleinlebens, sich selbst anzunehmen und den Selbstwertmuskel zu stärken. Sich anzuschauen und alles zuzulassen, die Selbstzweifel, die Fragen nach dem Warum und Wozu des Alleinseins und die Selbst-Vorwürfe, gerade auch in Phasen des ungewollten Alleinseins.

Der Sinnspruch »Geliebt zu werden macht uns stark« geht weiter mit dem Satz »Zu lieben macht uns mutig«. Wenn es Ihnen gelingt, einen Teil dieser Liebe in sich selbst zu finden und niemand anderen mehr dafür verantwortlich zu machen, dass Sie sich liebenswert fühlen, sind Sie dem Glück wieder ein kleines Stück entgegengegangen.

Betrachten Sie Ihr Alleinsein einmal im Spiegel des individuellen Lebenslaufs und eingebunden in den Lauf der Zeiten: Die abschließende Meditation kann dazu beitragen, in einer intuitiven Weise Ihre persönliche Lebenssituation des Alleinseins zu begreifen.

Meditation.

Wozu bin ich allein?

Schauen Sie nochmals auf Ihre drei Blätter des Lebenspanoramas (wenn Sie das »Lebenspanorama« (S. 32 ff.) nicht ausgefüllt haben, dann machen Sie die Übung einfach ohne Vorbereitung). Führen Sie eventuell zunächst eine der im Anhang beschriebenen Entspannungsmethoden durch (S. 262 ff.), damit Sie offen und durchlässig für spontane Einsichten werden.

Lassen Sie die Antworten auf die unten folgenden Aussagen und Fragen intuitiv aufsteigen. Vertrauen Sie ersten Gedankenblitzen, Körperwahrnehmungen. Was teilen Ihnen diese spontanen Körperreaktionen mit, jenseits von allen Worten? Oft tauchen die Antworten auch als Erinnerungen und innere Bilder auf.

Ergänzen Sie nun die Sätze:

- *In diesem Augenblick wird mir völlig klar: Ich bin in den letzten Jahren (Monaten) allein geblieben, weil ...*
  oder:
- *Ich verstehe jetzt den Sinn meines Alleinseins, er besteht darin ...*
- *Ich kann jetzt das Geschenk erkennen, das ich durch das Alleinsein erhalten habe, es ist ...*
  oder:
- *Das Alleinsein hat mich beschützt, vor/davor ... und dafür bin ich dankbar.*

Als Abschlusssatz dieser Meditation können Sie die folgende Aussage auf sich wirken lassen oder sich selbst einen Satz aufschreiben. Mein Vorschlag lautet:

- *Ich danke für die Geschenke, die mir das Alleinsein gegeben hat. Ich kann zukünftig wählen, mit anderen oder allein zu sein.*

Warum bin ich allein?

Singles als Seismografen der postmodernen Gesellschaft

Was ist das Gemeinsame, das Alleinlebende in unserer westlichen Gesellschaft verbindet? Gibt es so etwas wie einen gemeinsamen Nenner?

Sind Singles egozentrische, beziehungsunfähige Eigenbrötler oder bemitleidenswerte krisengeschüttelte Stadtneurotiker?

Stefan Hradil, ein Soziologe, der sich seit den 80er Jahren mit dem Single-Phänomen beschäftigt, sieht die empfindsamen, nachdenklichen und verunsicherten Singles eher als typische Vertreter, als »Seismografen« der Menschen in der westlichen postmodernen Gesellschaft.[12] Die Fülle an neuen Lebensmöglichkeiten bringt für uns alle den Zugzwang der Entscheidung mit sich: welcher Beruf, Familie ja oder nein, Kinder bekommen und weiter berufstätig sein ja oder nein, Partnerschaft oder keine, mit Trauschein oder ohne? Religion ja oder nein, und wenn ja, welche und bei welchem Lehrer? Jede Entscheidung für eine Alternative bringt quälend ins Bewusstsein, dass eine andere Alternative nun ausgeschlossen ist, mit der man eventuell doch glücklicher gewesen wäre. Während der Entscheidungsspielraum der vorigen Generationen materiell und räumlich viel eingeschränkter war, plagt sich die heutige Generation mit der Qual der Wahl und mit der Last der Selbstverantwortung, die die Selbstzweifel gleich im Gepäck hat.

Die Tatsache, dass sich Alleinsein, anders als berufliches Fortkommen oder ein Wohnortwechsel, nicht einfach »verändern« lässt, verstärkt den Druck, der auf langjährigen Singles lastet. Viele haben erfahren, dass man mit Willensanstrengung allein den Zustand des Alleinseins nicht beenden kann, auch wenn es vielfältige Möglichkeiten und Selbsthilfeprogramme gibt, um einen Partner zu finden.[13] Diese Wahlfreiheit in Bezug auf das Alleinsein wäre aber entscheidend, um sich damit gut zu fühlen. Das zeigen Experimente mit Freiwilligen, die mehrere Wochen in einem Isolationsbunker lebten. Weil die Versuchspersonen jederzeit aussteigen konnten, ließen sie sich zuversichtlich auf das Alleinsein-Experiment ein, und es wurde dann auch für die meisten zu einer lohnenden Erfahrung.[14]

Im »normalen« Leben dagegen, wenn man sich dem Alleinsein eher ausgeliefert fühlt, kann man sich meist immer weniger an den positiven Seiten freuen. In Umfragen unter den eigentlich »zufriedenen« 30 bis 35-jährigen Singles bekennen nur vier von zehn, dass ihre Lebensform genauso erstrebenswert sei wie die Familie.[15]

Jeder, der längere Zeit ungewollt allein gelebt hat, kennt wohl bittere Phasen des Alleinseins. Die Psychologin und Autorin Eva Wlodarek beschreibt solche schmerzhaften Momente der Einsamkeit als Single. »Es tut einfach weh, wenn sich andere Menschen zu Silvester glücklich in die Arme fallen und man selbst steht allein daneben.[16]

Selbstzweifel gehören oft zum emotionalen Handgepäck von Singles. In einer Gesprächsrunde zum Umgang mit Emotionen zwischen dem Dalai Lama und westlichen Psychologinnen und Meditationslehrern, zeigte sich das Oberhaupt des tibetischen Buddhismus erstaunt über die Verbreitung zermürbender Selbstzweifel im Westen.[17] Die Expertenrunde konfrontierte ihn mit der Meinung, dass sich viele Westler vor der Ego-Überwindung erst einmal mit einer gesunden Selbstliebe befassen müssten. Menschen der westlichen Leistungskultur würden sich mit negativen inneren Selbstgesprächen häufig das Leben zur Hölle machen. »Und neigen diese Menschen dann auch zur Gewalttätigkeit und wie viele sind das überhaupt?«, fragte der tibetische Friedensnobelpreisträger nach. Die Meditationslehrerinnen und Wissenschaftler der

Runde antworteten: »Es sind ganz normale Menschen, so wie wir selbst, es betrifft eigentlich fast alle Menschen im Westen«. Darauf sagte der Dalai Lama erstaunt, er habe eigentlich geglaubt, dass er bereits sehr viel über den menschlichen Geist wisse, doch nun fühle er sich wieder ganz unwissend.

Übung.

Achtsam werden für Bewertungen

Welche Bewertungen haben Sie persönlich über Ihr Alleinsein, sofern Sie nicht damit einverstanden sind? Nutzen Sie einmal die nächsten Tage dafür, aufmerksamer für Ihre Bewertungen zu werden. Diese Übung knüpft an die grundlegende Übung zur Achtsamkeit im ersten Kapitel an (S. 21). Wann immer Sie es in den nächsten Tagen einrichten können, halten Sie inne, wenn Sie sich in einem besonderen Gefühlszustand befinden, zum Beispiel traurig, aufgeregt oder ärgerlich sind.

- *Halten Sie einen Moment inne, sagen Sie innerlich: »Stopp.«*
- *Nehmen Sie dann Ihr Gefühl wahr und benennen Sie es einmal ganz allgemein mit der Formulierung: »Da ist Trauer«, »da ist Ärger«, »da ist Wut« oder »da ist Müdigkeit«.*
- *Wenn Sie das Gefühl wahrgenommen haben, nehmen Sie jetzt auch die Bewertungen wahr, die Sie über dieses Gefühl haben. Oft sind das Sätze wie zum Beispiel: »Warum rege ich mich jetzt schon wieder auf?« oder »das wird wohl nie wieder aufhören, dass ich so traurig bin, alle anderen sind glücklicher als ich«.*
- *Sagen Sie dann zu sich: »Da ist ein Gefühl von … (das Gefühl, was Sie wahrgenommen haben), und das kann sich ändern.«*
- *Atmen Sie dann einmal tief durch, indem Sie sich beim Einatmen vorstellen, dass der Atemfluss oben durch Ihren Kopf eintritt und zum Ausatmen durch Ihre Füße in die Erde abgeleitet wird. Wiederholen Sie diese Atmung, wenn nötig, und nehmen Sie einfach die Veränderung wahr.*

Die gesamte Übung dauert eventuell nur ein bis zwei Minuten, wenn Sie etwas Erfahrung damit haben. Sie können sie daher immer wieder in Ihren Alltag einflechten, wann immer Sie sich in einer Stimmung befinden, die Ihnen nicht angenehm ist. Ihre Gefühle und die Bewertungen darüber wahrzunehmen wird Ihnen helfen, in der Gegenwart anzukommen. Danach können Sie sich bewusst werden, dass sich Gefühle und Bewertungen immer wieder verändern können. Dies ist tatsächlich schon durch ein oder zwei Atemzüge möglich.

Es kann hilfreich sein, die Bewertungen, die Sie über Ihre Gefühle im Alleinsein haben, in Ihrem Notizbuch aufzuschreiben, um zu sehen, wie Sie insgesamt über Ihr Alleinsein und damit auch über sich selbst denken. Sie werden darüber hinaus erkennen, dass dieser Blick natürlich nicht nur von Ihnen persönlich herrührt, sondern auch von außen auf Sie gerichtet wird, dass es also Erwartungen von Ihrer Umwelt gibt.

Der Blick von außen: Beziehung als Norm

Wenn eine Liebesbeziehung gelingt, blühen wir auf, erfahren Bestätigung und (vermeintliche) Sicherheit. Es sind vor allem zwei Komponenten, die unserem Selbstbewusstsein solch einen Schub versetzen. Einerseits die Erfahrung, »geliebt zu werden, so wie ich bin«, und andererseits die Bestätigung, »normal« zu sein.

Allein die Tatsache, in einer Paarbeziehung zu leben, fördert das Selbstbewusstsein, weil man mit dieser Lebensform in der eigenen Wahrnehmung automatisch ein wenig näher an der »Norm« dessen liegt, was die Gesellschaft von einem Erwachsenen zwischen 30 und 40 erwartet. Und damit ist nicht nur eine bürgerliche, von außen aufgesetzte Norm gemeint, sondern etwas, das der Psychologe Eric Ericsson eine »Lebensaufgabe« nennt. Eine Beziehung eingehen zu können gehört zum Repertoire eines erwachsenen Menschen unseres Kulturkreises. Wir spüren, dass Beziehung etwas ist, das wir können »sollten«.

Der Einfluss, den die gesellschaftliche Norm, ein »Paar« zu sein, auf das persönliche Wohlbefinden ausübt, wird häufig unterschätzt, ja vielleicht sogar belächelt. Bei langjährigen Singles über 35 kommt der Druck dieser Norm jedoch zunehmend ins Bewusstsein, wie mir viele Interviewpartner bestätigt haben. Wer mit Mitte 20 noch stolz war, »anders« zu leben, sieht dies 10 oder 15 Jahre später oft anders, auch weil die Möglichkeiten, einen geeigneten Partner zu finden, begrenzter sind.

Plötzlich wird deutlich, dass man selbst außerhalb des »Rahmens« lebt.

Das Gefühl, vor dieser Paar-Norm zu versagen, beschleicht beizeiten auch Männer, für die Partnerschaft und Kinder zu »haben« mit einem Leistungsdruck ähnlich wie im Beruf verknüpft sein kann. Ein beruflich erfolgreicher, 37-jähriger Mann, drückt es im Gespräch über die Reaktion seiner Eltern auf seinen »Junggesellenstatus« so aus: »Na ja, meine Eltern haben es schon fast aufgegeben, dass ich das noch mal schaffe, einfach eine Frau zu heiraten und für Enkel zu sorgen.« Sind solche Ansprüche albern, altmodisch? Soll man diese Reaktionen ignorieren? Aber geht das so einfach? Wenn die Vorwürfe von außen kommen, ist es leichter, sie zu parieren, aber schwieriger, wenn sie sich bereits nagend im Inneren als Stimme oder »Geschichte« eingenistet haben.

»Herr Meier mit Gattin …«

Für die gesellschaftliche Bewertung spielt es tatsächlich weiterhin eine Rolle, in einer festen, möglichst heterosexuellen Beziehung zu leben. Eine Beziehung zu *haben*, kann man vorweisen wie einen guten Uni-Abschluss oder eine Wohnung in repräsentativer Lage. Bei Bewerbungen für das höhere Management wird zumindest inoffiziell sowohl bei Männern als auch bei Frauen auf »stabile« private Verhältnisse geachtet. Bei Männern heißt dies, verheiratet zu sein, normalerweise mit Kindern (und zuverlässiger Kinderbetreuung versteht sich, die meist durch die entsprechende Frau geleistet wird). Bei Frauen ist es erwünscht, zumindest in einer festen Lebenspartnerschaft zu leben oder besser noch verheiratet zu sein. Singles über 35 sind da eher suspekt.

Frauen in gesellschaftlich exponierten Positionen, die allein sind, nehmen sich zu offiziellen Anlässen meistens einen repräsentativen Begleiter an ihre Seite. Und trotzdem wird hinter vorgehaltener Hand nicht selten die Frage gestellt: Was stimmt mit der nicht …?

Wie sehr bis heute der Wert einer Frau an ihrem ehelichen Status gemessen wird, kann man bei einem Blick in andere Kulturen erkennen. In Japan zum Beispiel ist die »Heiratsnorm« für Frauen noch viel stärker spürbar als in Deutschland. Japanische Frauen, die berufstätig sind, finden sich oft in einem Widerspruch zwischen ihrer modernen, westlichen Ausbildung und der japanischen Tradition, in der es für eine Frau das Wichtigste ist, einen repräsentativen Mann zu finden und zu heiraten. Auch in der westlichen Welt ist der soziale Druck auf Frauen zu heiraten spürbar. Anna, die mehrere Jahre in den USA lebte, sagt über ihre Zeit dort: »Ich habe nie so deutlich wie in den USA gespürt, dass man als Frau verheiratet sein muss, um anerkannt zu sein. Mein Status war sehr durch meinen Mann bestimmt. An der Westküste im liberalen Kalifornien war das Lebensgefühl etwas anders, aber insgesamt habe ich in den USA einen sozialen Druck auf Frauen gespürt, die mit Mitte 30 entweder noch unverheiratet oder geschieden waren.«

Langjährige Singlefrau ohne Kind – alles kein Problem?

Der kritischen Bewertung durch das gesellschaftliche Umfeld sind sich Single-Frauen also im Allgemeinen sehr bewusst. Und selbst wohl meinende Freunde und Bekannte können sich oft nicht in deren Gefühlslage hineinversetzen.

Konsterniert erzählt die 38-jährige Ulrike, dass ihr ein 50-jähriger Freund einmal aufmunternd mitgeteilt habe: »Du bist zwar noch immer nicht unter der Haube und hast keine Kinder, aber das ist ja heutzutage doch alles kein Problem mehr, nicht wahr?« Daraufhin wusste Ulrike nicht, was sie antworten sollte. Denn zunehmend litt sie sowohl unter ihrem Alleinsein als auch unter den Äußerungen von Kollegen und Bekannten, die zwischen leiser Skepsis und Mitleid über ihre Lebenssituation schwankten. Diese Gefühle konnte ihr »guter Freund«, der selbst 20 Jahre verheiratet gewesen war und zwei Kinder hatte, offensichtlich nicht nachvollziehen.

Beate, eine 49-jährige Ärztin, die in ihrer Praxis seit Jahren erfolgreich und mit Freude arbeitet und einen großen Freundeskreis pflegt, gibt zu, dass sie sich in Vorstellungsrunden bei Fortbildungen immer wieder beklommen fühlt. »Da sitzen dann die Kolleginnen und Kollegen, die alle mehr oder weniger einhellig sagen: Ich arbeite in diesem oder jenem Bereich und privat bin ich verheiratet und habe zwei erwachsene Kinder. Und dann komme ich und sage: Und ich lebe allein und habe keine Kinder. Da finde ich es wirklich oft schwierig, mein inneres Gleichgewicht zu bewahren.«

Allein zu leben ist keine Krankheit!

Natürlich gibt es auch Singlefrauen, die sich in ihrer Lebensphase pudelwohl fühlen, und denen andere einreden wollen, dass es ihnen gar nicht gut gehen könne und dass sie ihren Kinderwunsch nur verdrängen.

Marie, Ende dreißig, hat sich inzwischen angewöhnt auf mitleidige Fragen nach ihrem Beziehungsleben lächelnd abzuwinken und zu sagen: »Spar dir dein Mitleid für jemanden, der es wirklich braucht. Ich bin nicht *krank,* mein Lieber, ich bin nur zurzeit ohne Beziehungspartner!«

Als Paar zu leben, auch wenn es mehr schlecht als recht läuft, gilt zumindest nach außen als Beweis dafür, dass man diese Sache »geschafft hat«. Was hinter den Kulissen wirklich vorgeht, geht schließlich keinen etwas an.

Es ist ein Balanceakt zwischen der inneren Individualität und der Sehnsucht »dazuzugehören« den passenden Ausgleich zu finden. Wie gelingt diese Balance?

Betrachten Sie sich selbst samt aller Ihrer »Probleme« des Öfteren einmal so, wie Sie eine Blume betrachten würden. Diesen Rat gab Jiddhu Krishnamurti, einer der bedeutendsten spirituellen Lehrer des 20. Jahrhunderts, seinen Zuhörern wiederholt bei seinen Vorträgen. Mit der Betrachtung der »Blume« ist gemeint, sich selbst jenseits von Bewertungen und Vorurteilen anzuschauen.

Meditation.

Selbstakzeptanz I:
Sich selbst ohne Bewertung anschauen

* *Setzen Sie sich an einen ruhigen Ort in aufrechter bequemer Haltung. Sorgen Sie dafür, dass Sie eine Zeit lang ungestört sind.*
* *Stellen Sie sich im Geist eine Blume vor, die Sie gern mögen, oder stellen Sie eine solche Blume vor sich hin, vielleicht auch mit einer Kerze daneben.*
* *Betrachten Sie die Blume und spüren Sie, welche angenehmen Gefühle diese Betrachtung bei Ihnen erzeugt.*
* *Stellen Sie sich dann vor, dass Sie selbst diese Blume sind. Erlauben Sie den positiven Gefühlen, weiter zu strömen.*

- *Beenden Sie die Meditation nach einiger Zeit mit einer kleinen Verneigung.*

Wiederholen Sie diese Meditation über einen Zeitraum regelmäßig morgens oder abends, auch wenn es nur für einige Minuten ist. Bemerken Sie die Veränderung, die sich in Ihrer Wahrnehmung Ihnen selbst gegenüber einstellt.

Wenn im Verlauf dieser Meditation negative Gefühle über Sie selbst oder etwas in Ihrem Leben auftauchen, können Sie zu Ihrer Betrachtung der Blume einen Satz hinzufügen.

- *»Dieses (Gefühl, Charakterzug oder Ereignis) ist nur ein Teil von mir.«*

Wenn Sie ein Gefühl oder ein Ereignis oder einen Charakterzug in Ihrem Leben in dieser Art und Weise betrachten, verändert sich auch Ihr Gefühl dazu. Beobachten Sie, was sich bei Ihnen verändert, wenn Sie Dinge zwar als zugehörig zu Ihnen, aber doch nur als Teil Ihres Selbst benennen.

Der Blick nach innen – Vom Umgang mit Selbstzweifeln

Wir alle erzählen uns innerlich ständig »Geschichten« darüber, wer wir sind, wie wir uns verhalten und warum das so ist. Oft folgen unsere Erzählungen einem Muster, besonders in den Bereichen unseres Lebens, die nicht so laufen, wie wir sie gern hätten. Die Autorin Debbie Ford[18] meint, dass es drei erkennbare Grundmuster von »Ich-Arme/r«-Opfergeschichten gibt:

– Ich bin nicht gut genug.
– Ich spiele keine Rolle.
– Mit mir stimmt etwas nicht.

Längere Zeit (ungewollt) allein zu sein aktiviert meiner Erfahrung nach wie kaum eine andere Lebenssituation die »Geschichte«: »Mit mir stimmt wohl etwas nicht!«

Manchmal sind es auch andere, die uns diese Geschichte einreden wollen: »Was hast du denn für ein Manko, dass du allein bist?« Mit dieser Frage wurde Marion, eine meiner Interviewpartnerinnen, konfrontiert, als sie mit einem Bekannten über ihr Alleinleben sprach. Die attraktive Frau, Ende dreißig, war nach einer längeren Beziehung seit fünf Jahren freiwillig allein. In ihren Augen war das Alleinsein ein Lebensabschnitt, der ihr nach der sehr engen Partnerschaft gut tat. Für ihre Außenwelt wurde sie hingegen langsam zum »Sorgenfall«.

Langjährige Singles machen zwar insbesondere in Großstädten einen immer größeren Prozentsatz der Bevölkerung aus, dennoch müssen sie sich nicht selten für ihre Lebensform rechtfertigen. Oft meinen gute oder vermeintlich gute Freunde zu wissen, dass da doch etwas nicht stimmen könne! Manchmal stecke hinter den hämischen Nachfragen der »gepaarten« Zeitgenossen schlichter Neid auf die vermutete Freiheit des Singlelebens, sagt Eva Jaeggi, die als Psychoanalytikerin und Psychologieprofessorin über Singles geforscht hat. Besonders wer selbst in einer nicht sehr glücklichen Partnerschaft ausharre, unterstelle den attraktiven Singles, dass mit denen etwas nicht stimmen könne! Bis auf einige Ausnahmen sei dies aber keineswegs der Fall, so Eva Jaeggi.[19]

Sind Singles nicht beziehungsfähig?

Das Gespenst, »beziehungsunfähig« zu sein, geht bei etlichen Alleinlebenden um. Eva Jaeggi meint, dass heutzutage solche Konzepte der Psychologie die stereotypen Vorurteile aus den 50er Jahren gegenüber Alleinlebenden abgelöst hätten. »Früher hieß es dann«, erinnert sie sich, »die kann nicht kochen oder die ist zu eigensinnig oder zu groß, um einen Mann zu bekommen. Heute heißt es: Die oder der ist eben nicht beziehungsfähig.« Einzelne Menschen seien vielleicht tatsächlich eingeschränkt beziehungsfähig, meint Eva Jaeggi, doch diese Menschen seien meist sehr zufrieden mit ihrem eigenbrötlerischen Leben und litten nicht darunter. Und ein solch abgeschottetes Leben würden solche Personen auch *innerhalb* einer Ehe führen. »Und andererseits gibt es heutzutage so viele entzückende, aktive allein stehende Frauen bis ins hohe Alter«, fährt die Psychoanalytikerin fort, »da wäre es völlig unsinnig, von ›Beziehungsunfähigkeit‹ zu sprechen!«

Singles sind also nicht per se die egozentrischen Einsiedler, als die sie in den Medien manchmal hingestellt werden.[20] Sowohl Single-Frauen als auch -Männer pflegen ihre Freundschaften und Bekanntschaften im Allgemeinen sehr gut. Freundschaften zu pflegen entspringt natürlich auch einem gewissen Eigennutz. Singles müssen ihre Freizeitaktivitäten, Feiertage und Ferien mehr planen als Familien, die diese Zeit meist automatisch zusammen verbringen.

Doch obwohl viele Singles verlässliche Freunde sind, halten sie sich das selbst oft nicht zu Gute und werden eher von Selbstzweifeln heimgesucht. »Manchmal frage ich mich schon, was es denn *in mir* ist, dass ich immer wieder allein bin«, fragt sich Margarete, eine Frau Mitte fünfzig, selbstkritisch.[21]

Diese Äußerung offenbart eine typische Auffassung unserer postmodernen Gesellschaft, nämlich dass jeder seines Glückes Schmied sei. Danach ist (fast) alles machbar, eben auch Liebesbeziehungen. Und wer das nicht »hinkriegt«, hat versagt. Die Ansicht, dass wir selbst einen großen Einfluss auf das haben, was uns widerfährt, kann zu einer gesunden, selbstverantwortlichen Lebenshaltung führen. Schlägt Selbstverantwortung jedoch in ein Lamento gegen sich selbst um – »*ich* bin wohl *schuld* an allem« – dann wird das Kind mit dem

Bade ausgeschüttet. Aus der Opfergeschichte, in der ich andere für meine Lebenssituation verantwortlich mache, Eltern,
Männer, Frauen, die Gesellschaft, wird eine Anklage gegen
mich selbst. So als seien alle Lebensumstände von uns allein
abhängig und somit planbar.

Viele Singles fühlen sich nach einigen Jahren des Alleinseins nicht mehr frei, sondern sehnsüchtig nach einer Beziehung. In einer neueren Umfrage geben sogar mehr Single-
Männer als -Frauen an, dass sie nicht freiwillig allein sind,
sondern »gern eine Partnerschaft hätten« (nämlich 43 Prozent
der Männer gegenüber 25 Prozent der Frauen in der Altersgruppe zwischen 18 und 64).[22]

Nach meinem Eindruck aus den von mir geführten Gesprächen unterscheiden sich jedoch Männer und Frauen in
ihrer Art, mit dem ungewollten Alleinsein umzugehen.

Frauen, die allein leben, reflektieren mehr über ihr ungewolltes Singledasein und zweifeln mehr an sich selbst als die
Männer. Für Männer scheinen auch fünf, zehn oder gar zwanzig Jahre des Alleinlebens nicht unbedingt ein Grund für
Selbstzweifel zu sein. »Nach meiner gescheiterten Ehe wollte
ich keine neue Beziehung eingehen und habe mich darauf
konzentriert, meinen Kindern wenigstens ein guter Vater zu
sein«, sagt Rainer, der erst 20 Jahre nach seiner Scheidung
wieder eine feste Beziehung eingegangen ist.

Für Frauen zwischen 30 und 40 trägt dagegen das hörbare
Ticken der »biologischen Uhr« zur Nervosität im Single-Dasein bei. Zumindest bei den Frauen, die gern Kinder hätten.
Wenn es einen unerfüllten Kinderwunsch gibt, ist das Alleinsein für Frauen in dieser Altersgruppe ein besonderes Problem. Andere Frauen in diesem Alter, die Kinder haben und
jetzt allein erziehend sind, fragen sich: Wann soll ich neben
Job und Kind auch noch Zeit für einen neuen Mann finden?
Das Gleiche gilt umgekehrt für allein erziehende Väter.

Frauen über 50 merken an, dass ihre gleichaltrigen männlichen Pendants offensichtlich kein Auge für sie haben und Frauen des halben Alters vorziehen. Wie es eine Frau lakonisch formulierte: »Männer ab 50 können besser gucken als denken.«

Männer über 50 meinten zu mir, dass dies ein Vorurteil sei, das lediglich auf eine Minderheit ihrer Altersgruppe zuträfe. Jene Minderheit, die man dann in den Klatschspalten der Zeitungen »bewundern« kann, in denen grau melierte Herren mit ihren über die Jahre immer jünger werdenden, ständig wechselnden Partnerinnen auftauchen. Die Mehrheit der Männer dieser Altersstufe fragt sich eher, warum sich keine Frau ihres Alters mit einem ganz »normalen« Mann mit ein paar ganz »normalen« Macken zusammentun will. Die Ansprüche gleichaltriger Frauen an eine Beziehung scheinen manchen Männern sehr hoch.

Das Alleinleben ist für viele Singles also nicht wegen der aktuellen Bewältigung des Alltags schwierig, sondern weil es sich zukünftig nicht »einfach so« freiwillig beenden lässt.

Wir haben keine Kontrolle über das Ende des Alleinseins. Und genauso wenig wie ein Arbeitsloser seine Zeit ohne Erwerbsarbeit als »Urlaub« sieht, genauso wenig fühlen sich viele Singles einfach »frei«.

Insgesamt gesehen kann ein unerfüllter Beziehungswunsch Anlass für starke Selbstzweifel geben. Frauen, die von ihrer Erziehung her meistens mehr auf die Zustimmung anderer Menschen hin erzogen werden, leiden unter der vermeintlichen »Ablehnung« ihrer Persönlichkeit mehr als Männer.

Die Frage »warum bin ich allein« wird zum quälenden Oberton im Chor der inneren Stimmen. Wenn auch Sie sich häufig dabei ertappen, sich mit anderen Menschen, die in Beziehungen leben, zu vergleichen und bei diesem Vergleich schlechter abschneiden, dann könnte Ihnen die folgende Übung helfen, solche negativen Gedankenkreise zu unterbrechen. Stärker noch als die Meditation »Selbstakzeptanz« trägt diese Übung dazu bei, unproduktive Gedanken wirklich sofort zu beenden.

Übung.

STOPP: Meine Probleme – ihre Probleme

Wenn Sie in den nächsten Tagen einen Gedanken über sich bemerken, der einen negativen Vergleich mit anderen Menschen beinhaltet, sagen Sie einfach ganz reflexhaft und automatisch in Ihrem Inneren:

- *»Stopp! Diese Menschen haben ihre Probleme, und ich habe meine Probleme.«*
- *Wiederholen Sie diesen Satz und wandeln Sie ihn gegebenenfalls so ab, wie er für Sie passend erscheint. Wichtig ist einfach, dass der Satz in einer kurzen Formulierung ausdrücken soll: Diese Menschen haben ihre Probleme und ich meine. Sie können folgende Varianten dieses Satzes versuchen:*
- *Stopp! Ich lebe mein Leben, und die anderen Leute leben ihr Leben.*
- *Oder: Stopp! Ich kenne nicht genau die Probleme dieser Menschen, und sie kennen nicht genau meine Probleme.*

Wenn Sie einen Satz gefunden haben, der für Sie passt, prägen Sie ihn sich gut ein und unterbrechen Sie Ihre negativen Gedankenkreise damit.

Konzentrieren Sie sich danach auf etwas anderes. Entweder genau auf das, was Sie gerade tun, oder auf etwas Schönes in Ihrer Umgebung.

Beenden Sie negative Gedankenkreise! Es ist wichtig, sich als Single von Vergleichen mit anderen Menschen, vor allen Dingen mit jenen, die in einer Beziehung leben, unabhängig zu machen. Denn allein lebende Singles sind in ihrem Selbstwertgefühl oft herausgefordert.

Tatsächlich haben Psychologen in einer Langzeituntersuchung an jungen Erwachsenen zwischen 18 und 30 Jahren belegen können, dass nicht das Alleinsein einen Schub für das Selbstwertgefühl gibt, sondern die Tatsache, eine Beziehung einzugehen.[23] Das Alleinsein stärkt unsere innere Unabhängigkeit, aber eine Liebesbeziehung unterstützt ganz besonders jenen Teil des Selbstwertgefühls, der unabhängig von Leistung und Erfolg unser Gefühl zu uns selbst prägt.

Und so kommt es, dass auch eine gestandene Frau, Anfang 40, die erfolgreich als Selbstständige arbeitet, leise sagt: »Manchmal ist da die Sehnsucht nach dem goldenen Ring am Finger. Das Gefühl, einfach abends nach Hause zu kommen und alles ist gut.«

Vielleicht ist es aber so, dass es keine Rettung von außen gibt – weder für Frauen noch für Männer. Dass niemand wirklich unser inneres Alleinsein dauerhaft beenden kann?

In der Kurzzeittherapie gibt es die berühmte »Wunderfrage«, die Ratsuchenden gestellt wird, damit sie sich das Unmögliche zunächst einmal vorstellen können:[24] »Was wäre, wenn heute über Nacht ein Wunder geschehen wäre und … Sie wären nicht mehr allein. Woran würden Sie das merken, was würden Sie anders tun als jetzt?«

In Abwandlung dieser Wunderfrage kann man auch fragen:

Was würden Sie bereits heute anders machen, wenn es *keine* Hoffnung auf ein Wunder gäbe? Ihr erhofftes Wunder könnte zum Beispiel sein, dass Ihr Gefühl des Selbstwertmangels wegen Ihres Alleinseins verschwände. Was, wenn dies niemals durch ein äußeres Ereignis eintreten würde? Die nächste Übung lädt Sie ein, damit zu experimentieren.

Übung.

Was – wenn kein Wunder mich erlösen würde?

Wenn Sie wegen Ihres ungewollten Alleinseins bestimmte Probleme empfinden, von denen Sie hoffen, dass sie durch eine Partnerschaft quasi über Nacht verschwinden würden, schlage ich Ihnen den »Kein-Wunder«-Satz als Übung vor.

- *Benennen Sie vorher für sich, was ihr »Problem« mit dem Alleinsein ist, für das Sie sich am liebsten ein Wunder wünschen (finanzielle Engpässe, kein Kind haben, sich nicht liebenswert fühlen oder Ähnliches).*
- *Schreiben Sie dann den folgenden Satz auf oder lesen Sie ihn sich laut vor. Tun Sie dies so lange und so oft, wie Sie mögen:*

»Was würde ich bereits heute anders machen, wenn es keine Hoffnung auf ein Wunder gäbe?«

- *Verfolgen Sie Ihre Reaktion auf diesen Satz. Beachten Sie Ihre körperlichen und geistigen Reaktionen. Machen Sie sich nach der Übung Notizen dazu.*

Hier ein Beispiel:

1. *Benennung des Problems:*
   »Mein Problem, das ich mit dem Alleinsein habe, ist ein geringes Selbstwertgefühl. Ich fühle mich Paaren gegenüber manchmal unvollständig und frage mich, was mir fehlt. Von diesem Problem hoffe ich, durch eine Beziehung erlöst zu werden.«
2. *Sich die Frage stellen:*
   »Was würde ich bereits heute anders machen, wenn es keine Hoffnung auf ein Wunder gäbe?«
3. *Gefühle und Gedanken aufschreiben:*
   - *»Zunächst bin ich erschüttert. Es soll keine Rettung, keine Erlösung geben für mein mangelndes Selbstwertgefühl?«*

- *»Hm, irgendwie muss ich dann vielleicht meinen Mangel an Selbstwertgefühl erst mal für eine Zeit akzeptieren.«*
- *»Was würde ich heute tun? Ich würde heute und in der kommenden Woche mehrere Dinge tun, bei denen ich mich wohl fühle, zum Beispiel Fahrrad fahren, mit meinem Hund spazieren gehen oder mir eine Massage gönnen.«*
- *»Wenn mich kein Wunder erlösen könnte, würde ich vermutlich erforschen, woher eigentlich dieser Mangel an Selbstwertgefühl kommt. Mir fällt auf, dass ich dieses Gefühl schon als Kind kannte.«*
- *»Was ich heute schon dafür tun könnte: Darüber nachdenken oder mir vielleicht sogar therapeutische Unterstützung dafür suchen. Ich könnte noch heute eine Freundin anrufen, um mir die Adresse einer Therapeutin empfehlen zu lassen.«*

Dieses Beispiel zeigt, wie diese Meditation und Übung verlaufen könnte. Wenn Sie sich Notizen machen, kann es interessant sein zu vergleichen, wie sich die Arbeit an einem negativen Gefühl über die Zeit verändert. Eventuell kommen Sie immer wieder auf neue Lösungen.

Alleinsein beenden –
Was macht den Beziehungswunsch
heutzutage so schwierig?

Alleinleben, Single zu sein, ist nicht ausschließlich ein individuelles Schicksal, sondern auch ein gesellschaftlicher Trend.

Unser persönliches Beziehungsstück spielt sich auf einer gesellschaftlichen Bühne ab. Ein Blick zurück in der Geschichte macht dies deutlich. Nach Ende des Zweiten Weltkriegs gab es sechsmal so viele Frauen im heiratsfähigen Alter wie Männer. Auf einen Mann, der aus dem Krieg zurückgekehrt war, kamen also sechs Frauen, die eventuell heiraten und eine Familie gründen wollten.[25] In dieser historischen

Konstellation Single zu sein oder zu bleiben war also keinem persönlichen »Mangel« geschuldet, sondern schlicht eine Frage von Angebot und Nachfrage.

Aus einer gesellschaftlichen Perspektive betrachtet auch die Meditationslehrerin Sylvia Wetzel das Thema ungewollter Partnerlosigkeit, mit dem sie in ihren Kursen recht häufig konfrontiert wird. Beziehungslosigkeit bei Frauen zwischen 30 und 50 sei nicht nur »karmisch« bedingt, meint die feministisch orientierte Buddhistin.[26] (Es sei denn, man würde die allgemeine gesellschaftliche Entwicklung als gesellschaftliches Karma betrachten.)

Zu den Ursachen, die Sylvia Wetzel für ungewolltes Alleinsein sieht, gehört das veränderte Rollenverständnis von Männern und Frauen, das bei beiden Geschlechtern zu Verunsicherung führt, sowie die höheren Ansprüche der Frauen an eine Beziehung als noch in der Generation der Mütter.

Daher rät Sylvia Wetzel den Frauen in ihren Gruppen, sich vielfältig in Beziehungen einzubringen – den Blick also nicht auf die Liebes- und Partnerbeziehung einzuengen. Denn eine Liebesbeziehung kann man sich wünschen und einladen, man kann sie aber nicht »machen«. Andere Beziehungsformen hingegen, Freundschaften, Nachbarschaftskontakte, soziale Netzwerke und Ehrenämter, kann man gezielt pflegen. Manchmal tritt dann der drängende Partnerwunsch etwas in den Hintergrund, auch wenn er nicht ganz verschwindet. Sylvia Wetzel kennt selbst die Sehnsucht nach einer Liebesbeziehung sehr gut. Um wieder in einer Partnerschaft zu leben, beendete sie ihre Zeit als buddhistische Nonne. Seitdem teilt sie das Schicksal der westlichen Frauen auf dem Weg zu erfüllten, ganzheitlichen Beziehungen. Und tatsächlich wurde sie neben Zeiten des Alleinseins auch immer wieder »fündig« bei dieser Suche.

Sehnsucht und Partnersuche

In Bezug auf ungewollte Partnerlosigkeit musste ich bei meinen Interviews mit Erstaunen feststellen, dass viele meiner Interviewpartnerinnen und -partner, die ungewollt allein leben, bisher kaum konkrete Schritte zur Partnersuche unternommen hatten. So als lebten sie in der Vorstellung, dass man auch mit Mitte dreißig oder darüber noch seine Partner wie in der Schul- oder Studienzeit kennen lernt, »einfach so« in der Nachbarschaft, in der Cafeteria oder Bibliothek.

Christel, eine Frau Anfang vierzig, drückt aus, was vielleicht auch andere Frauen und Männer in ihrem Alter empfinden, wenn sie sich mit dem Gedanken tragen, sich der professionellen Hilfe einer Partneragentur oder Annoncen zu bedienen:

»Als ich das erste Mal bei einer Partneragentur war, kam ich mir vor, als wenn ich zum Arbeitsamt gehen müsste. Und ich fragte mich, wie es mit mir so weit hat kommen können?«

Manchmal zeigt sich vor dem konkreten Schritt, zur Partnervermittlung zu gehen, auch ganz unvermutet die eigene Angst. Das Träumen vom Märchenprinzen oder der Prinzessin war einfacher, als sich der Realität zu stellen. Jetzt melden sich Ängste mit vielen Fragen: »Passt es jetzt überhaupt?«, »Will ich wirklich?«, »Da gibt es ja doch niemand für mich.« (Eine Aussage, die entweder von einem schlechten Selbstwertgefühl zeugt, nach dem Motto: »In einem Club, der mich aufnimmt, möchte ich gar nicht Mitglied sein« – oder im Gegenteil eine Portion Arroganz vor die Angst schiebt: »Ich bin so besonders, dass es in einer normalen Agentur kein passendes Pendant für mich geben kann.«)

Bei der nüchternen Bestandsaufnahme des eigenen Lebens kann zu Tage treten, dass die Träume vom Ende des Alleinseins wirklich nicht ins derzeitige Leben passen. Ein bevorstehendes Examen, eine berufliche Krise, der Abbau von Schulden, eine begonnene Therapie oder eine schwierige Phase mit Kindern, all das kann unsere Aufmerksamkeit so in Anspruch nehmen, dass ein neuer Mensch und eine intensive Bindung nicht auch noch in den Alltag passen. Dann kann man überlegen, wie lange wohl diese Phase andauern wird, und danach aktiv werden. Vor einem »Blitzschlag« aus heiterem Himmel schützt diese Überlegung natürlich nicht. Aber dann sind viele Menschen eher gewillt, einer neuen Liebe Platz einzuräumen. Denn ähnlich wie Kinder passen neue Lieben eigentlich auch nie ins Leben. Die Liebe ist zu unordentlich für ein sauber geplantes Leben.

Was aber macht man, wenn der »Blitz« nicht zufällig von selbst einschlägt und das Alleinsein zunehmend schwerer zu tragen wird?

Wenn es wirklich ein dringender Herzenswunsch von Ihnen ist, Ihr ungewolltes Alleinsein zu beenden, dann könnten sie auch einfach Ihre Angst unter den Arm haken und das nächstliegende Mittel ergreifen, nämlich Menschen zu treffen, denen es genauso geht.

Ob es allerdings wirklich erstrebenswert und notwendig für ihr persönliches Leben ist, in einer festen Partnerschaft oder Ehe zu leben, können letztlich nur Sie selbst entscheiden. Manche Menschen, die längere Zeit allein waren, stellen jenseits der vierzig fest, dass sie sich eine sehr nahe Beziehung nicht mehr vorstellen können. Altea, eine 44-jährige Mediendesignerin, sagt: »Inzwischen ist mir klar, dass ich kein Mensch fürs Zusammenleben mit jemand anderem bin. Noch vor ein paar Jahren hatte ich dieses Ideal, aber jetzt habe ich erkannt, dass das unpassende Lebensmodelle für mich sind. Das hätte vielleicht mit 25 gepasst, aber jetzt nicht mehr. Ich kann mir gut vorstellen, wieder eine Beziehung einzugehen, aber auf jeden Fall mit getrennten Wohnungen.«

Spurensuche:
Ihre persönliche Geschichte des Alleinseins

Von den gesellschaftlichen Faktoren, die unsere Lebensform beeinflussen, war im vorangehenden Abschnitt die Rede. Doch Statistiken allein erklären nicht unsere persönliche Situation.

In Phasen von Selbstzweifeln schlage ich Ihnen deshalb zusätzlich eine »psycho-logische« Erforschung möglicher Ursachen Ihres Alleinseins vor.

Persönliche Lebenswege entstehen im Wechselspiel zwischen gesellschaftlichen Ereignissen, persönlicher Veranlagung, Prägungen aus dem Elternhaus und ganz maßgeblich durch die eigene Gestaltung dieser Faktoren. Wir bekommen vielleicht bestimmte Farbtuben und Pinsel vom Schicksal in die Hand (und andere eben nicht). Aber wir selbst erschaffen unser Lebensbild mit diesem Material im Rahmen unserer Möglichkeiten jeden Tag neu. In der Psychologie spricht man von stabilen Faktoren der Persönlichkeit, die aber eine gewisse »Elastizität« besitzen. Wir sind also weder unserer genetischen Veranlagung noch unserem Elternhaus für den Rest unseres Lebens ausgeliefert! Und nur auf unsere persönliche Entwicklung haben wir direkten Einfluss.

Für die Erforschung Ihrer persönlichen Geschichte des Alleinseins können Sie zum Beispiel mit der Übung »Beziehungslandkarte« beginnen, die eine Bestandsaufnahme Ihrer bisherigen und derzeitigen Beziehungslandschaft ist. (S. 28)

Meditation.

Das innere Bild meines Alleinseins – einen positiven Zustand schaffen

Die folgende Meditation können Sie auch durchführen, wenn Sie die Beziehungslandkarte noch nicht gezeichnet haben. Dann starten Sie sofort mit der Erkundung der Körperempfindungen, wie unten be-schrieben.

Wenn Sie die Landkarte Ihrer Beziehungen und Ihres Alleinseins jedoch bereits angefertigt haben, lassen Sie zunächst einmal das Bild in Ruhe auf sich wirken und betrachten Sie die Elemente.

Wie kommt es, dass Sie in einer »Wüste Gobi des Alleinseins« le-ben statt in einer köstlichen »Oase der Stille«? Wählen Sie sich ein Element aus, das Sie im Moment besonders beeindruckt oder be-schäftigt.

Bringen Sie sich in einen entspannten Zustand (siehe die Entspan-nungsübungen im Anhang) und sorgen Sie dafür, dass Sie einige Zeit ungestört bleiben.

- *Schließen Sie die Augen, machen Sie einige tiefe Atemzüge und konzentrieren Sie sich auf Ihren Körper.*
- *Rufen Sie sich einen Begriff zu Ihrem Alleinsein vor Ihr inneres Auge (ein Element aus Ihrer Landkarte oder einfach spontan eine Idee im Augenblick).*
- *Spüren Sie nach, was dieser Begriff in Ihnen für körperliche Emp-findungen auslöst und wo diese Empfindungen lokalisiert sind – im Brustkorb, der Stirn, den Knien oder Füßen, im ganzen Kör-per?*
- *Um welche Art von Empfindung handelt es sich? Warm oder kalt, eng oder weit, entspannt oder angespannt? Und welche Gefühle verbinden Sie mit dieser Empfindung? Angenehme oder unange-nehme, mit Erinnerungen verknüpfte Gefühle oder etwas Neues?*
- *Manchmal tauchen bei der Konzentration auf Körperregionen auch wieder Bilder auf. Beispiele dafür sind etwa die Wahrneh-mung des Brustkorbs als Zimmer in einem Haus, der Wirbelsäule als Treppenflur, der Arme als Äste eines Baums oder Ähnliches. Beobachten Sie solche Bilder einfach.*
- *Gehen Sie jetzt mit Ihrer Aufmerksamkeit zu den Empfindungen, die nicht angenehm oder entspannt sind. Verändern Sie dann die Körperregion oder das Bild davon langsam in Richtung eines an-genehmen Zustands. Wenn es vorher kalt war, lassen Sie gedank-*

lich Wärme einströmen. Wenn Sie einen kalten Raum gesehen haben, statten Sie diesen Raum mit einem Kamin oder einer Zentralheizung aus, die gut funktioniert. Wenn die Äste Ihres Baums vertrocknet aussehen, lassen Sie es Frühling werden und grüne Triebe ansetzen. Unsere Vorstellungskraft ist fast unbegrenzt, Sie können alles so einrichten, wie Sie es mögen.[27]

• *Wenn Sie das Gefühl haben, fertig zu sein, geben Sie sich selbst das Versprechen, dass Sie sich um diesen Bereich Ihres Körpers und Ihrer seelischen Vorstellung bald wieder kümmern werden – dass Sie sozusagen regelmäßig zu Besuch kommen werden, um nach dem Rechten zu sehen.*

Verlassen Sie dann den Bereich und beenden Sie die Meditation mit einigen tiefen Atemzügen. Strecken und dehnen Sie sich.

Unbewusste Vereinbarungen – Botschaften der Seele

Wie kommt es dazu, dass sich wichtige Dinge in unserem Leben, zum Beispiel Beziehungen, hartnäckig nicht so entwickeln, wie wir es wünschen?

Um zu verstehen, wie wir selbst, ohne es zu merken, unser Leben steuern, hat das Therapeuten-Ehepaar Gay und Kathlyn Hendricks den Begriff der »unbewussten Verpflichtung« oder auch »Vereinbarung« gefunden.[28] Sie können sich eine unbewusste Verpflichtung vorstellen wie eine Unterströmung im Meer. Auf der Oberfläche sehen Sie nur die sanften Wellen, die unterliegende Strömung aber bleibt unsichtbar, egal wie ruhig das Meer erscheint.

Für Gay und Kathlyn Hendricks sind *alle* dauerhaften Ereignisse in unserem Leben, die uns nicht gefallen oder die wir schmerzlich vermissen, auf Grund einer solchen »Unterströmung«, einer unbewussten Verpflichtung, entstanden. Das gilt auch für lange Phasen ungewollten Alleinseins.

Wichtig ist zunächst immer die *Erkenntnis* der »unbewussten Vereinbarung«. Denn erst, wenn Sie verstehen, was Sie bisher unbewusst getan haben, können Sie sich damit aussöhnen. Und nur dann haben Sie auch die Wahl, eine neue, bewusste Vereinbarung für sich selbst und Ihre Beziehungen zu treffen.

Wieso aber sollten wir uns zu so etwas wie Einsamkeit oder Unzufriedenheit »verpflichten«? Das scheint auf den ersten Blick völlig unlogisch.

Meistens haben diese unbewussten Verpflichtungen etwas damit zu tun, dass wir nicht erfahren haben, wie man anders lebt. Wir leben die Muster weiter, die uns unsere Eltern vorgelebt haben. Kinder »wissen«, dass sie nicht glücklicher werden sollen als ihre Eltern, auch wenn die Eltern dies nie so sagen würden oder bewusst wollen.

Eine einfache Bestandsaufnahme Ihres familiären Erbes bezüglich Beziehungen, ihr »Beziehungsinventar«, können Sie mit der folgenden Übung vornehmen.[29]

Übung.

Zuhause ist – Liebe ist

- *Nehmen Sie ein Blatt und überschreiben Sie es mit dem Titel: »Zuhause ist …«*
  Darunter schreiben Sie alle positiven Eigenschaften und Verhaltensweisen auf, die Sie mit Ihren Eltern in Verbindung bringen, zum Beispiel Zuverlässigkeit, Rückhalt, Schutz.
- *Dann schreiben Sie auf ein weiteres Blatt ohne Hemmungen alles auf, was Sie an negativen Eigenschaften mit Ihrem Elternhaus verbinden, besonders, wenn es um Beziehungen der Familienmitglieder untereinander ging. Abwesenheit des Vaters, emotionale Kälte, wenn jemand etwas falsch gemacht hatte, etc.*
- *Nun ersetzen Sie mit einem andersfarbigen Stift die Überschriften der beiden Seiten »Zuhause ist …« durch den Satz: »Liebe ist …«*
  Als Kind war Ihr Zuhause das einzige Kriterium für Sie, was Liebe ist.

- *Lesen Sie sich beide Listen noch einmal mit der neuen Überschrift laut vor.*

Was sehen Sie auf der positiven, was auf der negativen Liste? Was fällt Ihnen an Ähnlichkeiten auf, wenn Sie an Ihre Beziehungen denken oder an Ihr Alleinsein?

Eventuell gab es neben Ihrer Familie im engen Sinne noch andere wichtige Bezugspersonen, zum Beispiel Tanten, Großeltern oder auch Nachbarn. Oft können Kinder Defizite in der eigenen Familie bei anderen Bezugspersonen ausgleichen.
Ergänzen Sie gegebenenfalls Ihre Liste.

Es ist wichtig, auch bei der Beschäftigung mit Ihrer persönlichen Vergangenheit, dass Sie sich auf die Stärken und Ressourcen konzentrieren, die Sie mitbekommen haben. Stellen Sie sich Ihr Denken, Ihr Gehirn einmal als ein Netz von Fahrwegen vor. Je häufiger Sie einen Gedanken oder einen Satz denken, umso mehr wird dieser Fahrweg ausgebaut. Gedanken, die Sie täglich denken oder sogar mehrmals täglich denken, werden dann schnell zur Autobahn. Diese Gedanken werden buchstäblich schneller transportiert. Wenn Sie an früheren Vorstellungen über sich festhalten und diese immer wieder vor sich hersagen, wie »ich bin eben schüchtern« oder »mir ist es noch nie leicht gefallen, Kontakte zu knüpfen«, dann verstärken Sie dieses Selbstbild von sich. Wenn Sie gezielt nach Ihren natürlichen Stärken suchen und nach Vorbildern in Ihrer Familiengeschichte, dann kehren Sie diesen Prozess um. Manchmal kann es auch helfen, Biografien von Menschen zu lesen, die ein schwieriges Schicksal gemeistert haben. Nicht umsonst erfreut sich die literarische Gattung der Biografie einer wachsenden Beliebtheit auf dem Buchmarkt. Das liegt unter anderem daran, dass wir uns an Vorbildern, auch wenn wir sie nicht persönlich erlebt haben, durchaus orientieren und von ihrem Beispiel lernen können.

Für die ganz praktische Auseinandersetzung mit Ihren negativen Erfahrungen, was zu Hause als Liebe galt, möchte ich Ihnen noch die folgende kleine Übung vorstellen, in der Biografieforschung wird sie »Zaubersprüche« genannt.

Übung.

Zaubersprüche

Für jeden Satz, den Sie negativ über sich selbst und das Thema Liebe finden, können Sie einen der folgenden Zaubersprüche einsetzen, um diesem negativen Gedanken etwas entgegenzusetzen. Probieren Sie einfach aus, welcher der Sätze bei Ihnen am besten funktioniert oder erfinden Sie selbst einen:

- *Ich habe ... erlebt – und das ist jetzt vorbei!*
- *Dieser Krieg ist lange zu Ende!*
- *Das gilt nicht mehr!*
- *Das galt früher einmal – für andere (meine Eltern etc.)!*
- *Das mache ich jetzt anders!*

Damit solche »Zaubersprüche« als positive Affirmationen wirken können, sollten Sie sie oft zu sich selbst sagen, um in Ihren Gedanken neue Bahnen zu ebnen.

Dafür ist es auch unterstützend, dass Sie neuen Gedanken den Boden bereiten oder um im Bild zu bleiben, Felsbrocken von Ihrer Gedankenfahrbahn wegräumen. Dieses Wegräumen von Felsen und Geröll entspricht der Handlung des Vergebens.

In Gesprächen mit ungewollt Alleinlebenden tritt zum Teil eine große Ratlosigkeit bis hin zur Verbitterung über dieses »Schicksal« zu Tage. Und nicht selten beschimpfen sich langjährige Singles gern als »beziehungsunfähig« oder »irgendwie falsch«.

Falls Ihnen diese Art von Unfreundlichkeit sich selbst gegenüber bekannt vorkommt, sind Sie in der folgenden Meditation eingeladen, sich selbst zu entlasten.[30] Sie können diese Meditation für sich selbst oder auch in Bezug auf andere Personen anwenden, denen Sie etwas vorwerfen oder denen Sie grollen.

Es geht dabei nicht darum, ob Sie sich »objektiv« etwas vorzuwerfen hätten, sondern allein um Ihr subjektives Gefühl, dass Sie oder Ihre Lebenssituation »falsch« sei.

Meditation.

Ich vergebe mir ...

Sie können diese Meditation auch nach einer der folgenden Übungen zu Ihrer Familiengeschichte durchführen (S. 69).

- *Setzen Sie sich bequem und aufrecht an einen ruhigen Ort, an dem Sie einige Momente ungestört sind. Wählen Sie einen oder mehrere der folgenden Sätze aus und lesen Sie ihn laut vor oder sprechen Sie ihn innerlich:*
- *»Ich vergebe mir dafür, gedacht zu haben, dass ich etwas falsch gemacht habe.«*
- *»Ich vergebe mir dafür, gedacht zu haben, dass (Name einer Person) etwas falsch gemacht hat.«*
- *»Ich vergebe mir, dass ich (unbewusst) gewählt habe, allein zu sein.«*
  oder:
- *»Ich vergebe mir, dass ich allein geblieben bin.«*

Für den Fall, dass Sie mit Kinderlosigkeit hadern:
- *»Ich vergebe mir, dass ich (unbewusst) gewählt habe, keine Kinder zu bekommen.«*
  Oder auch in der Formulierung:
- *»Ich vergebe mir, dass ich keine Kinder bekommen habe.«*

Beachten Sie Ihre Reaktionen auf die Sätze. Fahren Sie bei Schwierig-keiten eventuell zunächst mit der Übung »Selbstakzeptanz« fort (S. 46).

Wenn Sie diese Übung der Selbstvergebung durchführen, werden Sie vermutlich ein Gefühl der Erleichterung verspüren. Eine Frau sag-te nach dieser Übung sogar, sie habe lachen müssen, so leicht und befreit habe sie sich gefühlt. So als hätte sie bisher immer einen schweren Rucksack mit sich herumgetragen und diesen nun einfach in dem Vergebungssatz abgestellt.

Zu kaum einem Thema gibt es aber so viele Missverständnisse wie zur Vergebung. Vergebung anderen gegenüber erscheint uns manchmal als Schwäche oder so, als würde man schlechtes Verhalten anderer tolerieren oder gutheißen. Das ist je-doch überhaupt nicht der Fall. Vergebung bedeutet, Freiraum zu schaffen. So sieht es auch die spirituelle Lehrerin Iyanla Vanzant. »Im Zusammenhang mit Vergebung muss man auf-geben, was man nicht will, um Platz zu schaffen für das, was man tatsächlich will.«[31]

Bei der Vergebung sich selbst gegenüber leuchtet diese Befreiung meistens sehr viel mehr ein, als wenn wir anderen Menschen vergeben wollen, die uns nach unserer Wahrneh-mung etwas Schlechtes angetan oder uns etwas Gutes vorent-halten haben. In der folgenden Spurensuche in der Familien-geschichte wird dieser Aspekt etwas tiefer untersucht.

Spurensuche:
Ihre Familiengeschichte des Alleinseins

Beim Familienaufstellen, einer in den letzten Jahren neu ent-standenen Therapieform, wird versucht, die persönliche Le-bensgeschichte im Zusammenhang mit den Beziehungen und Botschaften innerhalb von Familiengenerationen zu sehen.[32] Dabei gehen Familienaufsteller davon aus, dass persönliche

Schicksale durch mehrere Generationen beeinflusst werden können, auch von Mitgliedern der Familie, die schon lange tot sind. Bei »unglücklichen Schicksalen« der heutigen Generation, so die Annahme, handele es sich oft um eine Art »Familientreue« besonders gegenüber »nicht-gewürdigten« Familienmitgliedern voriger Generationen.

Beim Alleinsein, so zeigt es die Erfahrung aus vielen Aufstellungen, kann es sich unter Umständen um ein »übernommenes« Schicksal eines früheren Familienmitgliedes handeln, das allein bleiben »musste«, zum Beispiel um die Eltern zu versorgen. Man kann sich, so betonen es Familienaufsteller, durch das Anerkennen dieser übernommenen Rolle auch wieder daraus lösen. Wichtig ist zunächst die Akzeptanz und die Würdigung der Person, von der man das Alleinsein quasi »geerbt« habe.

Hier die Geschichte von Ulrike aus einer Familienaufstellung zum Thema: »Warum gibt es bei uns in der Familiengeschichte schon seit Generationen so viele alleinerziehende Mütter?«

Geschichte.

Der Großmutter treu im Alleinsein bleiben

»Ich erinnere mich noch gut an den Moment, in dem mir vollständig klar wurde, warum ich so vehement alle engeren Bindungen an Männer vermieden hatte. Nach einer intensiven Erforschung meiner Familien-Beziehungsgeschichte, die ich auf einem Workshop zu diesem Thema unternommen hatte, verstand ich zum ersten Mal, dass ich in einer langen Tradition allein lebender Frauen stand. Ich sah dort mit Tränen des Mitgefühls das kleine Mädchen, das ich einmal war, meine Mutter und Großmutter und ihre Geschichten mit Männern, die sie an das kleine Mädchen weitergegeben hatten: ›Männer sind unzuverlässig, sie gehen sowieso. Nimm deine Kinder und dann sieh zu, wie du allein klarkommst. Du bist besser dran ohne Mann.‹ So lautete ihre Botschaft.

Ich verstand, dass das kleine Mädchen seiner Mutter die Treue hielt, indem es ähnliche Beziehungen einging wie die Mutter selbst. Ich hörte die Botschaften der Großmutter: ›Du musst zwischen Arbeit und einem Mann wählen. Familie und Kinder sind das Ende deines eigenen Lebens als Frau.‹ Und ich verstand die bittere Wahrheit dieser Sätze für *ihr* Leben zu ihrer Zeit. Ich konnte sehen, welche inneren Glaubenssätze meine eigenen Beziehungen zu Männern beherrschten und wie ich immer wieder Situationen hergestellt hatte, in denen diese Glaubenssätze ihre Bestätigung fanden. Ich war erleichtert, dies alles ans Licht gebracht zu haben. Niemand war schuld, niemand zu beschuldigen, auch niemand zu entschuldigen. Alle hatten ihr Bestes getan, das, was sie tun konnten, mit dem Wissen, das sie hatten: meine Großmutter, meine Mutter und ich selbst. Ebenso mein Vater, sein Vater und alle anderen Männer in unserer Familie. Ich söhnte mich mit meinen Familienmitgliedern aus und mit unserer Familiengeschichte, wie ich sie erlebt hatte. Ich fühlte Liebe für alle Beteiligten und fühlte mich erfrischt und frei.«

Negative Gefühle binden uns an Menschen genauso stark wie positive Gefühle. Groll und Hass über schmerzhafte Ereignisse lassen die Wunden der Vergangenheit nicht heilen. Nach einer angemessenen Zeit der Wut oder der Trauer über erfahrenes Unrecht hilft es Betroffenen nicht, weiter an ihrem Zorn, zum Beispiel auf den abweisenden Vater oder die strenge Mutter, festzuhalten.

Gefühle, die unsere Vergangenheit betreffen, *wahrzunehmen* oder daran *festzuhalten* sind zwei verschiedene Dinge.

Auch wenn es etwas pathetisch klingen mag: Die Anerkennung der Situation und die Liebe zu den damals handelnden Personen befreit. Dies zu spüren ist eine tief greifende Erfahrung, die inneren Frieden mit sich bringt.

Es muss sich äußerlich gar nicht unbedingt etwas ändern. Sie müssen nicht den Traumpartner finden, um den nagenden Zweifel zu verlieren, dass mit Ihnen »irgendetwas nicht stimmt«. Das Verstehen, wie Sie bisher mit Ihrer Familie verbunden waren, allein reicht oft schon, um wieder zur Ruhe zu kommen. Und falls Sie wieder jemandem begegnen möchten, ist innere Ruhe sicherlich der beste Ausgangspunkt.

Übung.

Verbeugung vor den Ahnen

Machen Sie die folgende Übung/Meditation nur, wenn Sie bei Ihnen keine ablehnenden Gefühle hervorruft. Sollte dies der Fall sein und sie haben trotzdem Interesse daran, sich mit Ihrer Familiengeschichte auseinander zu setzen, können Sie sich an einen zertifizierten Aufsteller oder eine Aufstellerin wenden.[33]

Zur Beschäftigung mit Ihrem Alleinsein schlage ich vor, dass Sie Ihre Familie einmal unter den folgenden Aspekten betrachten.

- *Stellen Sie sich Ihre Familie bildlich vor Ihrem inneren Auge vor, oder wählen Sie kleine Objekte (Steine, Figuren), um diese als Familienmitglieder vor sich hinzustellen.*
- *Denken Sie auch an Familienmitglieder, die vielleicht schon tot sind, von denen man Ihnen aber erzählt hat, und die allein geblieben sind. Zum Beispiel eine Tante, die unverheiratet blieb und der Sie sehr ähnlich sein sollen, ein Großonkel, der Priester wurde, oder jemand, der früh gestorben ist.*
- *Nehmen Sie innerlich Kontakt zu diesen »allein gebliebenen« Familienmitgliedern auf und versuchen Sie diese oder ähnlich einfache Sätze auszusprechen:*
- *»Liebe/r (Name) ... du bist allein geblieben in deinem Leben. Du hast dein Leben geführt. Ich lasse dir dein Schicksal, es ist deins, du kannst es tragen.«*
  oder: »Du hast es getragen.«

»Ich bin deine (Tochter, Nichte, etc.). Ich führe mein Leben und mache etwas daraus. Bitte schau freundlich auf mich in meinem Leben. (Ergänzen Sie bei Bedarf: ... wenn ich einen Partner an meine Seite wähle).«

- *Verneigen Sie sich innerlich so lange vor der Person, bis Sie das Gefühl haben, dass diese Person sich gewürdigt fühlt, freundlich auf Sie blickt und Ihnen alles Gute für Ihr Leben wünscht.*

Bemerken Sie bei dieser Übung wie auch bei der Übung »Sich selbst vergeben«, wie heilsam es ist, andere und sich selbst aus Schuld und Anklage zu entlassen. Zuallererst tut es Ihnen gut, denn Groll auf andere oder sich selbst schadet Ihnen gleichermaßen. Marie Mannschatz formuliert in Ihrer Vergebungsmeditation so: »Ich verzeihe dir, weil es mir wehtut, wenn mein Herz dich ausschließt.«[34]

In diesem Kapitel über die Frage »Warum bin ich allein?« wurden zunächst die gesellschaftlichen Faktoren beleuchtet, die das Alleinsein bestimmen, und dann die inneren Stimmen hörbar gemacht, die aus Ihrer individuellen Lebensgeschichte kommen. Zum Abschluss möchte ich Ihnen noch eine Meditation vorschlagen, die Sie trotz und *mit* Ihren möglichen Zweifeln an sich selbst jederzeit durchführen können.

Meditation.

Selbstakzeptanz II. Sich mit allen Seiten akzeptieren

- *Setzen Sie sich für die Meditation an einen ruhigen Ort und bringen Sie sich in einen entspannten Zustand.*
- *Sagen Sie sich innerlich:*
  »Obwohl ich (noch) allein bin, liebe und akzeptiere ich mich ganz und gar.«
  Oder probieren Sie eine Variation dieses Satzes:
  »Obwohl ich allein bleibe, liebe und akzeptiere ich mich ganz und gar.«

Die Meditation über diesen Satz wird umso tiefer gehen, je entspannter Sie sind und je ruhiger in Ihrem Inneren. Dann entfaltet dieser Satz seine ganze Wirkung. Sie können diesen Satz auch immer wieder während des Tages ruhig zu sich selbst sagen.

Wie der Körper das Alleinsein lernt

Ist der Mensch als soziales Wesen überhaupt für das Alleinsein geschaffen?

Wie lernt der Mensch das Alleinsein und ab wann können wir das überhaupt – allein sein? Die wissenschaftlichen Erkenntnisse über die Entwicklung des Säuglings haben sich über die letzten drei Jahrzehnte radikal erweitert.

Noch bis vor etwa 20 Jahren ging man davon aus, dass Babys in ihrer ersten Lebensphase – bis zum dritten Monat – in einer Art seligem »Autismus« leben und ausschließlich passive Wesen sind, die sich weiterhin als eine Einheit mit der Mutter fantasieren. Inzwischen ist man zu anderen Ergebnissen gekommen.[35]

Gleich nach der Geburt nimmt der Säugling durch Körpersprache und Geruchssinn aktiv Kontakt mit seiner Mutter auf. Diese wiederum stellt sich instinktiv auf die Bedürfnisse ihres Säuglings ein. Es entsteht ein inniger »Tanz«, in dem beide, der Säugling und die Mutter, miteinander durch ihre Körper kommunizieren. In diesen »Tanz« werden dann die anderen Bezugspersonen, zum Beispiel der Vater, eingebunden.

Weil der Säugling viel aktiver als bisher angenommen seine Welt gestaltet, ist auch die Fähigkeit des Babys zum Alleinsein mehr in den Blickpunkt der Wissenschaft gerückt. Das betont der Psychologe Heiko Ernst in einem Aufsatz über die Fähigkeit des Menschen, von Anbeginn des Lebens an glücklich allein sein zu können.[36]

Obwohl der Säugling einen viel aktiveren Part in der Mutter-Kind-Beziehung spielt, als bisher angenommen, sitzt er jedoch am kürzeren Hebel, was die Erfüllung seiner Bedürfnisse angeht. Gelingt es der Mutter nicht, seine grundlegenden Bedürfnisse nach Nahrung, nach Nähe und Geborgenheit ausreichend zu erfüllen, stellen sich beim Säugling panikartige Zustände ein.

Ungewolltes Alleinsein bleibt für das Neugeborene bedrohlich, weil es noch kein Zeitgefühl wie ein Erwachsener besitzt. Solche Phasen des Alleinseins speichert das Nervensystem des Babys als lebensbedrohliche Situationen ab. Noch als Erwachsene können solche Muster erlebter Bedrohung wieder aktiviert werden, zum Beispiel, wenn wir allein im Dunkeln sind.

Versetzen Sie sich einmal für einen Moment in die Lebenswelt eines neugeborenen Säuglings, der hungrig und allein ist.

Geschichte.

Nähe ist der Lebensquell – Alleinsein ist der Tod

»Meine Welt besteht aus einem Meer von Berührungen, Gerüchen, Formen und Farben. Ich bin ein Teil dieser Welt, ganz eng mit ihr verwoben. Selbst wenn ich die Augen offen habe, sehe ich nur wenig Genaues (und es sagt mir auch nichts, da ich erst nach und nach die Bedeutung der Gegenstände und Personen lernen werde). Dafür kann ich sehr genau zwischen zwei Dingen unterscheiden: angenehm und unangenehm. Angenehm ist alles, was mein Leben erhält und mich erfreut. Unangenehm ist der ganze Rest, und das ist SCHRECKLICH.

Angenehm ist die warme köstliche Flüssigkeit, die immer wieder wie ein Lebensquell in meinen Mund sprudelt und die ich gierig aufsauge, weil ich *weiß*, dass sie das Leben für mich bedeutet. Angenehm ist, wenn ich das rhythmische Geräusch, die große Trommel, das Herz meiner Mutter höre. Diesen Ton kenne ich schon, seit ich in ihrem Bauch im Fruchtwasser geschwebt bin.

Unangenehm ist, wenn das rhythmische Geräusch fehlt, wenn der Geruch der Lebensquelle fehlt.

Angenehm ist, wenn warme Hände mich streicheln, wenn ich geschaukelt werde.

Zunehmend schrecklich wird es, wenn ich irgendwo allein, still und starr liegen muss. Ohne die Quelle, ohne den Geruch, ohne die Wärme des anderen Körpers. Ich tue jetzt, was ich kann, damit das Unangenehme aufhört und das Angenehme wieder anfängt: Ich schreie, etwas, dann mehr, dann GANZ LAUT! Ich strenge meinen Körper an, ich ziehe alle Muskeln zusammen und boxe mit Ärmchen und Beinchen in die Luft und ich schreie, ich schreie! Es hört nicht auf! Das Unangenehme hört nicht auf, ich bin verzweifelt! Es wird mich umbringen, wenn es nicht schnell genug wieder aufhört, ich WEISS es. Es wird mich umbringen, auslöschen. Jeder weitere Moment ist jetzt eine Ewigkeit und die Ewigkeit ein Moment. Ich schreie und schreie, bis ich nicht mehr kann und schließlich verzweifelt in einen erschöpften, hoffnungslosen Schlaf falle.

Später, nach einer Ewigkeit, wie in einem anderen Leben, kommt die Wärme wieder, die Berührung, der Geruch und die Lebensquelle. Es ist noch mal gut gegangen für mich.«

So dramatisch muss man sich wohl die Lebenswelt des Säuglings vorstellen, der zunächst allein durch seine Instinkte zum Überleben bestimmt ist. Verlustängste und die Angst vor dem Alleinsein haben also für uns alle, die wir »Menschenkinder« sind, eine ganz reale, körperliche Wurzel.

In jedem Fall versucht der Säugling zunächst aktiv, die lebensbedrohliche Angst des Alleinseins abzuwenden und zu beherrschen. Wie geschildert, schreit das Baby zuerst und zieht seine Muskeln am ganzen Körper zusammen, dann verfällt es in eine Art stumme Starre und ermatteten Schlaf. Wiederholen sich diese Situationen zu häufig, dann bilden sich Muster im Nervensystem heraus, die zwar vor der Angst schützen, aber die Lebendigkeit und psychische Gesundheit beeinträchtigen. Und die Angst vor dem Alleinsein bleibt, eingeschrieben in unser Körpergedächtnis.

Aber es gibt auch Wünsche des Säuglings nach Abgrenzung und Alleinsein, damit er die vielen Eindrücke seines täglichen Lebens verdauen und umsetzen kann. Neben einem »zu wenig« an Zuwendung gibt es auch ein »zu viel« an ständigem Kontakt und permanenter Stimulation, betont Heiko Ernst. In der einschlägigen Ratgeberliteratur für Eltern werde aber das Bedürfnis von Babys und Kindern nach Alleinsein und Distanz zu den Eltern oft völlig übersehen.[37]

Belagern Eltern ihre Babys mit der eigenen Bedürftigkeit nach Nähe oder Kontrolle, fühle das Kind sich bedrängt und von dem ungewollten und unangemessenen Kontakt überschwemmt. Tatsächlich, so Heiko Ernst, seien Babys in erstaunlichem Maße in der Lage, sich selbst zu beruhigen und zu trösten.

Darüber hinaus ist Alleinsein für Babys über weite Strecken des Tages ein lustvolles Abenteuer. Denn das Nervensystem des Kleinkindes wächst jeden Tag mit allen Eindrücken, die es aufnimmt. Und da kann schon ein Bettdeckenzipfel oder eine wehende Gardine Anreiz genug sein.

Folgen Sie dem Baby noch einmal in einen Ausschnitt seiner – diesmal schönen – Welt des Alleinseins.

Geschichte.

Alleinsein – ein Spiel

»Die Welt ist ein Abenteuer und ich bin mitten drin! Mein Nervensystem ist ganz gierig nach allem Neuen, damit es lernen kann. Ich sehe Formen und Farben, vor allem Rot gefällt mir. Und ich liebe es, wenn sich etwas bewegt. Da! Bewegt sich was. Es sieht lustig aus, ich gluckse, weil ich die Bewegung in dem Ding, das meine Mutter Bettdecke nennt, nachmachen will. Dann will ich das, was sich da bewegt, anfassen. Ich bin glücklich, wenn meine Hände und mein Mund etwas Neues »begreifen« dürfen. Dazu bin ich ja hier. Ich habe die Dunkelheit und die Wärme der ersten neun Monate gegen zu viel Licht und einige Unannehmlichkeiten eingetauscht. Jetzt will ich aber auch Spaß haben! Da bewegt sich schon wieder etwas! Ich beiße rein. Aua! Das muss etwas von mir selbst sein, mein Zeh! Wenn ich in etwas anderes beiße, tut es nicht weh. Ich liege auf einer Decke, die riecht gut, nach Muttermilch und … das kenne ich noch nicht. Ich lutsche an dem Deckenzipfel – da bewegt sich wieder etwas.

Was ist jetzt los? Ich werde hochgehoben, rausgenommen von meinem Abenteuerspielplatz – schade, schon vorbei das Spiel?«

Erinnern Sie sich noch an lustvolle Zeiten des Alleinseins aus Ihrer Kinderzeit?

Verfolgen Sie doch einmal ganz speziell die Spuren, die Ihre ersten körperlichen Erfahrungen mit dem Alleinsein hinterlassen haben. Vor allem geht es in der nächsten Übung um die lustvollen und schönen Aspekte des Alleinseins.

Übung.

Kinderspiele des Alleinseins

- *Erinnern Sie sich noch an Spiele, die Sie als Kind gern allein ge-spielt haben? Mit Bällen, Decken, Luftballons?*
- *Wenn Sie Kinderbilder von sich sehen – können Sie Ihren Körper von damals wieder spüren?*
- *Wenn Sie sich in Ihre früheste Kindheit versetzen – was waren an-genehme Zeiten für Sie? Wie hat sich das angefühlt?*

Von der Erwachsenenwelt auf die Kinderwelt umzuschalten kann sehr erholsam sein und uns auftanken lassen.

Hier einige Beispiele für beliebte Kinder-Körperspiele:

Laden Sie sich selbst dazu ein, ein beliebtes Kinderspiel wiederzube-leben und unter einer Decke zu spielen!
Sie benötigen für diese Übung einen Platz auf dem Boden oder Ihrem Bett und unbedingt ungestörte Zeit, damit Sie nicht mitten in der Übung überrascht werden.

- *Breiten Sie auf dem Fußboden oder in Ihrem Bett zwei Decken aus. Eine Decke sollte unter Ihnen liegen, damit es weich ist. Die andere Decke muss groß genug sein, damit sie ganz darunter ver-schwinden können.*
- *Wenn Sie mögen, können Sie vorher leise Musik anmachen. Schließen Sie am besten die Augen.*
- *Fangen Sie an, sich in der Wärme, Dunkelheit und Geborgenheit Ihrer Deckenburg zu bewegen. Heben Sie die Decke mit den Fü-ßen zu einem Zelt hoch oder tun Sie, was immer Ihnen einfällt. Die Kinderspielregel lautet, dass Sie immer wieder versuchen müssen, unter der Decke zu verschwinden und niemals ganz zu sehen sein dürfen.*
- *Genießen Sie das Spiel und die Wärme. Dann liegen Sie einfach eine Zeit lang ruhig unter der Decke. (Sorgen Sie nur dafür, dass Sie genug Luft bekommen und sich nicht eingesperrt fühlen).*

- Lassen Sie alle Erinnerungen und Gefühle hochkommen, die sich einstellen. Sorgen Sie dafür, dass alle Gefühle »willkommen« geheißen werden.

Eine andere Übung.
- Nehmen Sie sich einen leichten Ball oder Luftballon und spielen Sie damit. Legen Sie sich auf den Rücken und versuchen Sie den Luftballon mit Händen und Füßen so lange in der Luft zu halten wie möglich!
- Genießen Sie, dass es hierbei um nichts geht – Sie müssen nichts leisten oder vollbringen!

Und ein beliebtes Kinderspiel für draußen:

- Durch Pfützen laufen und in den Matsch springen!
Besonders wenn schlechtes Wetter ist, lieben es Kinder, mit dem zu spielen, was sie vorfinden: Wasser und Matsch. Oft muss man sie rufen, damit sie weiterlaufen, weil sie so sehr in die Tätigkeit versinken.
Wie fühlen Sie sich, wenn Sie das auch einmal wieder tun?

Glückseliges Alleinsein und Freude am Körper – wir alle haben das als Kinder und auch schon als Säuglinge im Spiel erlebt.

Schon früh wird die Basis dafür gelegt, ob wir uns im Alleinsein wohl und sicher fühlen oder nicht. Das Vertrauen des Säuglings in seine Umwelt und damit gleichzeitig auch sein eigenes Selbstvertrauen bauen sich in dem Maße auf, wie seine Bedürfnisse angemessen befriedigt werden. Dazu gehört, dass beide Bedürfnisse, das nach Nähe und das nach Alleinsein, beachtet werden.

Dazu braucht es aber keine »perfekte« Mutter, die »alles« richtig macht. Es reicht, wenn die Mutter in ausreichend vielen Fällen angemessen für ihr Baby sorgt. Von dem amerikanischen Kinderarzt und Psychoanalytiker Donald W. Winnicott stammt der Ausdruck »good-enough mother«, eine Mutter, die einfach »gut genug« ist, nicht »perfekt«.

Bis zu einem gewissen Grad haben wir alle als Babys sowohl Situationen der Einsamkeit als auch der Bedrängnis erlebt. Und wir alle haben diese Erfahrungen überlebt, konnten damit umgehen. Das ist die gute Nachricht, auch wenn Ihre frühe Kindheit nicht optimal gewesen sein mag.

Starke Vernachlässigung hat dagegen gravierende Folgen für Kinder.

Der Psychiater René Spitz fasste zu Beginn des 20. Jahrhunderts die Krankheitssymptome von Kleinkindern, die durch fehlende Versorgung, mangelnde Ansprache und Berührung hervorgerufen werden, unter dem Begriff Hospitalismus zusammen.

Dass Babys am Alleinsein, am Mangel von Berührung tatsächlich sterben können, weiß man aus einem der frühesten »Experimente« mit Kindern. Im 18. Jahrhundert wollte man herausfinden, welche Sprache Kleinkinder von Natur aus erlernen, wenn sie keinen Einflüssen durch Erziehung ausgesetzt sind. Um die »Ursprache« zu ergründen, ließ man eine Gruppe von Säuglingen zwar grundlegend körperlich versorgen, untersagte jedoch jegliche weitere Zuwendung wie Berührung und Ansprache durch die Pflegepersonen. Welche Sprache die derart vernachlässigten Menschenwesen sprechen würden, hat das Experiment nicht zu Tage gefördert. Die große Mehrheit der Babys verstarb nämlich, die restlichen Kinder vegetierten debil dahin. Seitdem weiß man, dass Berührung und Zuwendung notwendig für die Entwicklung und für das Überleben von Säuglingen sind.

Aus heutigen anthropologischen Studien unter Völkern, bei denen Mütter Ihre Babys den ganzen Tag in einem Tuch am Körper tragen, leiten sich inzwischen auch Anregungen für unsere moderne Zivilisation ab. Seit dem Klassiker von Jean

Liedloff *Auf der Suche nach dem verlorenen Glück*[38] nehmen mehr und mehr Mütter auch bei uns ihre Neugeborenen wieder in Tragetüchern nah an den Körper. Ganz offensichtlich passen sich Säuglinge in Tragetüchern den Aktivitäten der Mütter ganz mühelos an und sind insgesamt ruhiger und zufriedener als ihre Artgenossen, die ihr frühes Leben fast ausschließlich in Kinderwagen und -karren verbringen müssen.

Ich fühle dich – deshalb bin ich nicht allein

Werden Säuglinge älter, öffnet sich ihre Welt ständig weiter. Und immer mehr wächst ihre Fähigkeit, allein sein zu können.

Bei der »Eroberung« der Welt übernimmt jeweils ein neues Sinnesorgan die führende Rolle. Das Baby kommuniziert dadurch ganz spezifisch mit der Mutter und der Umwelt.

Die Entwicklung beginnt in der unmittelbaren Körpernähe zur Mutter mit dem Tastsinn, dem Fühlen. Dann entfernt sich das Kind immer weiter von der Mutter: über das Anschauen und Sehen bis zur Kommunikation über weitere Entfernung, dem Sprechen.[39]

In den ersten Wochen besteht der Säugling quasi nur aus dem Tastsinn und dem Geruchssinn. Am Geruch erkennt er die Mutter zuerst (genauer gesagt am Geruch der Brustdrüse), später reagiert er auch auf das Gesicht der Mutter.

Am wichtigsten aber ist zunächst der Tastsinn, das Fühlen. Das Baby »begreift« seine Umwelt im wahrsten Sinne des Wortes. Ein besonders empfindliches Sinnesorgan ist hierbei der Mund. Süßes wie die Muttermilch empfindet er als besonders lecker, Salziges können Säuglinge noch nicht vertragen.

Bis in unsere Erwachsenentage hinein sind warme, weiche, süße Speisen für viele Menschen besonders tröstlich (wenn sie nicht durch andere »trostspendende« Substanzen ersetzt werden, zum Beispiel durch Alkohol).

Für das Sicherheitsgefühl des Säuglings heißt es in den ersten Wochen und auch später noch: Ich fühle dich – also bin ich sicher. Und diese Sicherheit erlaubt dem Baby, sein Alleinsein lustvoll und spielerisch zu genießen.

Auch als Erwachsene empfinden wir ein Gefühl der Sicherheit und Geborgenheit, wenn uns jemand liebevoll in den Arm nimmt. Teilen wir unsere Freude mit jemand, fallen wir uns jubelnd in die Arme. Spenden wir einem trauernden Freund Trost, nehmen wir ihn in die Arme. Wachen wir morgens neben einem geliebten Menschen auf, dann schlingen wir zärtlich unsere Arme um ihn.

Berührung: Unsere Verbindung zu anderen – Balsam für Körper und Seele

Berührung bedeutet Geborgenheit für alle Menschen. Und noch etwas passiert durch Berührung: Wir verbinden uns mit der Welt, mit den anderen.

Kaum ein Körpergefühl ist so beruhigend, entspannend und gesundheitsfördernd wie (liebevolle) Berührung.

Wenn Sie von einem Menschen berührt und gestreichelt werden, der ihnen angenehm ist, dann »freut« sich Ihr Nervensystem und Ihr Gehirn produziert einen Botenstoff, das Oxytocin, der Ihren gesamten Körper auf »Wohlgefühl«, »Liebe« und »Bindung« einstellt. Oxytocin ist der Stoff (genauer gesagt ein Molekül), der für unsere Gefühle von Bindung, Fürsorge und Nähe biologisch verantwortlich ist. Man könnte auch sagen, dass die Evolution diesen Stoff unserer menschlichen Ausstattung als hauseigene »Droge« zur Arterhaltung hinzugefügt hat. Oxytocin wird im Moment der Geburt zusammen mit einem anderen Hormon in großen Mengen von

der Mutter ausgeschüttet. Mutter und Baby »verlieben sich«
daraufhin ganz natürlich ineinander, und die Mutter wird sich
ihres hilflosen Babys fürsorglich annehmen. Später wird dieses
Band bei jedem Stillen weitergeknüpft, denn auch dabei fließt
nicht nur Milch, sondern reichlich Oxytocin zwischen Mutter
und Säugling.

Ein vergleichbares »Liebesmolekül« besitzen in der Tier-
welt, so weit bekannt, nur unsere nächsten Verwandten, die
Affen.

Oxytocin wird in der Begegnung zwischen Liebenden ausgeschüttet, aber auch bei einer Umarmung mit Freunden und
Freundinnen produzieren wir vermehrt den Liebes-Boten-
stoff. Ohne diesen Botenstoff bleibt auch die ausgefeilteste
Liebestechnik nur Gymnastik. Vermutlich ist der Entzug des
Stoffes eine der biologischen Ursachen für Liebeskummer,
wenn durch die Trennung plötzlich alle Körperkontakte mit
dem Geliebten entfallen.

Ich sehe dich – deshalb bin ich nicht allein

Für den heranwachsenden Säugling erweitert sich die Welt
zunehmend, wenn sich der Sehsinn entwickelt. Jetzt kann das
Baby das Gesicht der Mutter und anderer Bezugspersonen
von Fremden unterscheiden. Deshalb fängt es allerdings auch
an zu »fremdeln«, sich also in der Gegenwart fremder Menschen zu fürchten, selbst wenn diese freundlich sind.

Mit den Augen sucht das Baby auf seinen Erkundungs-
reisen in die Welt immer wieder den Kontakt mit der Mutter.
Sie (oder eine andere Bezugsperson) ist es, die ihm Sicherheit
gibt und weiterhin für sein (Über-)Leben sorgt.

Wie schon in der ganz frühen Lebensphase auf der körperlichen Ebene, so setzt sich auch im Krabbelalter die paradoxe
Entwicklung der Autonomie fort: Je mehr sich ein Baby geborgen und aufgehoben fühlt, umso leichter und unbeschwer-

ter kann es allein sein. Ein Blick genügt – jemand, den ich kenne, ist da, ich bin nicht allein – und schon kann das Kind seine Forschungstätigkeit in der Umwelt allein fortsetzen.

Dadurch dass der Sehsinn für das Kind wichtiger wird, fallen aber auch Einschränkungen der Sehfähigkeit stärker ins Gewicht. Das Kind fühlt sich jetzt allein, wenn es dunkel ist. Viele Kinder können nur einschlafen, wenn noch eine kleine Lampe im Zimmer brennt. Und bevor das Kleinkind auf seine »Reise in die Nacht«[40] geht, braucht es nun besonders viel Zuwendung.

Ich sehe dich – also bin ich nicht allein. Diesen Satz des Babys empfinden auch wir Erwachsene noch. Wir fühlen uns allein und verlassen, wenn es dunkel ist. Wir fühlen uns fremd und allein, wenn uns niemand kennt, uns niemand liebevoll anblickt.

Und gelegentlich spielen auch Erwachsene ein Spiel, das Kleinkinder noch ernst nehmen: Ich mache die Augen zu, also bin ich nicht mehr da! Als Erwachsene machen wir gelegentlich »psychologisch« unsere Augen zu und denken, dass unsere Probleme dann nicht mehr da sind … Meist ein Irrtum!

Meditation.
Das innere Kind besuchen

In der Einführung habe ich Sie zu einer Spurensuche in Ihrer persönlichen Geschichte des Alleinseins eingeladen (S. 15). Und in der vorangehenden Körperübung zu Kinderspielen haben Sie einmal ausprobieren können, wie es ist, körperlich wieder wie ein Kind zu sein (S. 76).

In der nun folgenden Meditation können Sie noch einmal gezielt versuchen, mit dem »inneren Kind« in Ihnen Kontakt aufzunehmen, indem Sie Erinnerungen aus Ihrer Kindheit zum Alleinsein wachrufen.

(Wenn Sie bereits wissen oder vermuten, dass Sie in Ihrer Kindheit traumatische Erfahrungen mit Alleinsein oder Missbrauch erlebt haben, sollten Sie diese Übung ausschließlich auf Weisung und in Gegenwart eines ausgebildeten Therapeuten machen!)

- *Suchen Sie sich, wenn möglich aus Ihrer frühen Kinderzeit, ein Foto, auf dem Sie allein abgebildet sind.*
- *Schließen Sie dann die Augen und beginnen Sie mit dem Kind, das Sie einmal waren, sanft zu sprechen.*
- *Bitten Sie das Kind, Sie mit in seine Welt zu nehmen und Sie Anteil haben zu lassen an seiner Zeit des Alleinseins.*
- *Beobachten Sie alles vor Ihrem inneren Auge, was Sie erleben. Vielleicht sind dies einfach einzelne Gedanken und Bilder oder nur Farben.*
  Wenn Sie den Eindruck haben, dass es dem Kind mit seinem Alleinsein nicht gut geht, können Sie in Ihren Gedanken eine hilfreiche Person auftreten lassen, sich selbst als erwachsene Person, Ihre Mutter oder jemand anderen, der das Kind tröstet.
- *Wenn es dem Kind in seinem Alleinsein offensichtlich gut geht, können Sie das Kind, das Sie einmal waren, bitten, Ihnen eine Botschaft mitzugeben, was Sie von ihm lernen können und wie Sie heute mit Ihrem Alleinsein umgehen können.*

Beenden Sie die Übung, indem Sie sich bei Ihrem »inneren Kind« für die gemeinsame Zeit bedanken. Tauchen Sie wieder auf in die Erwachsenenwelt und genießen Sie, in der alten Kinderwelt gewesen zu sein. Machen Sie sich eventuell Notizen.

Der Körper als Quelle des Glücks

*»Nicht in der Sensation wohnt das Glück, sondern im Unschein-
baren ... Unser Lauschen, Tasten und Schauen führt zu den un-
verbrauchten Rohstoffen des Glücks.«* Gertrud Höhler[41]

Gertrud Höhler, die als Beraterin mit den Großen und Mäch-
tigen aus Wirtschaft und Politik umgeht, kennt die Regeln des
»großen Glücksspiels«, das meistens auch ein Spiel mit der
Macht ist. In ihren Aphorismen über das Glück aber weist sie
immer wieder auf den Zauber des Augenblicks hin, auf die
Magie der Wahrnehmung, auf unseren Körper als Ort der
Glückserfahrung.

Diese zeitgenössischen aphoristischen Annäherungen an
das Glück decken sich mit neueren psychologischen Erkennt-
nissen ebenso wie mit dem zeitlosen Wissen der Weisheitraditionen. Körperwohlgefühle können besonders wirksam werden, wenn wir uns ihrer auch bewusst sind. Und Bewusstheit
hat vor allem mit Aufmerksamkeit zu tun. Aufmerksamkeit
heißt in der Psychologie die bewusst gelenkte Wahrnehmung.
Die Weisheitraditionen sprechen in diesem Zusammenhang
oft von Achtsamkeit, die wiederum als eine Vorbedingung für
Weisheit gilt.

Wie war *Ihr* erster Augenblick heute? Wie hat Ihr Tag begonnen? Gut, schlecht, normal? Vermutlich aber nicht so: Sie öff-
neten ihre Augen und sagten: »Das ist ja großartig! Ich kann
alles SEHEN!« Und während Sie sich gemütlich aus Ihrem
warmen Bettzeug gerollt haben und aufgestanden sind, sagten
Sie zu sich selbst: Fantastisch, wie heute meine Knochen,
Muskeln und Sehnen wieder funktionieren. Wie das alles zu-
sammenspielt und überhaupt nicht weh tut! Zur Freude dieser Ereignisse werde ich mir gleich schon vor dem Frühstück
meine Lieblingsmusik anmachen. Und nachdem Sie das getan

hatten, tanzten Sie ins Bad, begrüßten Ihr Spiegelbild und freuten sich, dass alles in Ihrem Gesicht genau an der Stelle ist, wo es hingehört. Und Sie lächelten sich freundlich zu. Danach drehten Sie das Wasser auf, ließen den warmen Wasserstrahl über die Hände laufen und seufzten genüsslich. Dieser Tag, das spürten Sie, konnte nur schön werden, so sensationell wie er schon begonnen hatte!

Vermutlich haben weder Sie noch ich heute Morgen so unseren Tag begonnen. Alles, was ich beschrieben habe, die Fähigkeit zu sehen, sich schmerzfrei zu bewegen, unversehrt zu sein und Wärme zu empfinden, all das ist für uns »normal« und wir nehmen es nicht mehr zur Kenntnis. Erst wenn eine dieser normalen Funktionen ausfällt, rückt sie schmerzlich in unser Bewusstsein. Die Fähigkeit, Sinnesreize aus unserem Bewusstsein auszublenden, sich also an »normale« Dinge zu gewöhnen, nennen Psychologen »Habituation«. Diese Gewöhnung der Sinne ist eine sehr wichtige Fähigkeit, damit wir unsere Aufmerksamkeit freihaben für wichtige, das heißt neue Dinge, auf die wir eventuell reagieren müssen.

Gewöhnung hat aber den negativen Effekt, dass wir auch Positives wie körperliches Wohlbefinden im Allgemeinen nicht mehr wahrnehmen.

Eine kleine Veränderung in unserem »normalen« Wohlgefühl verändert unsere Wahrnehmung sofort drastisch. Sobald uns *ein* Zahn wehtut, bestehen wir plötzlich nur noch aus Zähnen. Vorher hatten wir überhaupt kein Empfinden für unseren Kiefer, jetzt aber ist alle Aufmerksamkeit dort gebündelt, denn der Schmerz zeigt uns: Hier besteht Handlungsbedarf!

Die gleiche Aufmerksamkeitsverschiebung geschieht – glücklicherweise – auch bei deutlich positiven Körpergefühlen. Wenn Sie durchgefroren aus der Kälte kommen und in eine warme Badewanne steigen, seufzen Sie vermutlich wohlig auf, weil der Kontrast zu dem vorigen Kältegefühl so angenehm ist (tatsächlich kann schon die Erinnerung an ein körperliches Wohlgefühl uns einen wohligen Seufzer entlocken …).

Bei der folgenden Meditation lade ich Sie ein, für Ihren Körper wieder einmal ganz achtsam und aufmerksam zu werden.[42]

Meditation.

Achtsam für den Körper sein – sich aufrichten

Diese Meditation möchte Sie darin unterstützen, achtsam für Ihren Körper im Raum zu werden und mit einigen gezielten Vorstellungen Ihrem Körper zu helfen, in optimale Spannung und Aufrichtung zu kommen.

- *Setzen Sie sich zunächst in eine bequeme Haltung, entweder auf einem Stuhl oder auf ein Kissen in eine Meditationshaltung, zum Beispiel in den Schneidersitz. Dann schließen Sie am besten die Augen und richten Sie dann im Folgenden Ihre Aufmerksamkeit nacheinander auf die sieben genannten Körperregionen.*

1. *Auflagefläche des Beckens/der Fußsohlen. Je nachdem, wie Sie sitzen, ob auf einem Stuhl oder im Meditationssitz, lassen Sie Ihre Aufmerksamkeit auf die Auflageflächen im Becken und in den Fußsohlen wandern. Spüren Sie das Gewicht der Schwerkraft und lassen Sie sie wirken. Fühlen Sie Ihr Becken von den Sitzknochen und nach vorne zum Beckenkamm wie eine Schale. Sie können sich eventuell vorstellen, dass diese Beckenschale mit angenehm warmem Wasser gefüllt ist und dass diese gefüllte Beckenschale Sie fest und gleichzeitig flexibel auf Ihrer Sitzunterlage verankert.*

2. *Verfolgen Sie jetzt den Verlauf Ihrer Wirbelsäule vom Steißbein ausgehend von unten nach oben bis zu dem Punkt, wo die Wirbelsäule in den Kopf übergeht. Verfolgen Sie zunächst den Verlauf Ihrer Wirbelsäule hinten an den Dornfortsätzen von der Lendenwirbelsäule über die Brustwirbelsäule bis zur Nackenwir-*

belsäule und dann auch einmal an der Vorderseite der Wirbelsäule, in Ihrem Bauchraum, wo nämlich der größte Teil der Wirbelkörper sitzt. Es ist dieser vordere Teil, der die größte Unterstützung für unseren Oberkörper bietet. Genießen Sie die stabile und flexible Unterstützung durch Ihre Wirbelsäule.

3. Gehen Sie nun zum oberen Ende der Wirbelsäule, dort, wo der Kopf aufsetzt. Stellen Sie sich einmal vor, dass Ihre Wirbelsäule eine Schnur ist und Ihr Kopf ein Luftballon, der an dieser Schnur leicht und flexibel im Wind hin- und herbewegt wird. Manchmal ist auch die Vorstellung angenehm, dass Ihre Wirbelsäule ein Springbrunnen sei, auf dem Ihr Kopf wie ein Ball hin- und hertanzen kann. Versuchen Sie nun, eine Ja-Nickbewegung sehr klein auszuführen, und dann eine kleine Nein-Drehung Ihres Kopfes. Achten Sie darauf, dass Ihr Kiefergelenk entspannt ist, und genießen Sie die Leichtigkeit und Flexibilität, mit der Ihr Kopf auf dem Springbrunnen oder als Luftballon an dem Faden sich bewegen kann.

4. Während Ihr Kopf sich leicht nach oben bewegen kann, gehen Sie gleichzeitig mit Ihrer Aufmerksamkeit zu Ihren Schultern und stellen sich vor, dass ein angenehmer, schwerer Wintermantel auf Ihren Schultern liegt, der Ihnen die Schultern sanft nach unten drückt. Eventuell können Sie sich auch vorstellen, dass warme, schwere Hände auf Ihren Schultern liegen, und dafür sorgen, dass die Schultern sich entspannen und nach unten sinken.

5. Gehen Sie jetzt mit Ihrer Aufmerksamkeit an die Peripherie Ihres Körpers. Und zwar an den Armen entlang zu den Fingerspitzen. Bekommen Sie über die Lage der Fingerspitzen, ein Gefühl davon, wie weit Ihre Arme in den Raum reichen.

6. Tun Sie nun das Gleiche mit der Peripherie Ihrer Beine und gehen Sie mit Ihrer Aufmerksamkeit zu den Zehen. Schauen Sie einmal, ob in Ihrer Wahrnehmung jede der zehn Zehen aufzufinden ist. Manchmal gehen ein oder zwei davon in unserer Wahrnehmung verloren und es braucht eine gewisse Übung, überhaupt jeden einzelnen der Zehen wieder aufzuspüren!

7. Kehren Sie am Ende dieser Aufmerksamkeitsübung zu Ihrem

*Kopf zurück, diesmal zum Gesicht. Atmen Sie einmal tief ein und
seufzend aus, und entspannen Sie dabei Ihre Kiefermuskeln, lassen Sie Ihren Mund leicht geöffnet und entspannen Sie auch
noch einmal ganz bewusst Ihre Augen, indem Sie beim nächsten
Ausatmen das Gefühl haben, dass Ihr Atem wie ein leichter Wind
über Ihre Wangen- und Augenpartie streicht.*

- *Verweilen Sie einen Moment in der Aufmerksamkeit bei Ihrem
  Körper.*

Beenden Sie die Körpermeditation dadurch, dass Sie sich räkeln und strecken.

Führen Sie sie möglichst einmal täglich in allen Aspekten
durch. In Ihrem Alltag kann es auch hilfreich sein, Ihre Aufmerksamkeit auf nur ein oder zwei dieser Punkte während
ganz normaler Tätigkeiten zu richten.

Körpergefühl – die unterschätzte Glücksquelle

Was haben Körpergefühl, Gewöhnung und Aufmerksamkeit
mit dem Alleinsein zu tun? Eine Menge, denn körperliche
Wohlgefühle sind eine der verlässlichsten Glücksquellen. Und
unseren Körper haben wir immer bei uns, er steht uns immer
zur Verfügung, egal ob wir allein sind oder nicht. Leider sind
die körperlichen Wohlgefühle durch Berührung in einem
durchschnittlichen Single-Leben sehr viel seltener als uns gut
tut. Das gilt für Singles ohne Kinder und vor allem natürlich
für ältere allein lebende Menschen, die fast überhaupt nicht
mehr berührt werden.

Damit Sie sich im Alleinsein wohl fühlen, ist ein aufmerksamer, liebevoller Umgang mit Ihrem Körper ungemein wichtig. Angenehme, sinnliche Körperreize sind ein regelrechter
Glücksquell für uns Menschen.[43] Und das gilt keineswegs nur

für sexuelle Reize. Glücksgefühle werden schon durch sanfte Ausdauersportarten wie Joggen, Wandern oder Radfahren ausgelöst (dazu ist kein Extremsport nötig). Außerdem fühlen wir uns sofort glücklich durch alle Aktivitäten, die die Sinne ansprechen, also Gerüche, Farben oder angenehme Musik.

Der zunächst einfachste Weg, körperliche Wohlgefühle herzustellen, ist allerdings leider nicht der beste. Es ist der Einsatz von »Instant-Befriedigern«, »kleinen Tröstern« von Süßigkeiten, zu vielem Essen und Alkohol.

Dabei werden die natürlichen Möglichkeiten, sich in seinem Körper allein wohl zu fühlen, oft unterschätzt und nicht wahrgenommen.

Zu wissen, wie wir auch in einem Alltag ohne Partner oder Kinder körperliche Glücksgefühle herstellen können, entscheidet aber maßgeblich über unsere tägliche Lebensqualität.

Übung.

Körper-Reflexionsübung: Was gibt mir ein körperliches Wohlgefühl?

Wie viele Dinge oder Tätigkeiten, die Ihnen ein körperliches Wohlgefühl verschaffen, fallen Ihnen spontan ein? Was davon können Sie auch ganz allein tun? Diese Tätigkeiten oder Dinge sollten nicht zu den »Instant-Befriedigern« zählen. Listen Sie so viele Einfälle auf wie möglich.

- …
- …
- …
- …

Schon fertig?

Hier ein paar Antworten von meinen Interviewpartnern:

* *gemütlich joggen gehen und dann ausgiebig heiß duschen*
* *einen erlesenen Tee kochen und in meiner Lieblingstasse das Trinken zelebrieren*
* *Motorrad fahren bei Sonne und Wind*
* *wandern (am liebsten in den Bergen)*
* *mich selbst mit einem gut duftenden Öl massieren oder von einer Freundin massieren lassen*
* *jegliche Art von Körperpflege, für die man sich genügend Zeit nimmt*
* *Holz hacken*
* *Gartenarbeit verrichten oder Blumen arrangieren*
* *mit einer Freundin telefonieren und dabei eingekuschelt auf dem Sofa sitzen*
* *ganz gedankenversunken an meinem Computer etwas in Ordnung bringen*
* *bei schlechtem Wetter mit Decke und heißem Tee im Bett sitzen und Krimi lesen*
* *spazieren gehen bei jedem Wetter, nur passend angezogen muss man sein*
* *Fitnessübungen machen*
* *klettern*
* *in die Sauna gehen*
* *meditieren und danach Ruhe und Gelassenheit spüren*
* *in meinem Lieblingscafé einen Cappuccino trinken und Leute beobachten*
* *unter der Dusche singen (auch laut und falsch)*
* *zu laut aufgedrehter Musik im Wohnzimmer tanzen*
* *etwas Schönes anziehen, aus einem schönen Stoff, in schönen Farben*

Allen diesen Aktivitäten ist gemeinsam, dass sie unsere Sinne stimulieren und zwar meistens gleich mehr als nur einen.

Außerdem sind es Tätigkeiten, in die wir ganz versinken können. Das Buch mit seiner spannenden Handlung, die Tasse
Tee mit ihren Gerüchen und dem anregenden Geschmack.
Andere dieser Tätigkeiten fordern unsere gesamte Aufmerksamkeit und unsere Kraft, und auch das ist angenehm: die Arbeit am Computer, die Gestaltung des Gartens. Psychologen
sprechen dann vom »Flow«[44] – einer besonderen Form des
Aufgehens in einer selbst gewählten und herausfordernden
Tätigkeit. Bei allen diesen Aktivitäten spüren wir uns, aber
wir vergessen uns auch selbst. Diese Selbstvergessenheit bei
gleichzeitiger Aufmerksamkeit gegenüber unseren Empfindungen gibt uns dieses spezielle Wohlgefühl. Flow-Tätigkei-
ten und wohlige Körpergefühle machen das »kleine Glück«
des Alltags aus.

Erhöhte Selbstaufmerksamkeit – Die Alleinseinsfalle

Damit unterscheidet sich dieser positive Gefühlszustand von
dem eher unangenehmen Zustand der »erhöhten Selbstauf-
merksamkeit«, wie es Psychologen nennen. In dieser Selbst-
aufmerksamkeit beäugt sich die Person wie durch ein äußeres
Augenpaar ständig selbst. Und das tut sie mit einem kritischen Blick und selbstzweifelnden inneren Kommentaren.
Karin, eine 45-jährige Frau, kennt diese kritischen inneren
Stimmen, seit sie ein Teenager ist: »Wie sehe ich nur wieder
aus? Die anderen schauen mich so merkwürdig an. Bestimmt
bin ich falsch angezogen für diesen Anlass. Ach, das habe ich
jetzt aber wieder falsch gesagt, ich hätte viel besser sagen sollen, …, und so weiter. «
     Erhöhte Selbstaufmerksamkeit ist ein Symptom von Men-
schen, die unter sozialen Ängsten leiden, die es also schwerer
als andere Menschen haben, einfach unbefangen Kontakte zu
knüpfen. Soziale Ängste sind eine Ursache für Einsamkeit.
Wenn Sie persönlich sich immer wieder in diesem Zustand

kritischer Selbstwahrnehmung befinden, sollten Sie den negativen Kreislauf eventuell mit professioneller therapeutischer Hilfe durchbrechen lernen (siehe auch Anmerkung 120).

Eine Selbsthilfeübung, die dazu beiträgt, soziale Ängste und Einsamkeit zu überwinden, ist das Situations-Tagebuch.

Übung.

Meine Ängste mit anderen Menschen – Situations-Tagebuch

Auf einem DIN-A-4-Blatt in Querformat notieren Sie fünf Spalten:

Situation/ Anlass	Meine negativen Gedanken	Wie ich mich verhalten habe	Meine Angst (evtl. auf einer Skala von 1–5)	körperliche Reaktion

- *Machen Sie am Ende jedes Tages einen solchen Situations-Check.*
- *Holen Sie sich dann am besten Rückmeldung von einem guten Freund, wie er die Situation sieht, ob man zum Beispiel die Situation auch ganz anders interpretieren könnte.*
- *Schreiben Sie außerdem jeden Tag drei kleine positive Erlebnisse oder Wahrnehmungen auf.*
- *Damit verhindern Sie, dass Sie sich einseitig auf die problematischen Aspekte Ihres Alltags fokussieren.*

Auch wenn Sie nicht unter sozialen Ängsten leiden, kann es hilfreich sein, jeden Abend einmal einige Momente vor dem inneren Auge Revue passieren zu lassen, was Sie an diesem Tag Schönes, Erfreuliches oder Komisches erleben haben. Glückliche Momente werden durch die Erinnerung noch einmal voll aktiviert.

Mit allen Sinnen leben – die Kunst im Alleinsein

Liebevolle Berührung, ob von Ihnen selbst oder von jemand anderem gespendet, ist eine ganz besondere Glücksquelle. Und das ist so, seit wir auf der Welt sind. Diese Momente der körperlichen Geborgenheit fehlen in einem Leben ohne Partner im Alltag. Dann kommt der Punkt, an dem Singles oft denken: Ich gebe keinen Pfifferling mehr auf meine »Freiheit«, ich mag nicht mehr allein sein.

Der Umgang mit Berührungen im Alltag wird kulturell sehr unterschiedlich gelebt und beeinflusst das Lebensgefühl. Birgitta, eine 47-jährige Frau, die seit vielen Jahren allein lebt, verbringt beruflich viel Zeit in Spanien. Sie sagt: »Wenn ich in Spanien bin, dann bekomme ich viel mehr körperliche Zuwendung von meinen Freunden dort als hier in Nordeuropa. Man nimmt sich häufiger in den Arm, berührt sich, lacht mehr. Und die Wärme des Klimas tut darüber hinaus noch gut. In Spanien fühle ich mich immer viel weniger hungrig als hier.«

Wie immer Sie auch leben mögen, Sie müssen auf Ihre Glücksgefühle nicht einfach warten, sondern können selbst etwas dafür tun. Natürlich gilt das auch für Menschen, die in einer Partnerschaft leben, denn kein Partner kann auf Dauer allein für unser körperliches Wohlbefinden und Glück sorgen. Insofern ist es immer wichtig, die Aufmerksamkeit darauf zu lenken, was *wir* selbst für unser körperliches Glück tun können, egal ob wir allein leben oder zusammen mit anderen.

Unser Körper freut sich jederzeit über die angenehme Stimulierung aller seiner Sinne, zum Beispiel durch Massage, eine angenehme Umgebung zum Ansehen oder gute Gerüche. Diese Glücksgefühle werden verstärkt, wenn mit der Tätigkeit etwas Schöpferisches verbunden ist wie zum Beispiel beim Kochen oder der Gartenarbeit.

Ein chinesisches Sprichwort heißt: *Wenn du glücklich sein willst, werde Gärtner.*

Und ein Sprichwort aus der buddhistischen Tradition sagt: *Widme dich der Liebe und dem Kochen mit ganzem Herzen.*

Dieser Spruch hängt als Postkarte über meinem Herd und erinnert mich immer an die Verbindung von Liebe, Wärme und dem kreativen Akt des Kochens. Ganz egal, ob ich für mich allein oder für Freunde koche.

Meditation.

Fest der Sinne: eine Küchenmeditation

Sobald Sie in der kommenden Zeit einmal nicht unter Zeitdruck stehen beim Kochen, laden Sie sich selbst zu einem Fest der Sinne ein. Dazu müssen Sie sich nicht ein Vier-Gänge-Menü aussuchen. Es kann ein ganz einfaches Gericht sein, ein Salat, eine Suppe oder Ähnliches. Je einfacher, je besser.

- *Atmen Sie einmal tief durch und führen Sie während der Kochzeit einmal alle Bewegungen ein klein wenig langsamer aus als sonst – trödeln Sie etwas. Genießen Sie, dass Sie einmal nicht in Eile sind.*
- *Legen Sie die Zutaten bereit und konzentrieren Sie sich auf jedes einzelne Element, als sähen Sie es zum ersten Mal: die Größe der Zwiebeln, die Form der Karotten, das leuchtende Rot der Tomaten, die weiche Konsistenz von Mozzarella ... lassen Sie alle Sinne aufwachen und anwesend sein.*
- *Genießen Sie alle nötigen Schritte des Kochens und die dabei entstehenden Gerüche, Farb- und Formwechsel: das Zischen von Gemüse in heißem Öl; wie Zwiebeln ihre Farbe und Konsistenz verändern, während sie glasig dünsten; das Sprudeln von kochendem Wasser in einem Topf, die leuchtenden Kontraste der Zutaten am Ende auf dem Teller.*
- *Genießen Sie ihr Essen genauso wie das Kochen.*

• Räumen Sie sorgsam und mit Spaß die Küche auf – als »Nach-spiel« – vielleicht mit Ihrem Lieblingslied auf den Lippen?

Sich Gutes tun heißt nicht, Sklave seiner Bedürfnisse zu werden

Um einem Missverständnis vorzubeugen. Wenn ich hier dafür werbe, dass Sie aktiv für angenehme Körpergefühle sorgen, dann ist damit nicht gemeint, sich den ständig wechselnden Bedürfnissen des Körpers zu versklaven. Wenn Sie eine Übungsform wie Yoga oder Meditation ausüben, dann wissen Sie bereits, dass dabei sehr viel an der Unabhängigkeit von Impulsen – körperlichen oder gedanklichen – gearbeitet wird. In der buddhistischen Tradition werden die ständig wechseln-den Impulse des Menschen häufig mit einem Affen ver-glichen, der in einer Baumkrone bald hierhin, bald dorthin springt.

Es gibt Ihrem Leben mehr Raum und Freiheit, wenn Sie nicht immer dem erstbesten Impuls Ihrer Begierden nachstei-gen müssen.

Diese Fähigkeit des Gleichmuts wird in einem der folgen-den Kapitel über den Umgang mit »Mangel« noch ausführ-licher dargestellt (S. 187 ff.).

Genauso wenig also, wie Sie süchtig »angenehmen« Ein-drücken hinterherjagen sollen, genauso wenig müssen Sie aber in Stress, Hektik und Ärger feststecken. Sie können auch einfach wählen, umzuschalten.

Dazu schlage ich Ihnen eine kurze Achtsamkeitsübung für Ih-ren Alltag vor.

Für mich heißt diese Übung der »Ein-Minuten-Umschal-ter« und ich wende sie regelmäßig in meinem Alltag an. In-dem ich auf ganz einfache Weise meinen Körper wieder wahr-nehme, legt sich automatisch der Schalter um, von Hektik auf

Ruhe, von Angespanntheit auf Entspannung und schließlich auf Wohlfühlen.[45]

Meditation.

Im Alltag in der Gegenwart ankommen.
Der »Ein-Minuten-Umschalter«

- *Wenn Sie angespannt, hektisch und ungeduldig sind, sagen Sie, wann immer Sie es einrichten können, zunächst innerlich ein kurzes STOPP!*
- *Machen Sie einen tiefen Atemzug, atmen Sie ein und aus (vielleicht mit einem kleinen Seufzer). Lassen Sie dann den Atem ohne Beeinflussung weiterfließen.*
- *Lenken Sie Ihre Wahrnehmung ganz bewusst auf die Tätigkeit, die Sie gerade verrichten: stehen, sitzen, am Computer tippen, Unterlagen kopieren, Wäsche aufhängen, Auto fahren, zum Briefkasten gehen (für den Anfang eignen sich dafür besonders einfache Tätigkeiten).*
- *Verlangsamen Sie die Geschwindigkeit der Tätigkeit gerade so viel, dass Sie sie aufmerksam verrichten können. Sie müssen nicht in Zeitlupe verfallen, aber hören Sie auf zu hetzen. (Meistens unterlaufen uns in Hektik sowieso Fehler, deren Behebung dann länger dauert, als wenn wir die Tätigkeit in Ruhe ausgeführt hätten – das berühmte Butterbrot, das morgens in Eile runterfällt, natürlich auf die Marmeladenseite.)*
- *Spüren Sie Ihren Körper ganz bewusst bei allen beteiligten Handlungen. Nehmen Sie das Gewicht der Schwerkraft, die Kontraktion der Muskeln, die Koordination der Gliedmaßen bewusst wahr. Gut geeignet ist dazu, das Gewicht des Körpers auf Ihren Füßen am Boden zu spüren. Nehmen Sie wahr, wie das Gewicht von Ihrem Becken über die Beine und die Füße in den Boden abgegeben wird.*
- *Öffnen Sie nun Ihre Wahrnehmung bewusst für alle anderen Sinne:*

Welche Farbe hat das Auto neben Ihnen in der Warteschlange? Wie genau sieht eigentlich die Tastatur aus, auf der Sie täglich tippen. Welche Beschaffenheit hat Ihr Briefkasten ganz genau? Wie riecht es im Hausflur? Welche Farbe haben die Knöpfe Ihres Mantels und wie fühlt sich die Textur des Stoffes an?

- *Bleiben Sie so lange in dieser Art bewusster Wahrnehmung, wie es Ihnen angenehm ist. Im Alltag reicht meistens tatsächlich eine Minute.*

Wahrscheinlich werden Sie schon nach kürzester Zeit eine Umstellung Ihrer angespannten Stimmung feststellen können. Auch Ihre Atmung wird sich automatisch beruhigen und vertiefen.

Gönnen Sie sich mehrmals am Tag eine solche »Ein-Minuten-Pause« zum »Umschalten«. Mehrmals eine Minute »umzuschalten« ist besser als einmal am Tag für zehn Minuten auszuspannnen. Es wird Ihr Körpergefühl heben und Ihr Stressniveau senken. Wie man herausgefunden hat, sind diese kleinen, aber häufigen Stressabbau-Pausen sehr effektiv für unsere Gesundheit und mindestens genauso wichtig wie große Erholungspausen am Wochenende oder im Urlaub.

Sexuelle Enthaltsamkeit: Mangel oder Chance?

»Manchmal denke ich: Da war doch noch was ... «
(Zitat einer allein stehenden Frau mit Mitte 60 über ihr Verhältnis zur Sexualität)

Wer allein lebt, wird fast zwangsläufig mit dem Phänomen der sexuellen Enthaltsamkeit konfrontiert. Damit lebt man scheinbar anachronistisch, denn kaum ein Thema wird in der Medienwelt so forciert wie die Sexualität. »Sex sells« – »mit Sex lässt sich gut verkaufen«, lautet ein Motto der Werbe- und Filmindustrie. Vom Schokoriegel über das extra weiche Toilettenpapier bis zum Sportwagen werden fast alle Güter der Überflussgesellschaft mit sexuellen Reizen angepriesen.

Hinzu kommt die öffentliche Zurschaustellung der Sexualität in Büchern, dem Fernsehen und dem Internet. Nach der wohl notwendigen Enttabuisierung der Sexualität in den 60er Jahren konstatieren Sexualwissenschaftler heute einen neuen Druck, mit dem das Thema behaftet ist. Sex wird plötzlich zu einem weiteren Spielfeld der Leistungsgesellschaft. Wie oft, wie gut, wie ausgefallen – es gelten neue Normen, die mal als Möglichkeit, mehr aber noch als Ziel, das man eigentlich erreichen müsste, ausgegeben werden. Der zeitgenössische französische Philosoph Jean Claude Guillebaud spricht von der »Tyrannei der Lust«.[46]

Dass Sex glücklich macht, steht dabei in den Botschaften der Medien außer Frage.

Außer Frage steht anscheinend auch, dass Sex automatisch das Gefühl des Alleinseins beendet.

Dass dies nicht unbedingt der Fall ist, wissen Therapeuten, Seelsorgerinnen und andere Lebensberater, denen Menschen ihre Nöte mit der Sexualität anvertrauen.

In meiner eigenen Untersuchung über das Körpergefühl von essgestörten Frauen rangierte Sexualität eher unter der Rubrik »notwendiges Übel«.[47] Der Kommentar »jetzt ist es eigentlich gar nicht mehr so schlimm« gehörte noch zu den positiveren Äußerungen zu diesem Thema. Ist die Beziehung zum eigenen Körper gestört, wird Sexualität zu einer weiteren Quelle der Unlustgefühle. Das gilt besonders für alle, die traumatische Missbrauchserlebnisse in der Kindheit und Jugend erlebt haben.

Für die meisten Menschen jedoch, die eine normale Entwicklung ihrer Sexualität erlebt haben, bedeutet Sexualität tatsächlich eine mögliche Glücksquelle. Und diese Quelle versiegt weitgehend, sobald wir allein leben.

Natürlich gibt es im Zeitalter der sexuellen Freizügigkeit die Möglichkeit, eine allzu strenge Enthaltsamkeit aufzubrechen. Menschen suchen eine Unterbrechung ihrer sexuellen Einsamkeit in flüchtigen Abenteuern, vom One-Night-Stand über den Urlaubsflirt bis zur Affäre auf Zeit. Darüber hinaus gibt es – hauptsächlich für Männer – den Markt der Prostitution. Es gibt scheinbar zu jeder Zeit frei verfügbaren Sex auf Verlangen, für jeden, der zahlt.

Das Problem beim schnellen Sex, egal ob »käuflich« oder nicht, ist jedoch, dass hier etwas Entscheidendes fehlt: die Bindung, das Vertrauen, der emotionale Austausch zwischen den Partnern. Oder biologisch gesprochen: Es fehlt das Oxytocin, das »Liebesmolekül«, das dem Akt erst seine emotionale Bedeutung und Tiefe gibt.[48] Zwar kann auch unverbindlicher Sex körperliche Wohlgefühle erzeugen, ja auch unbeschwert und unbelastet sein. Doch eines wird die Liebesgymnastik zwischen Gelegenheitspartnern nicht herstellen: die Geborgenheit und das Wohlgefühl zwischen wirklich intimen und vertrauten Menschen – das Ende des Alleinseins.

Allzu leicht wird angenommen, dass Enthaltsamkeit für Einsamkeit steht und Sex gleichbedeutend mit Glück ist.

Die so genannte »sexuelle Revolution« hat nicht die einmal erhoffte Befreiung und Erfüllung gebracht, auch wenn manches im Umgang mit der Sexualität freier geworden ist. Aber »mehr« ist nicht mehr. Der ungarische Verhaltensforscher Mihaly Czikszentmihalyi hält die Sexualität als Beitrag zum glücklichen Leben für einen gesellschaftlich überbewerteten Bereich.[49] Jedenfalls dann, wenn sich Menschen vorwiegend an Quantität und Vielfalt statt an emotionaler Qualität orientieren. Unbestritten ist auch für ihn, dass körperliches Wohlempfinden eine große Glücksquelle ist und Sexualität als ein Teil körperlicher Genüsse unser Lebensglück steigern kann. Wir essen ja auch nicht nur, um satt zu werden, sondern um den Geschmack zu genießen. Genauso ist Sexualität zwar eine

Überlebensnotwendigkeit unserer Spezies (und als Fortpflanzungstrieb in unseren Genen verankert), aber eben auch ein Genuss unseres Lebens. Doch, so führt Czikszentmihalyi den Vergleich weiter, genauso wenig wie Völlerei, das maßlose Hineinstopfen von immer mehr Essen, zu mehr Genuss führt, so wenig wird uns Sex als Konsumgut glücklich machen.

Stattdessen gibt es laut Umfragen eine steigende Zahl von sexuell frustrierten Menschen. Und damit sind nicht jene gemeint, die ein belastetes oder gar traumatisiertes Verhältnis zu ihrer Sexualität haben. »Sexbesessen und lustlos« fassen zwei Autoren den Zustand der westlichen Welt zusammen, wie er sich in Medien und Umfragen präsentiert.[50] Vielleicht aber haben Menschen zu allen Zeiten die gleiche Frustration in ihrer Sexualität erlebt, nur dass bisher niemand so häufig nach ihrer Lust gefragt hat. Als Psychologin kenne ich die Macht der gelenkten Wahrnehmung durch Umfragen. Trotzdem sind neuere Zahlen über den Stand der »Lust« tatsächlich interessant – und tröstlich für alle Singles.

Wenn Sie selbst allein stehend sind und glauben, dass Sie nur auf Grund Ihrer ungewollten sexuellen Enthaltsamkeit unglücklich sein müssten, können Ihnen ehrliche Gespräche mit befreundeten Paaren oder die folgenden statistischen Zahlen vielleicht eine zusätzliche Perspektive eröffnen:[51]

– Fast jeder zweite Deutsche, egal ob Mann oder Frau, ist mit seinem Sexualleben unzufrieden.

– Die Forscher verzeichnen seit Mitte der 90er Jahre sinkende Lustziffern, auch die »Zahl der Beischlafakte« hat abgenommen.

– 58 Prozent der Frauen und 16 Prozent der Männer klagten im Jahr 2000 über mangelnde Triebe.

– Zweimal pro Woche hat der Durchschnittsdeutsche angeblich Sex – Experten halten die Zahl schlichtweg für gelogen. Sie liegt wohl deutlich darunter.

– 74 Prozent der Frauen finden, dass das Thema Sex völlig überbewertet wird.

Dass Sex gegenüber anderen menschlichen Bedürfnissen vermutlich überbewertet wird, wird von einer weiteren amerikanischen Studie bestätigt.[52] Bei 2500 Personen aus unterschiedlichen Nationen filterten Wissenschaftler 16 menschliche Grundmotivationen heraus, die sie für kulturübergreifend gültig halten. Dazu zählen alle Bedürfnisse, die das Überleben sichern und darüber hinaus den Status des Individuums definieren, wie Zugehörigkeit, Macht, Prestige, Unabhängigkeit. Dann gibt es Bedürfnisse, die zum Wohlbefinden gehören, wie körperliche Bewegung, Neugier, Vermeidung von Zurückweisung, Schmerz und auch Sexualität. Aber Sexualität erwies sich in dieser Untersuchung keinesfalls als das herausragende oder treibende Motiv. Für manche Menschen war es wichtiger als für andere. Menschen unterscheiden sich in diesem Punkt stärker als bisher angenommen, so das Fazit der Psychologen.

Enthaltsamkeit – auch eine Chance

Zu jeder kulturellen Bewegung gibt es eine Gegenbewegung. Nach den Konsumwellen der letzten drei Jahrzehnte und der »sexuellen Zwangsbeglückung«[53] durch die Medien werden sich Menschen der Vorzüge von Schlichtheit und Entsagung wieder bewusst. Meditationszentren boomen und Klöster öffnen ihre Pforten für alle Menschen, die einmal Kloster auf Zeit erleben möchten.

Manager begeben sich aus weich gepolsterten Chefetagen herab in die Kargheit einer Klosterzelle, um in der Stille (wieder) zur Besinnung zu kommen.

Askese heißt wörtlich: Einübung. Es geht um eine Balance zwischen Sinnlichkeit, Wahrnehmungsfähigkeit und freiwilliger Selbstbeschränkung meint die Managementberaterin Gertrud Höhler.

Neben der Fähigkeit, sinnlich und mit Freude in der Welt zu sein, sieht sie die Kontrolle unserer Bedürfnisketten durch Askese ebenso als Glücksbedingung. Zeitweise Askese gilt ihr als Vorstufe zur Erkenntnis unserer wirklichen Bedürfnisse, Sehnsucht als Vorbote des Glücks, Erinnerung als wichtiges Stimulanz desselben. Ständige und prompte Bedürfniserfüllung dagegen ist ihr suspekt.

Der ehemals Hungrige und nun Satte wird laut Höhler nur glücklich bleiben, »solange er sich des Hungers noch erinnert«. Und weiter formuliert sie: »Dass wir nicht einfach glücklich werden, wenn wir haben, was wir brauchen, ist, seit wir vieles haben, eine wichtige Erkenntnis auf den Spuren des Glücks geworden.«[54]

Es gilt auch hier der Aphorismus: Das größte Unglück für den Menschen ist, wenn sich seine Wünsche nicht erfüllen – oder *wenn* sie sich erfüllen.

Dieses Wissen ist jahrtausendealt. In den Weisheitstraditionen des Ostens wird betont, dass das Verlangen nach immer neuen Dingen und Eindrücken letztlich die Ursache für unser Unglück ist, nicht die Tatsache, dass sich manches Verlangen nicht erfüllt.

Eine zeitweise körperliche Askese kann uns also tatsächlich bereichern. Zeiten der Entbehrung lassen den Überfluss erst spürbar werden. Der 49-jährige Gerd berichtet über ein Experiment freiwilliger Enthaltsamkeit, das er zusammen mit seiner Partnerin durchführte. »In dieser Zeit hat sich meine Sensibilität für alle Sinnesreize extrem verfeinert«, erinnert er sich. »Und die wenigen Berührungen, die meine Partnerin und ich uns ›erlaubten‹, waren unglaublich intensiv.«

Nicht nur wirklicher Mangel, sondern schon zeitweise Einschränkungen machen einfachste Bedürfnisse wieder zum sinnlichen Genuss. Darin besteht auch der Wert des Alleinseins an Orten der Stille. Und jeder, der einmal gefastet hat, weiß wie gut ein erster Apfel schmeckt!

Alleinsein: Askese der Sinne

Bei meinem Aufenthalt hier im Kloster, in dem ich an diesem Buch schreibe, verläuft mein Leben überwiegend in Stille und unter völliger Ausschaltung aller üblichen Medienreize meines Alltags. Eine Askese der Sinne. Und auch meine »Freiheit, zu tun und zu lassen, was mir gerade beliebt«, habe ich freiwillig eingeschränkt.

Die Tage sind in klar definierte Zeiteinheiten eingeteilt. Es gibt Zeiten des Gebets, Mahlzeiten, Arbeitsperioden und freie Zeit, die ich in der Natur verbringe oder im Meditationsraum.

Essen gibt es gut und ausreichend, aber eben nur zu festen Zeiten. Was für ein köstlicher Luxus, zwischendurch so etwas Simples zu essen wie einen Yoghurt mit einem Löffel Honig!

Draußen in meinem Alltagsleben verschwindet die köstliche Frische des Yoghurts unter der Wucht der anbrandenden Sinneseindrücke.

Die Bedeutung der Wahrnehmungsschwelle – »wie neugeboren« oder »völlig abgestumpft«

Unsere Sinne können sehr unterschiedlich sensibel auf ein und dieselben Reize reagieren. Psychologen reden hier von der Wahrnehmungsschwelle. Es gibt absolute Schwellen, zum Beispiel ist ein gewisses Maß an Licht notwendig, damit das menschliche Auge es überhaupt wahrnehmen kann. Die relative Wahrnehmungsschwelle verschiebt sich jedoch in Abhängigkeit von der Umgebung, die Sinne passen sich an. Bei Dunkelheit öffnet sich die Pupille und alle Sehzellen, die für das Hell-Dunkel-Sehen zuständig sind, reagieren jetzt höchst sensibel auf jeden noch so kleinen Lichtstrahl. Geraten wir dann plötzlich in eine Lichtquelle, fühlen wir uns geblendet von einer Lichtintensität, die wir tagsüber als völlig »normal« empfinden würden.

So kann eine Abschirmung unserer Sinne dazu führen, dass wir die Welt danach »wie neugeboren« wahrnehmen. Das erlebten Teilnehmer an einem Isolations-Experiment, bei dem sie sich freiwillig über mehrere Wochen in einer Art Bunker aufhielten. Unter psychologischer Aufsicht verbrachten die Probanden ihre Zeit allein in einem Raum, ohne Tageslicht und ohne äußere Einflüsse. Allerdings konnten die Versuchspersonen alles mitbringen, um sich selbst zu beschäftigen. Ziel der Studie war es, den menschlichen Lebensrhythmus in einer zeitneutralen Umgebung zu erforschen.[55] Als Nebeneffekt ergaben sich auch Erkenntnisse über die wohltuende Wirkung des Alleinseins und der Abschirmung unserer Sinne. Die »Entlassenen« berichteten, dass sie besonders von der Intensität der Natur beeindruckt seien, von der Frische der Luft, den mannigfaltigen Farben und Geräuschen.[56] Etwas Ähnliches berichten Teilnehmer von Meditationsseminaren, besonders wenn diese im Schweigen abgehalten werden.

Den gegenteiligen Effekt dieser Sensibilisierung, die Abstumpfung, erleben Drogensüchtige. Substanzen wie Opiate oder Kokain greifen unmittelbar in unseren biochemischen Gehirnstoffwechsel ein und verschieben dort die Schwelle, die einen Reiz »angenehm« sein lässt. Crack, eine aufbereitete Form des Kokains, ist die Droge mit dem derzeit stärksten bekannten Suchtfaktor. Ihre Wirkung im Gehirn lässt sich mit der zigfachen Stärke eines Orgasmus vergleichen – eine wahre Lustbombe im Kopf. Danach kommt lange nichts mehr für die Konsumenten der Droge. Nach dem Holzhammereffekt der Drogensubstanz quittiert das Gehirn – bildlich gesprochen – jeden weiteren Reiz nur mit einem müden Achselzucken. Außerdem werden auch die Depots der Botenstoffe, die uns glücklich machen, durch intensiven Drogenkonsum (besonders Kokain) zeitweise erschöpft. Die Spirale von Gewöhnung und höherem Drogenkonsum, um den gleichen Effekt zu erzielen wie vorher, hat begonnen.

Das extreme Beispiel der Drogensucht gilt in einer abge-
schwächten Form auch für die Sinne in unserem Alltagsleben.
Die Belastung der menschlichen Wahrnehmungssysteme hat
durch die Errungenschaften der Zivilisation extrem zugenom-
men.

Ein weiteres Experiment, das unter dem Fernsehtitel »Das
Schwarzwaldhaus« verfilmt wurde, bestätigt dies. In einer Art
Zeitreise ließ sich eine Berliner Großstadtfamilie freiwillig auf
einem Bauernhof im Schwarzwald nieder, in dem sie streng
nach den Gegebenheiten von 1900 leben musste.[57] Man hatte
vermutet, dass es der Großstadtfamilie mit ihren zwei Töch-
tern in der Pubertät und dem jüngeren Sohn schwer fallen
würde, sich in der kargen und körperlich anstrengenden Lebensweise zurechtzufinden. Das war anfangs auch der Fall, jedoch lebte die Familie nach einer gewissen Eingewöhnungs-
zeit recht zufrieden. Viel schwieriger als erwartet gestaltete
sich dann aber die Rückkehr ins 21. Jahrhundert. Lärm, Hektik und die Reizüberflutung des Berliner Alltags machten den
Familienmitgliedern über längere Zeit hinweg sehr zu schaffen. Der Vater war bei der Ankunft in der Gegenwart sogar
den Tränen nahe.

Enthaltsamkeit im spirituellen Leben:
»geistig aufblühen« – aber »körperlich verdorren«?

Welchen Beitrag leisten die Ergebnisse der Wahrnehmungs-
forschung für unseren Umgang mit sexueller Enthaltsamkeit?
Der Wegfall starker sexueller Reize kann uns sensibler machen
für sinnliche Reize jeder Art. Das kann so sein, passiert aber
nicht automatisch.

Zunächst einmal bedeutet Enthaltsamkeit, dass uns eine
wichtige menschliche Lustquelle verloren geht. Wie im vorigen Kapitel dargestellt, ist der Mensch zuallererst ein »Berüh-
rungswesen«. Und die Berührung, die sexuelle Stimulierung

und der emotionale Austausch in der Sexualität fehlen dem enthaltsam lebenden Menschen.

Dabei betrifft das Thema Enthaltsamkeit nicht nur Alleinlebende oder Mönche und Nonnen. Manchmal erleben auch Menschen in Partnerschaften eine Phase unfreiwilliger Enthaltsamkeit, wenn zum Beispiel der Partner längere Zeit erkrankt ist, die Pflege von sehr kleinen oder kranken Kindern im Vordergrund steht oder einfach das sexuelle Begehren nachlässt.

Ob die Enthaltsamkeit unfreiwillig erduldet oder aus freien Stücken gewählt wird, macht sicher einen Unterschied. Trotzdem ist dauerhafte Enthaltsamkeit auch für Menschen nicht unproblematisch, die der Enthaltsamkeit freiwillig zugestimmt haben wie etwa Priester oder Ordensleute aller Religionen.

Eine ehemalige katholische Ordensfrau beschreibt das zunehmende Ungleichgewicht zwischen Körper und Geist während ihres Ordenslebens in einem Bild: »Ich kam mir vor wie ein Baum, der zwei Hälften hat. Die eine Hälfte, der seelische Zweig, blühte. Und die andere Hälfte, der körperliche Zweig, verkümmerte immer mehr.«[58]

Das hatte nicht ausschließlich mit sexueller Enthaltsamkeit zu tun, weiß die ehemalige Schwester. Für ihr Mangelgefühl macht sie rückblickend zu wenig körperliche Betätigung allgemein und fehlende Ausgelassenheit in Sport und Spiel verantwortlich.

Die Spaltung in ein »körperloses« geistliches Leben und ein »weltliches« genuss- und körperbetontes Leben hat lange Tradition. In der westlichen Welt wird spätestens seit Descartes die Dichotomie von Körper und Geist betont. Und auch in den östlichen Religionen, ob im Buddhismus oder Hinduismus, wird zumindest sehr viel Wert auf die Disziplinierung von Impulsen – körperlichen und gedanklichen – gelegt. Bis

hin zu der Fähigkeit, Schmerz und Entbehrung völlig ausblenden zu können.[59]

Im Westen betonen heute Lehrerinnen und Lehrer ver-
schiedener spiritueller Traditionen eher die Verbindung der
Dimensionen Körper und Geist. Die Yogalehrerin Anna Röcker zum Beispiel plädiert dafür, körperliche Wahrnehmung
und Genussfähigkeit auszubauen und gleichzeitig spirituelle Disziplin zu üben.[60] »Was es sicher zu überwinden gilt«,
meint sie, »ist die Abhängigkeit von den ständig wechselnden
körperlichen Begierden. Die Trägheit gehört genauso dazu
wie rastloses Tätigsein oder die Lust auf immer neue und raf-
finiertere Gaumenfreuden.«

Das sexuell enthaltsame, zölibatäre Leben ist mit Sicherheit
ein körperlich und emotional besonders herausforderndes
Leben. Je nach Religion, Ordensregel und Auslegung dieser
Regel wird dabei ein unterschiedlich strenger Rahmen für die
zölibatäre Lebensweise gesetzt. Und sicher ist es auch abhängig von der Persönlichkeit des Einzelnen, ob eine enthaltsame
Lebensweise im religiösen Leben zur »Fülle« oder zur »Dürre«
führt.

Sinnlich leben in der Enthaltsamkeit

Der Benediktinermönch und bekannte Autor Pater Anselm
Grün erläuterte mir in einem Interview seine Ansichten zur
Enthaltsamkeit. Wichtig ist auch ihm die innere Zustimmung, die freie Wahl seiner Lebensweise, mit allen Konsequenzen. »Ich habe schon manchmal die Sehnsucht nach einer Partnerin«, sagt der Benediktinermönch. »Damit meine
ich nicht nur die Sexualität. Es gibt die Sehnsucht nach einer
Person, mit der ich mein Leben teilen könnte. Aber ich weiß
auch, dass ich dann andere Aspekte meines jetzigen Lebens,
die Konzentration auf spirituelle Praxis und die Abgeschie-

denheit, nicht leben könnte. Darauf möchte ich aber nicht verzichten. Es ist also eine Wahl.«

Wer meint, dass der Pater deshalb ein körperloses Leben führt, in dem er »vom Kinn abwärts« nichts mehr spürt, irrt sich. Im Gegenteil: Anselm Grün beschreibt sein Leben als von sinnlichen Wahrnehmungen erfüllt. Er spricht auch nicht von seinem »Körper«, sondern vom »Leib«, also dem bewusst wahrgenommenen Körper.

»Ich erlebe meinen Leib jeden Tag sehr bewusst. Für mich ist mein ganzer Alltag voll von Möglichkeiten, meinen Leib zu erleben und zu genießen: die Bewegungen und Gesten im Rahmen unserer Chorgebete und der Liturgie zum Beispiel. Dabei nehme ich vieles leiblich wahr: die Bewegungen, den Stoff meines Habits, den Atem beim Singen. Wenn ich mich draußen aufhalte, spüre ich die Luft, nehme die intensiven Farben der Natur wahr.«
Von ähnlich intensiven Wahrnehmungen berichteten die Menschen aus dem oben geschilderten Isolationsexperiment, als sie nach mehreren Wochen im Bunker staunend wieder ans Tageslicht kamen. Anselm Grün hat sich diese sensible Wahrnehmung offenbar bewahrt oder ist in der Lage, sie durch Aufmerksamkeit immer wieder herzustellen.

Spirituelle Schulung der Aufmerksamkeit kann das Gegenwärtigsein im Körper erhöhen. Wenn Sie einmal die Gelegenheit hatten, den bekannten vietnamesischen Zen-Mönch Thich Nath Hanh zu erleben, dann spüren Sie vermutlich einen ähnlich sensiblen Zugang zur Welt. Mit seiner Aufmerksamkeit und einer zarten, fast genüsslichen Hingabe an jede Bewegung und Tätigkeit lebt der Zen-Meister sicher in einer reicheren Wahrnehmungswelt als so mancher Jünger des modernen westlichen Körperkults. Wenn Sie zusehen, mit welcher Achtsamkeit Thich Nath Hanh ein Glas Wasser oder Tee trinkt, bekommen Sie einen Eindruck davon, wie reich der Alltag sein kann.

Enthaltsamkeit muss also nicht automatisch zur Verarmung unserer sinnlichen Körperwahrnehmung führen. Enthaltsamkeit kann – im Gegenteil – tatsächlich unser Körperempfinden stimulieren. Das liegt unter anderem an dem oben geschilderten Gesetz der Wahrnehmungsschwelle, die immer sensibler wird, je feiner die äußeren Reize sind.

Das gilt auch für die Lust innerhalb von Partnerschaften. Eine bekannte Therapieanweisung bei »Lustlosigkeit« in Beziehungen besteht darin, dass für mehrere Wochen alle Berührungen zwischen den Partnern »verboten« werden. Nach einem gestaffelten Plan werden sie dann dosiert wieder »zugelassen«. Zuerst sind es nur freundschaftliche Körperkontakte, dann kommen in vielen Abstufungen sexuelle Berührungen wieder dazu. Die Wirkung dieser »Enthaltsamkeitstherapie« ist meistens durchschlagend. Der Mangel an Berührung macht aufmerksam und hungrig zugleich. Bei vielen Paaren schwindet die Abstumpfung der eingeschliffenen Wahrnehmungsbahnen schnell und weicht zusehends einer neuen Lust auf den anderen.

Enthaltsamkeit als Lebensabschnitt

Für manche Menschen ist Enthaltsamkeit eine Lebensweise, die sie nur in einem bestimmten Lebensabschnitt bewusst wählen. Weil sie die Enthaltsamkeit frei wählen, erleben diese Menschen ihr Leben im Allgemeinen als reich und erfüllt. Umso mehr, je »satter« die freiwillig Enthaltsamen vorher an Beziehungen geworden sind.

Corinna, eine Journalistin Anfang fünfzig, sagt über ihren Weg in ihre jetzige enthaltsame Lebensphase: »Seit meinem 20. Lebensjahr habe ich eigentlich ununterbrochen in Beziehungen gelebt. In den wilden 68er Jahren und danach haben wir viel mit unterschiedlichen Formen des Zusammenlebens und auch mit der Sexualität experimentiert. Seit dem Ende meiner letzten Beziehung vor fünf Jahren lebe ich nicht nur ohne Partner, sondern auch bewusst enthaltsam. Ich finde es erholsam, nicht immer dieser Achterbahnfahrt der Leidenschaft ausgesetzt zu sein. Im Moment konzentriere ich mich ganz auf mein Schreiben, und mein Leben gefällt mir sehr gut so.« Sie könne sich trotzdem sehr gut vorstellen, wieder eine Beziehung einzugehen, wenn es sich so ergebe, fügt sie hinzu. Doch das habe keine Eile.

Die Meditationslehrerin Sylvia Wetzel entschied sich mit Anfang dreißig dazu, buddhistische Nonne zu werden und damit verbunden auch im Zölibat zu leben. Für sie stand die Konzentration auf ihre spirituelle Praxis im Vordergrund. »Ich kannte damals keinen anderen Weg, mich tiefer mit dem Buddhismus zu befassen, als Nonne zu werden.« Heute, sagt sie, gebe es auch andere Wege, wie sich eine ernsthafte Praxis als Laie verwirklichen lasse. Für Sylvia Wetzel erwies sich die enthaltsame Lebensweise zeitweise als fruchtbar für ihr spirituelles Ziel. Doch die Sonderstellung als »Nonne in den roten Roben« machte ihr zu schaffen. Es war nicht allein der Zölibat als vielmehr ein zunehmendes Gefühl der Isolation und die Berührungsarmut dieses Lebens. »Selbst gute Freunde«, sagt sie, »haben mich in dieser Zeit viel weniger umarmt als vorher.«

Anders sieht es die amerikanische Zen-Meisterin Joan Halifax Roshi.[61] Für sie gibt es zurzeit und wohl auch zukünftig keine Alternative zum zölibatären Leben als ordinierte buddhistische Nonne. »Den ›Eros‹ bringe ich in meine Arbeit ein«, hat Joan Halifax in einem Interview einmal über ihre Wahl zum enthaltsamen Leben gesagt. Wer sie sieht und erlebt, glaubt ihr aufs Wort.

Joan Halifax betreut viele Meditationsgemeinschaften weltweit, sie lehrt und schreibt und führt eine Stiftung der Hospiz-Bewegung. »Neben meiner intensiven Arbeit, die immer viel mit Menschen zu tun hat, habe ich einfach nicht die Energie, die man für eine intime Beziehung braucht«, stellt sie klar und ohne Bedauern fest. Mit einem wohlwollenden Blick zurück auf ihr Leben resümiert sie: »Ich habe Beziehungen ausreichend gelebt, ich hatte eine Ehe und zwei weitere Lebenspartnerschaften, das reicht.« Nun steht für sie die Hingabe an ihr Lebenswerk völlig im Vordergrund. »Ich konnte immer gut allein sein«, sagt sie außerdem. »Tatsächlich finde ich es oft einfacher, allein als mit anderen zu sein.« Und was den Wunsch nach Kontakt und Berührung angeht, fühlt sich die charismatische Mittfünfzigerin durchaus nicht in der Wüste. »Ich bekomme Umarmungen von vielen Freunden – und außerdem ist da ja immer noch mein Hund«, sagt sie lachend.

Was bedeutet Sexualität im Alleinsein?

Ist Enthaltsamkeit nur etwas für spirituell Berufene? Was genau meint Enthaltsamkeit eigentlich? Keine sexuellen Aktivitäten auszuleben oder keine Sexualität mit einem Partner zu haben?

Vielleicht lohnt es sich auch für Sie, einmal bewusst zu formulieren, was Sie persönlich unter Sexualität überhaupt verstehen. Wie leben Sie mit Phasen von Enthaltsamkeit? Und was bedeutet für Sie Sexualität, wenn Sie allein leben?

Die Antworten werden sehr davon abhängen, welche Werte in Ihrer Familie vermittelt wurden, wie Ihre eigene religiöse Einstellung zu diesem Thema ist oder wie sehr Sie sich bewusst von früheren Einflüssen abgegrenzt haben bzw. abgrenzen möchten.

Übung.

Reflexion: Zwölf Fragen zu Körper und Sexualität im Alleinsein

1. *Welche Erinnerung haben Sie an Ihre ersten sexuellen Gefühle?*
2. *Was wäre ein Titel für Ihren »Lebenslauf der sexuellen Erfahrungen«?*
3. *Ist Sexualität beschränkt auf den »Akt« zwischen zwei Menschen?*
4. *Wie vervollständigen Sie den Satz: Sexualität ist/Sex ist …?*
5. *Was ist die längste Zeitspanne, die Sie ohne Sex (wie Sie ihn definieren) gelebt haben?*
6. *Wenn Sie den Rest Ihres Lebens ohne Sexualität mit einem Partner leben müssten, wie geht es Ihnen mit dieser Aussicht?*
7. *Mögen Sie Ihren eigenen Körper? Ein bisschen, … geht so, … sehr?*
8. *Was verstehen Sie unter Sinnlichkeit?*
9. *Haben Sie schon einmal nur für sich selbst etwas Sinnliches getan?*
10. *Sprechen Sie gern über Sexualität und wenn ja, mit wem?*
11. *Was ist Ihr Wort für Selbstbefriedigung?*
12. *Haben Sie sich je mit spirituellen Formen der Sexualität wie dem Tantra beschäftigt und was halten Sie davon?* [62]

Die Meinungen zur »Sinnlichkeit mit sich selbst« oder Selbstbefriedigung gehen weit auseinander. Einige mögen diese Form der Sexualität aus religiösen Gründen ablehnen. Aber auch nicht religiös gebundene Menschen entscheiden sich oft dagegen. »Ich finde es einfach deprimierend«, sagt Anna, eine Frau Anfang dreißig. »Bevor ich zu diesem Mittel greife, verzichte ich lieber ganz. Entweder ich lebe meine Sexualität mit einem Partner oder gar nicht.«

Ganz anders äußert sich die 46-jährige Autorin Sybille Schrödter in einer Gesprächsrunde über Sexualität. »Selbstbefriedigung sollte keine Notlösung sein«, fordert sie offensiv,

»sie gehört zur Sexualität dazu – unabhängig davon, ob man gerade einen Mann zur Hand hat oder nicht.«[63]

»Keine Lust, das gibt's doch gar nicht!«

Für eine Weitung der Perspektive auf die Lust plädieren Anke Kuckuck und Clara Luckmann, die sich mit Sexualität und Verlangen von Müttern beschäftigt haben.[64] Die weibliche Sexualität habe viele Nuancen, und nicht alle seien auf den Partner bezogen, lautet ein Fazit ihrer Interviews. Die Ausdrucksformen sexuellen und erotischen Erlebens seien vielfältig. Dazu gehören die Autoerotik, Fantasien, Literatur und sinnliche Genüsse jeder Art. Die Einschränkung, Lust ausschließlich als Lust auf den »Akt« zu definieren, bringe Frauen und ihre Männer unter Druck.

Eine Psychologin von *pro familia*, bringt es auf den Punkt: »Keine Lust – das gibt's doch gar nicht.«[65] Spreche man mit Müttern, falle ihnen schon etwas ein, worauf sie Lust hätten. Meistens seien diese lustvollen Tätigkeiten mit Ruhe und Genuss verbunden: In der Badewanne liegen, Tagträumen nachhängen oder auch allein in Ruhe im Bett liegen – Zeit für sich haben – Alleinsein als lustförderndes Element. Nur wer ausreichend Zeit für sich hat (besonders Mütter mit Babys), hat auch wieder Lust auf andere, auf den Partner, auf Sex.

Erstaunlicherweise decken sich die Beschwerden von Alleinlebenden und Elternpaaren in der frühen Babyphase meiner Beobachtung nach sehr. Sie betreffen die Frustration über mangelnde Sexualität (auf Seiten von Männern und auch Frauen) oder den Druck, Sex haben zu sollen (meistens auf Seiten der Frauen).

Hierzu noch einige Zahlen aus Umfragen über das sexuelle Erleben von Frauen und Männern in Deutschland:[66]

- Mehr als jede fünfte Frau hat den ersten Orgasmus erst jenseits der 40 erlebt – fast immer ohne Beihilfe eines Mannes.
- Je älter Frauen werden, desto schneller kommen sie zum Höhepunkt.
- Fast 80 Prozent der Frauen in Großbritannien sind mehr an ihrer Diät interessiert als an Sex.
- Vier Fünftel aller Männer sind überzeugt, optimale Liebhaber zu sein.
- Das Vorspiel empfinden 79 Prozent der Männer als notwendiges Übel – es dauert zurzeit im Schnitt sechs Minuten.
- 42 Prozent aller Frauen zwischen 25 und 60 haben zurzeit eine Affäre – Männer liegen mit 46 Prozent nur noch knapp vorn.
- 91 Prozent der Frauen sagen, sie würden niemals mit einem Mann ins Bett gehen, der nicht zuhören kann.

Wenn die Fixierung auf Sexualität oder auf »mangelnde« Sexualität zur Belastung wird, egal ob für Alleinlebende oder gestresste Paare, dann ist es vielleicht Zeit, sich wieder auf das zu besinnen, was uns immer zur Verfügung steht: der Körper als sinnliche Genussquelle, als Vermittler zwischen der Schönheit und Vielfalt der Welt und unserem inneren Universum.

Die Idee, dass Körper und Geist keine gegensätzlichen Dimensionen sind, sondern verbunden, findet sich – neben aller Leibfeindlichkeit – auch in den großen Religionen wieder. Der tibetisch-tantrische Buddhismus kennt feierlich-rituelles Essen, den *tsok*, und Formen ritueller Sexualität, wie sie auch zum Teil in hinduistischen Traditionen bekannt sind.

Im katholischen Glauben waren es besonders Hildegard von Bingen mit ihrem heilkundlichen Wissen und Theresa von Avila, die große Reformatorin des Karmelitinnen-Ordens, die sich für einen gesunden und freundschaftlichen Umgang mit dem Körper eingesetzt haben – gegen die Strömung ihrer Zeit und als Frauen! Erwähnt sei in diesem Zusammenhang auch die Mystik einer Mechthild von Magdeburg zum Beispiel, in der ein sehr großer erotischer Bilderreichtum zum Ausdruck kam.

Meditation.

»Der Körper ist die Wohnstätte der Seele«

Dieser Ausspruch wird Theresa von Avila zugesprochen. In Abwandlung findet er sich in vielen Religionen wieder.

Was heißt dieser Satz für Sie persönlich?

- *Begeben Sie sich an einen stillen Ort, an dem Sie gewöhnlicherweise meditieren oder zur Ruhe kommen.*
- *Nehmen Sie einmal Ihren Körper wahr, so wie er jetzt ist. Was können Sie wahrnehmen, wo haben Sie keine Wahrnehmung?*
- *Lassen Sie einmal Ihren Alltag wie einen inneren Film vor sich ablaufen: Wie gehen Sie mit Ihrem Körper um?*
- *Wie viel Zeit verbringen Sie mit lustvollen und/oder mit gesundheitlich förderlichen Aktivitäten?*
- *Wie wach erleben Sie sich in Ihrem Körper?*
- *Wann waren Sie das letzte Mal richtig glücklich in Ihrem Körper?*
- *Wie steht es mit Ihrer Körper-Selbstliebe? Wenn Sie eine Silhouette von sich auf einem Blatt Papier nach dem Grad Ihrer Zufriedenheit ausmalen würden, mit welchen Körperteilen oder Partien wären Sie sehr zufrieden, mit welchen nicht?*[67]
- *Beeinträchtigt Ihr Verhältnis zu Ihrem Körper Ihren Alltag oder Ihre Kontakte zum Partner, zum Beispiel in der Sexualität? Welche Schlussfolgerung ziehen Sie daraus?*

Vielleicht beschließen Sie am Ende dieser meditativen Körperschau eine Maßnahme, die Sie innerhalb der nächsten 24 Stunden umsetzen können.

Zum Beispiel:

- *wieder einmal tanzen gehen*
- *sich massieren lassen*
- *im Wald spazieren gehen*
- *weniger Kaffee trinken als sonst und sich ein leckeres Alternativgetränk gönnen*
- *...*

Fazit: Enthaltsamkeit kann gelingen,
aber nur wenn ...

- der Körper trotzdem sinnlich, genüsslich, ja lustvoll erlebt wird.
- Enthaltsamkeit nicht als »Strafe« erlebt wird.
- es eine starke Motivation gibt, seine Lebensenergie für etwas Bedeutungsvolles einzusetzen.

Die Kunst,
das All-Eins-Sein
im Alleinsein
zu finden

Hat man einmal die Ungeduld oder auch das Unglücklichsein mit dem Alleinsein hinter sich gelassen, tut sich ein neuer Horizont auf: Alleinsein als Oase im hektischen Alltag, als Ort der Stille, als Nahrung für die Seele.

Wenig bekannt ist, dass der Mensch schon als Baby die Fähigkeit und das Bedürfnis mitbringt, allein zu sein. Der Mensch ist ein Wesen, das sowohl Gemeinschaft sucht als auch Zeiten des Alleinseins für seine seelische Gesundheit braucht.

Künstlerinnen und Künstler wissen, dass das Alleinsein für den kreativen Prozess unabdingbar ist. Aber auch für uns alle gilt, dass im Alltag nur Neues entstehen kann, wenn wir Ruhephasen einlegen, in denen sich die Gedankenfäden neu verknüpfen können und Impulse entstehen, um Vorhaben umzusetzen. Dazu dient der Abend, den man allein und ohne Fernseher verbringt, oder das Wochenende zum Entrümpeln der Wohnung.

In Zeiten des Alleinseins aber liegt mehr als nur die Möglichkeit zu mehr Ruhe oder Kreativität. Alleinsein in seiner ursprünglichen Bedeutung birgt die Chance, den eigenen Wesenskern zu erfahren und mit einer Dimension in Berührung zu kommen, die über das persönliche Erleben hinausgeht.

Eines der folgenden Kapitel über die spirituelle Tradition der Eremiten zeigt, wie sehr Alleinsein und Einsamkeit seit jeher genutzt werden, um das Eins-Sein mit allem zu erleben.

Verlockend erscheint der spirituelle Weg heute vielen Menschen, wenn Lebenszusammenhänge brüchig werden, Beziehungen auseinander gehen und die Leistungsgesellschaft keine Antwort auf existentielle Fragen liefert. Phasen des Alleinseins werden vielfältig genutzt, um sich mit Sinnfragen zu beschäftigen, sei es in einem christlichen, buddhistischen oder anderweitigen spirituellen Kontext. Über Chancen und Risiken auf diesem Weg berichten die letzten Kapitel in diesem Teil der Kunst des Alleinseins.

Wie die Seele lernt, glücklich allein zu sein

Zur Wahrnehmung unseres Selbst brauchen wir Zeit und Ruhe. In einer Welt der medialen »Zwangsbeglückung« ist Stille ein kostbares Gut geworden.

Alleinsein ist ein Vehikel, um erst zur Ruhe, dann zur Stille zu gelangen. Auch wenn äußeres Stillsein noch lange nicht gleichbedeutend mit innerer Stille ist (wie ich zum Beispiel in der Geschichte über »Drei Tage und drei Nächte allein in der Wildnis« beschreibe), öffnet bewusstes Alleinsein den Raum für Stille.

Die Sehnsucht nach dem Alleinsein wird oft umso größer, je weniger sie erfüllbar ist.

Ulla, eine Mutter von drei kleinen Kindern erzählte mir seufzend: »Ich bin überhaupt NIE mehr allein, seit fünf Jahren nicht. Immer hängt irgendeines meiner Kinder an mir dran. Ich liebe meine Kinder, aber diese ›Besetzung‹ meines Körpers macht mir wirklich zu schaffen. Ich würde viel darum geben, einfach mal wieder allein zu sein.«

Die Schriftstellerin Anne Morrow-Lindbergh, die selbst fünf Kinder hatte, spricht vermutlich allen Müttern aus dem Herzen, wenn sie schreibt: »Jeder Mensch, besonders aber jede Frau, sollte einmal am Tag, einmal in der Woche und einmal im Jahr allein sein.« Noch stärker drückt es der große Religionsphilosoph Martin Buber aus: »Ein Mensch, dem nicht wenigstens jeden Tag eine Stunde gehört, ist kein Mensch.«[68]

Auch »normale« Menschen und nicht nur viel beschäftigte Manager oder Politiker kommen heute kaum noch zum Durchatmen zwischen Arbeit, familiären Verpflichtungen und Freizeitaktivitäten. Die Momente des Alleinseins werden oft mit Dauerberieselung gefüllt, durch Radio, Fernsehen, Musikanlage oder das Telefon. Nach Untersuchungen in den USA verbringt eine durchschnittliche erwachsene Person immerhin ein Drittel ihrer Wachzeit allein. Wer sehr viel mehr oder sehr viel weniger Zeit allein verbringt, läuft Gefahr, aus dem Gleichgewicht zu geraten.[69] Viele Menschen verbringen heute zu wenig *bewusste* Alleinzeit.

Wir leiden an einer gesellschaftlichen Rhythmusstörung von Aktivität und Muße, Anspannung und Entspannung, Alleinsein und In-Gemeinschaft-Sein.

So kann das freiwillige Alleinsein zu einer ersehnten Oase werden.

Meditation.
Alleinsein im Alltag I: Kleine Oasen des Alleinseins

Setzen Sie sich bequem hin und lassen Sie Ihren Blick langsam nach innen wandern oder schließen Sie die Augen.

- *Gehen Sie einmal in Gedanken Ihren Tagesablauf durch: Welche Momente des Alleinseins gibt es dort? Zum Beispiel morgens im Bad, ein kurzer Moment vor dem Küchenfenster, die Fahrt im Auto zur Arbeit, der kurze Fußweg zum Einkaufen, usw.*
- *Notieren Sie sich einige dieser Momente, die Sie am kommenden Tag bewusst pflegen wollen.*
- *Richten Sie sich bewusst kleine Rituale und Oasen des Alleinseins ein.*

Einige Beispiele, wie man solche Momente des Alleinseins zelebrieren kann, erzählten mir meine Interviewpartner.

– Die 50-jährige Ärztin Birgit nimmt sich jeden Morgen etwa eine Viertelstunde Zeit und setzt sich mit einem Text, den sie vorher ausgewählt hat, und ihrem Morgentee in ihren Lieblingsstuhl, um zu lesen. »Dieses Ritual«, sagt sie, »hilft mir, besser in meinen Tag zu kommen, und den Tag bereits achtsam und bewusst einzustimmen.«

– Die 46-jährige Charlotte nimmt sich an jedem Abend nach der Arbeit und Erledigungen eine kurze Zeit, ruhig zu werden, den Arbeitstag Revue passieren zu lassen und damit bewusst in den Abend überzuleiten. »Dadurch setze ich eine bewusste Zäsur zwischen dem Arbeitsalltag und meinem freien Abend. So kann ich auch meinem Partner besser begegnen oder allein etwas für mich tun.«

Sind wir mit anderen Menschen zusammen, dann werden wir ständigen Reizen ausgesetzt, die eine Reaktion oder Rückmeldung verlangen. Genauso ist es mit dem permanenten Geräusch- und Bilderstrom der Medien. Die Tatsache, dass wir viele dieser Reize aus der bewussten Wahrnehmung ausblenden, bedeutet nicht, dass unser Gehirn und unser Körper nicht damit umgehen müssten. Erst wenn einmal alles ruhig und still wird, fällt uns die Abwesenheit des Lärms und all der Reize auf.

Stellt man sich unser Gehirn als einen See vor, dann werden durch äußere Reize immer wieder kleine oder größere Steinchen in das Wasser geworfen, die dann Kreise ziehen oder Wellen schlagen.

So kann es in einem alltäglichen Tagesablauf fast unmöglich werden zu sehen, was im eigenen Teich überhaupt vor sich geht. Schwimmen Hechte oder Karpfen darin? Leben die Fische noch oder schwimmen sie mit dem Bauch nach oben?

Gibt es eine Algenseuche oder ist es nur aufgewühlter Sand, der das Wasser trübe macht?

Es gibt aber auch einen »Vorteil«, wenn wir das Alleinsein meiden. Dann müssen wir uns nicht bewusst machen, was sich in unserem »Lebensteich« so alles tut. Der Nachteil ist, dass wir nicht sehen *können*, was in uns vorgeht.

Wenn Sie selbst ungeübt darin sind, allein zu sein, dann fürchten Sie sich vielleicht ein wenig davor. Glauben Sie, dass Sie in sich selbst etwas begegnen, das Sie nicht kennen, nicht mögen oder dem Sie nicht gewachsen sind?

Die folgende Meditation lädt dazu ein, einmal zu benennen, was Sie eigentlich am Alleinsein fürchten, und sich Ihre alltäglichen Abwehrmechanismen deutlich zu machen.

Übung und Meditation.

Was ich am Alleinsein fürchte

Schließen Sie die Augen, atmen Sie einfach einige Male ruhig durch. Stellen Sie sich dann innerlich folgende Fragen:

- *Gehen Sie in Gedanken durch Ihren Tag: Wie verhalte ich mich, wenn ich am Tage oder abends allein bin? (Zum Kühlschrank gehen, wenn ich nach Hause komme; sofort Musik anmachen etc.)*
- *Jetzt in diesem Moment steigt in mir eine Erinnerung auf, wann ich das letzte Mal dem Alleinsein ausgewichen bin.*
- *Ich finde jetzt ganz leicht die Antwort auf die Frage: Wovor fürchte ich mich in mir selbst, wenn ich allein bin?*
- *Welche Gedanken haben Sie dabei? Halten Sie das nächste Mal inne bei solch einer automatischen Reaktion.*

Dieser Schritt der Übung besteht einfach darin, dass Sie sich Ihre Gewohnheiten, das Alleinsein zu vermeiden, bewusst machen. In einem

*zweiten Schritt können Sie, so weit möglich, das Alleinsein einmal
bewusst ausweiten. Danach können Sie zum Beispiel auch mit der
vorangegangenen Übung zu den »Oasen des Alleinseins« fortfahren
(S. 119).*

Schon mit ein wenig Übung können Sie sich selbst etwas näher kommen und sich langsam mit sich selbst vertraut machen. »Sich selbst sein bester Freund werden«, nennt es der
Autor John Selby.[70] Eine schöne Vorstellung, sich selbst eine
gute, ja die beste Freundin zu werden.

Eine Freundin ist für uns da, wenn wir sie brauchen. Sie
sagt nicht: Jetzt habe ich keine Zeit, ich will fernsehen. Sie
schaut uns in die Augen, wenn sie mit uns redet. Sie ist ganz
da. Der buddhistische Mönch Thich Nath Hanh, der in seiner Lehre ganz besonders die bewusste Anwesenheit in der
Gegenwart betont, sagt es so: »Es gibt keine schönere Liebes-
erklärung, als wenn Sie zu jemandem oder zu sich selbst sagen
können: ›Liebling, jetzt bin ich ganz für dich da.‹«[71] Mit genau der gleichen Präsenz, meint Thich Nath Hanh, können
wir uns auf alles in unserem Leben beziehen, auf unsere Arbeit
genauso wie auf Alltagshandlungen wie das Essen, Teetrinken,
Gespräche mit Freunden, »Liebling, jetzt bin ich ganz für dich
da!«

Eine der schönsten Erfahrungen des Alleinseins ist, wenn wir
diesen Satz zu uns selbst sprechen können. Wenn wir merken,
dass wir mit uns selbst klarkommen. Dass wir uns mögen. Mit
allem oder trotz allem, was uns ausmacht.

Ist eine gesunde emotionale Basis für das Alleinsein gegeben, spüren Menschen auch eine Sehnsucht danach, zu sich
selbst zu kommen. Manchmal ist für dieses Vertrauen ins Alleinsein in unserer Kindheit allerdings keine gute Basis ange-
legt worden.

Solche Menschen wissen deshalb nicht, wie es sich anfühlt,
ganz für sich selbst zu sein und sich gut dabei zu fühlen. Viel-

leicht mussten auch Sie als Kind immer die »Antennen« aus-
gefahren halten, um zu spüren, welche Konflikte in der Luft
liegen und wie Sie als Nächstes darauf reagieren müssen? Aus
früheren Erfahrungen können Angewohnheiten werden, die
in der Gegenwart verhindern, dass wir uns als erwachsene
Menschen im Alleinsein wohl fühlen. Doch das muss nicht so
bleiben. Sie können sowohl mit Ihren frühen Erlebnissen mit
dem Alleinsein liebevoll umgehen als auch jeden Tag neu in
der Gegenwart sein.

Frühe Nähe macht das Alleinsein sicher

In dem Kapitel »Wie der Körper das Alleinsein lernt« wurde
beschrieben, dass der Säugling aktiv die körperliche Nähe der
Mutter sucht, um sich sicher zu fühlen, und andererseits auch
Phasen des Alleinseins benötigt, um seine Erfahrungen zu verarbeiten.

Auch auf der psychischen Ebene vollzieht sich ein Wechselspiel von Nähe und Alleinsein. Ein stabiles Gefühl der Nähe
zur Mutter oder einer anderen Person macht Kleinkinder sicher im Alleinsein. So kann man es im selbstvergessenen Spiel
von Kindern sehen, die sich der liebevollen Gegenwart einer
Person in ihrer Umgebung gewiss sind. Sie können gut allein
sein, weil sie wissen, dass sie wieder geborgen sind, wenn sie
aus ihrem Alleinsein auftauchen.

Ist Alleinsein oft mit Unsicherheit verbunden, dann reagiert der Körper eines Kindes auf diese Angst.

Die Psychoanalytikerin Esther Staewen-Schenkel hat sich
auch mit körpertherapeutischen Verfahren intensiv beschäftigt. In vielen therapeutischen Ansätzen wird ähnlich wie in
der Meditation die Rolle des Atems besonders betont. Esther
Staewen-Schenkel erklärt warum: »Ein ›bewährtes‹ Muster,
unangenehme Gefühle abzuwehren oder alle Arten von Gefühlen auf einem für uns gewohnten Niveau zu halten, be-

steht darin, den Atem anzuhalten oder zu verflachen. Durch die Kontrolle und Verflachung des Atems werden Gefühle in Schach gehalten. So fühlen wir uns ›sicher‹, leider um den Preis, dass wir nur eingeschränkt fühlen können.«

Im Allgemeinen sind die kindlichen Situationen des Alleinseins aus heutiger Sicht als Erwachsene weder dramatisch noch Angst erregend. Doch für das Kind, das Sie waren, hat das anders ausgesehen. Wenn Sie Ihre Kinderängste mit Ihren erwachsenen Augen sehen, dann kann das sowohl erleichternd sein als auch Verständnis dafür wecken, wie sehr Sie einmal das Alleinsein bedroht hat.

Die folgende Meditation lädt Sie ein, sich Ihre Kinderängste bewusst zu machen. Ich schlage Ihnen darin vor, an einer bestimmten Stelle einen »Engel« zu schicken. Gehen Sie mit diesem Begriff, dieser Vorstellung, einfach so um, wie es für Sie passt. Gemeint ist mit dem Begriff »Engel« ein hilfreicher Schutz für das Kind, das Sie einmal waren.

Meditation.

Einen Engel schicken für das innere Kind

Im vorigen Kapitel gibt es eine Meditation, in der Sie sich selbst als kleines Kind »besuchen« können – in Zeiten, als es Ihnen im Alleinsein gut gegangen ist (S. 82).

In dieser Meditation können Sie jetzt gezielt versuchen, zu den Momenten in Ihrem Kinderleben zurückzugehen, die weniger schön waren.

(Auch hier noch einmal die Empfehlung: Wenn Sie in Ihrer Kindheit traumatische Erfahrungen mit Alleinsein gemacht oder Missbrauch erlebt haben, dann sollten Sie diese Übung bitte ausschließlich auf Weisung und in Gegenwart einer ausgebildeten Therapeutin machen!)

- *Suchen Sie sich, wenn möglich aus Ihrer frühen Kinderzeit, ein Foto, auf dem Sie allein abgebildet sind.*
- *Schließen Sie dann die Augen und beginnen Sie mit dem Kind, das Sie einmal waren, sanft zu sprechen.*
- *Bitten Sie das Kind, Sie mit in seine Welt zu nehmen und Sie Anteil haben zu lassen an seiner Zeit des Alleinseins, auch den nicht so schönen Momenten.*
- *Erzählen Sie dem Kind, dass Sie bei ihm sind als erwachsene Besucherin und dass Sie es beschützen können und einen »Engel« eingeladen haben.*
- *Beobachten Sie alles vor Ihrem inneren Auge, was Sie erleben. Vielleicht sind das einzelne Gedanken und Bilder oder auch andere Sinneseindrücke (ein bestimmter Geruch oder ein Musikstück).*
- *Wenn Sie den Eindruck haben, dass es dem Kind mit seinem Alleinsein nicht gut geht, dann trösten Sie das Kind jetzt. Bitten Sie dann einen »Engel« hinzu, der Ihre Stelle vertritt, wenn Sie diese Szene verlassen werden.*
- *Lassen Sie den Engel bei dem Kind und sagen Sie ihm, dass der Engel immer kommt, wenn das Kind sich schlecht und allein fühlt.*
- *Sie können das Kind, das Sie einmal waren, bitten, Ihnen eine Botschaft mitzugeben, was Sie von ihm lernen können und wie Sie heute mit Ängsten in Ihrem Alleinsein umgehen können.*
- *Beenden Sie die Übung wie vorher auch, indem Sie sich bei Ihrem »inneren Kind« für die gemeinsame Zeit bedanken. Tauchen Sie wieder auf in die Erwachsenenwelt und genießen Sie, dass Sie groß und erwachsen sind!*

Machen Sie sich eventuell Notizen.

Aus meiner eigenen Kinderzeit erinnere ich mich daran, dass ich mich in der beginnenden Dunkelheit immer sehr gefürchtet habe, wenn abends das Rollo vor dem Kinderzimmerfenster heruntergelassen wurde. Weil ich nicht verstand, wozu das Rollo diente und wie es funktionierte, fantasierte ich, dass hinter dem Rollo zwei böse »Geister« wohnten. So brachte ich viele, viele Abende mit Furcht vor diesen beiden Rollo-Geistern zu! Wie gut hätten mir die Erklärungen und die Umarmung einer erwachsenen Person getan. Vermutlich aber konnte ich damals nicht einmal mitteilen, was mich so geängstigt hat.

Alleinsein lässt sich wieder lernen

Unangenehme Kindheitserlebnisse mit dem Alleinsein können dazu führen, dass Sie die Körpermuster von damals, zum Beispiel das Anhalten des Atems oder das Zusammenziehen der Bauchmuskeln unwillkürlich immer wiederholen. Und diese Wiederholung ist es dann, die uns bis heute in unseren Gefühlen einschränkt, nicht etwa das vergangene Kindheitserlebnis selbst. Oft ist unsere Atmung beschränkt, wenn wir vor etwas Angst haben.

»Meist reicht schon ein wenig Aufmerksamkeit, um den Atem ganz natürlich wieder zu vertiefen«, sagt Esther Staewen-Schenkel und verweist dabei auf die Übungen aus der Körperpsychotherapie von Gay und Kathlyn Hendricks. Sie betonen in ihrer Therapie den spielerischen und kreativen Zugang zum Körper. Statt also »richtig« atmen zu wollen, empfehlen die Hendricks, sich dem Atem spielerisch und mit Leichtigkeit zuzuwenden.

Die nächste Übung lädt Sie dazu ein.

Übung.

Atembeobachtung und »genüsslich« atmen

Erster Schritt: Den Atem beobachten
- Beobachten Sie Ihren Atem zunächst einfach und versuchen Sie, ihn nicht zu beeinflussen.
- Nun denken Sie einmal bewusst an etwas Schönes, danach an etwas weniger Schönes, das Ihnen zum Beispiel Angst oder Sorgen bereitet. Wie verändert sich der Atem jeweils?

Zweiter Schritt: Den Atem beobachten und automatisch vertiefen
- Machen Sie sich – zuerst einmal zur Probe nur für einen Tag lang – Ihre Atmung bewusst, indem Sie einige Male kurz innerlich STOPP sagen, und beobachten Sie, wie Ihr Atem bis eben geflossen ist. Oft atmet man dann sofort automatisch tief durch.
  Machen Sie die kleine STOPP-Übung ungefähr fünf Mal über den Tag verteilt, nur um zu beobachten, wie der Atem gerade fließt. Lassen Sie automatische Reaktionen wie Seufzen oder Gähnen zu.

Dritter Schritt: Den Atem absichtlich und genüsslich vertiefen
- In Stressmomenten sagen Sie kurz STOPP und atmen dann, so lange Ihr Atem ausreicht, indem Sie ein leises »Mmmmmhhhh« summen. Ihre Atmung vertieft sich dabei, weil Sie automatisch tief ausatmen und danach der Körper natürlicherweise auch wieder tief einatmet.

Varianten zur Atemerinnerung und -vertiefung:
  Es gibt weitere spielerische Möglichkeiten, sich im Alltag an die Ausweitung des Atems zu erinnern. Wenn Sie zum Beispiel viel am Computer arbeiten, dann können Sie sich einen Bildschirmschoner mit den Worten »STOPP – ATMEN – Mmmmmmhhhhh« einrichten.
  Oder Sie können sich einen schönen kleinen Stein auf Ihren Schreibtisch legen, den Sie mit einem Goldstift beschriften und »Atmen« oder »Mmmmmhhhh« darauf schreiben.[72]
  Ihrer Kreativität sind keine Grenzen gesetzt!

Stellen Sie sich noch einmal Ihren Geist als See vor und schauen Sie, wie die Wasseroberfläche gerade für Sie selbst aussieht. Oft sind wir zu beschäftigt, um wahrzunehmen, wie es uns wirklich geht. Drei Atemzüge reichen oft schon, um ruhiger und wieder aufmerksam zu werden. Kurze Unterbrechungen in der Hektik des Alltags sorgen dafür, dass die Wellen an der Oberfläche des Geistes sich legen und der aufgewühlte Sand zu Boden sinkt. Wir können wieder klar sehen, was überhaupt passiert in unserem Kopf, in unserem Herzen. Was meldet unser Körper zurück? Ist er müde, erschöpft, schläfrig? Oder voller Tatendrang? Was würden wir jetzt am liebsten tun und was sind unsere unerfüllten Sehnsüchte? Im Alleinsein kommen sie wieder an die Oberfläche. Auch die Spielfreude meldet sich wieder. Einfach einmal wieder nach Herzenslust malen, werkeln, lesen, schreiben oder einfach nur im Sessel sitzen und in die Welt gucken.

Allerdings meldet sich in Ruhephasen, in denen Sie einmal durchatmen und kurze Zeiten des Alleinseins einlegen, auch alles, was Sie an unangenehmen Gefühlen in sich tragen. Es ist wie mit dem Blick in einen unaufgeräumten Schrank. Wenn Sie die Tür zu lassen, müssen Sie die Unordnung nicht sehen, wenn Sie die Schranktür öffnen, wird Ihnen bewusst, was alles noch aufgeräumt werden müsste. Das auszuhalten erfordert ein wenig Geduld und Übung. Manche Menschen meiden daher Ruhe und Alleinsein. Es ist aber nicht das Alleinsein, das schlechte Gefühle verursacht, sondern die innere »Unordnung«.

Wenn Sie mit der Zeit anfangen, sich mit sich selbst im Atem wohl zu fühlen, dann können Sie Zeiten des Alleinseins ausweiten. Mit einiger Übung stellt sich ein, was schon der Philosoph Seneca über das Alleinsein gesagt hat: »Das erste Zeichen seelischer Gelassenheit ist, so meine ich, innehalten zu können und bei sich zu verharren.«[73]

Der Theologe und Autor Pierre Stutz beschreibt, dass er versucht, jede Woche einen Abend allein zu sein, »zu Gast bei sich selber sein«, wie er es nennt. Folgendes Ritual schlägt er vor:[74]

Übung.

Alleinsein im Alltag II: Einen Abend in der Woche allein sein

- *Nehmen Sie sich an einem Abend in der Woche etwa zwei Stunden Zeit, begeben Sie sich an einen schönen Ort in Ihrer Wohnung und zünden Sie eine Kerze an. Begeben Sie sich dann in eine meditative Haltung (siehe zum Beispiel Anleitung S. 24) oder entspannen Sie sich nach einer Ihnen bekannten Methode.*
- *Lassen Sie dann alle Bilder des Alltags und alles, was im Moment in Ihnen aufsteigt, in Ihrem Inneren bewusst werden. Dabei kann es sich um kraftvolle oder schmerzliche Erlebnisse handeln oder auch um ganz banale Alltagsvorkommnisse.*
- *Versuchen Sie einfach, diese Ereignisse anzuschauen, ohne zu werten oder zu urteilen.*
- *Nach etwa einer halben oder einer Stunde können Sie Ihre inneren Bilder, Ihre Gedanken und Gefühle malen oder das Wichtigste auf einem Zettel notieren, so dass Sie es anschließend besser loslassen können. Vielleicht gibt es jeweils ein Thema, ein Bild, das besonders im Vordergrund steht.*

Trauen Sie der »Kraft des Augenblicks«, wie es Pierre Stutz nennt. Bewahren Sie eventuell Ihre Aufzeichnungen und Bilder in einer Mappe, aber schauen Sie sie während der Woche nicht noch einmal an, bis Sie wieder einen Abend des Alleinseins mit sich verbringen. Für einige Wochen kann es interessant sein, die Abfolge der Bilder oder Aufzeichnungen zu vergleichen.

Ein »Alleinabend« – wäre das etwas für Sie?

Kreativität.
Das Universum im Inneren

Nichts kann ohne Einsamkeit entstehen. Picasso[75]

»Alleinsein ist schwer, aber man sollte es üben – auf Dauer bringt es Gewinn.« Mihaly Cziksentmihalyi bringt in seinem Buch *Lebe gut!* für das Alleinsein auf den Punkt, was der Komiker Karl Valentin einmal über die Kunst gesagt hat: »Kunst ist schön, macht aber viel Arbeit.« Alleinsein ist nicht immer einfach auszuhalten. Für manch einen ist es regelrechte Arbeit, doch es bringt uns einen enormen Reichtum.

So ist Kreativität eine Fähigkeit, für die man allein sein können muss, will man sie umsetzen. Damit meine ich jede Art von schöpferischer Tätigkeit, die Teil unseres Alltags oder Lebens ist.

Während ich hier sitze und schreibe, bin ich allein und denke nach. Im Alleinsein habe ich den inneren Raum, dass sich die Sätze dieses Abschnitts formen können. Dabei reiche ich weit über den kleinen Raum meines Körpers und meines Zimmers hinaus.

Ich begebe mich zum Beispiel in die Gedankenwelt des Forschers und Buchautoren Howard Gardner, dessen Forschungsergebnisse zum Thema Kreativität ich gleich vorstellen möchte. Ich stehe gedanklich auch in Kontakt zu Ihnen, meinen späteren Leserinnen und Lesern. Wie muss ich meine Gedanken formulieren, damit meine Ideen bei Ihnen ankommen? Mit welchen Übungen möchte ich Sie ansprechen? In diesem Augenblick bin ich allein, aber ich fühle mich nicht allein und schon gar nicht einsam. In meinem Innern ist ein reiches Universum enthalten.

Diese innere Welt zu entdecken ist eines der größten Abenteuer der menschlichen Entwicklung.

Der Psychologe Howard Gardner hat die Entwicklung der Kreativität eingehend erforscht.[76] Der Mensch ist wie kein anderes Wesen darauf ausgerichtet, sich schon als Kind den Reichtum der Symbole, also die Kreativität, anzueignen.

Sobald der Säugling die Welt des Fühlens und des Sehens durch die Welt der Sprache erweitern kann, richtet sich sein Interesse mit aller Macht auf die Welt der Symbole. Was für uns Erwachsene völlig selbstverständlich ist, nämlich der kreative Gebrauch von Symbolen wie Sprache, Formen, Farben oder Musik, ist für den kleinen Menschen die Eroberung eines völlig neuen Universums. Während das Kind zu Beginn seines Lebens an die Welt der Bewegung und des Fühlens völlig gebunden ist, kann es sich bereits einige Jahre später vollkommen selbstständig in der Welt der Fantasie, der Kreativität, also der Symbole, bewegen. Mit 18 Monaten ist das Kleinkind schon in der Lage, sich in die Welt anderer Menschen hineinzuversetzen und mit Rollenspielen wie »Vater, Mutter, Kind« seine Welt zu erweitern. Bereits mit vier Jahren kann das Kind erkennen, dass Denken die Realität nicht spiegelt, sondern nur repräsentiert, Gedanken also lediglich ein Abbild der Wirklichkeit sind, so dass ein anderer zum Beispiel falsche Überzeugungen haben kann, so über den Weihnachtsmann oder Ähnliches. Eines aber kann das vierjährige Kind noch nicht: Es kann keine Ironie verstehen, also die vorgetäuschte Absicht in der Sprache. Bereits ein Jahr später aber, im Alter von fünf Jahren, erkennt das Kind, dass jemand, der etwas sagt, auch eine Absicht oder Überzeugung hat und insofern auch etwas im Schilde führen kann. Das Kind ist jetzt vollständig in die Wandlungsfähigkeit der Symbolwelt eingetreten. Wer einmal gesehen hat, mit wie wenigen Utensilien eine Gruppe von Kindern spielen kann, muss staunen: Was alles aus einer Decke werden kann, einem Stock, wie ganze Imperien entstehen und wieder vergehen in den Rollenspielen der Kinder. Man kann ermessen, wie vielfältig kreativ auch ganz normal begabte Kinder sind.

In seinen Forschungen zu Kreativität untersuchte Howard Gardner hoch begabte Menschen wie Mozart, Sigmund Freud, die Schriftstellerin Virginia Woolf und Mahatma Gandhi. Für Howard Gardner repräsentiert jeder dieser vier außergewöhnlichen Menschen einen eigenen Bereich der Kreativität. Eines jedoch ist allen kreativen Menschen gemeinsam, ob sie außergewöhnlich sind oder ganz normal, wie die meisten von uns: Jeder braucht das Alleinsein als Entfaltungsraum für kreative Gedankenspiele. Das Alleinsein fördert drei Faktoren, die Howard Gardner aus den Lebensläufen der außergewöhnlich kreativen Menschen herauskristallisiert hat. Das ist erstens die Reflexion: Zeit zum Nachdenken über das, was einem im Laufe des Tages und im Laufe des Lebens alles widerfährt. Zweitens sind sich kreative Menschen besonders ihrer Stärken bewusst. Sie kennen zwar auch ihre Schwächen, aber das, was sie unwiderstehlich anzieht und was sie gut können, haben sie besonders klar herausgefunden. Und auch dazu braucht es ungestörte Zeiten im Alleinsein. Der dritte Faktor, den alle kreativen Menschen haben, ist die Fähigkeit, auch schwere Erfahrungen in kreativen Arbeiten zumindest zeitweise zu bewältigen. Kreativität braucht keine glückliche Kindheit.

Besonders negative Erfahrungen wie Ablehnung oder Schicksalsschläge durch den frühen Tod der Eltern haben kreative Menschen von Anfang an untersucht und durch ihre Kunst verarbeitet. Für diese Bewältigung der eigenen Lebensgeschichte braucht es die Zeiten des Alleinseins. In unserem Alltagsleben neigen wir dazu, Erfahrungen abzuhaken, Misserfolge möglichst auszublenden und nicht weiter darüber nachzudenken. Oder unsere Erfahrungen werden einfach von neuen Eindrücken überrollt.

Rechnet man aber einmal hoch, was nur eine gelernte und durchdachte Erfahrung pro Woche ausmachen würde! Innerhalb weniger Jahre hätte man einige Hunderte solcher Erfahrungen, ein wahrer Erfahrungsschatz. Und aus dieser Lebenserfahrung, gewonnen durch Reflexion in der Alleinzeit, verbunden mit unseren individuellen Stärken, entfaltet sich schließlich in einem kreativen Prozess unser Leben als einzigartiges Gewebe.

Für die kreativen Menschen, die Howard Gardner untersucht hat, gibt es zum Alleinsein keine Alternative. Jeder von ihnen hat immer wieder lange Phasen des Alleinseins mit seinem Werk durchlebt, zum Teil auch durchlitten, bis der Durchbruch kam und Unterstützung von außen. Etwa alle zehn Jahre, so sagt Howard Gardner, gehen außergewöhnlich kreative Menschen durch diese Zyklen von Einsamkeit, Durchbruch und Resonanz von außen.

Die Malerin Françoise Gillot drückte es so aus: »Jemand, der nicht bereit ist, sieben Stunden am Tag vor einer leeren Leinwand zu verbringen, der sollte nicht in Erwägung ziehen, Künstler zu werden.«

Ähnlich wie Eremiten Meister des Alleinseins sind, so sind außergewöhnlich kreative Menschen Vorreiter in Sachen Kreativität. Ein Stadium, das normale Menschen so nicht erreichen. Und trotzdem gibt es in jedem Menschen kreative Kräfte, die erst an die Oberfläche kommen können, wenn wir Zeit allein verbringen. Die Psychotherapeutin Linda Leonhard unterscheidet fünf Ausdrucksformen menschlicher Kreativität, die sich im Alltag zeigen können. Es sind dies: der/die Liebende, der/die Heilige, der/die Held/in, der/die Wissenschaftler/in und der/die Künstler/in.

Wenn Sie von sich selbst denken, dass Sie nicht kreativ sind, dann vielleicht, weil Sie sich mit den großen Leistungen der kreativen Meister vergleichen. Die Kategorien von Linda Leonhard legen nahe, dass es in jedem von uns eine Neigung gibt, der eigenen Kreativität im Lebensalltag einen individuellen Ausdruck zu geben.

Meditation.

Die fünf Ausdrucksformen menschlicher Kreativität

Begeben Sie sich an einen ruhigen Platz, an dem Sie sich wohl fühlen. Lassen Sie die Beschreibung der fünf Ausdrucksformen der Kreativität nach Linda Leonhard auf sich wirken. Gehen Sie in Gedanken der Beschreibung nach, die Sie am meisten anspricht.

- *Der/die Liebende: sich selbst ausdrücken durch Fürsorge und Hingabe*
- *Der/die Heilige: sich einer höheren Idee, dem Transzendenten hingeben und danach leben*
- *Der Held, die Heldin: sich für Gerechtigkeit und das Wohl aller einsetzen*
- *Der Wissenschaftler, die Wissenschaftlerin: neugierig in die Welt gehen, Wissen und Erkenntnis lieben*
- *Der Künstler, die Künstlerin: sich zu dem Ungewöhnlichen, Schönen und Ästhetischen hingezogen fühlen*

- *Welcher dieser kreativen Ausdrucksformen fühlen Sie sich am nächsten?*
- *Wo in Ihrem Leben drücken Sie diese Form der Kreativität aus?*
- *Welche Reaktionen bekommen Sie darauf?*
- *Wie zufrieden/unzufrieden sind Sie mit dem Ausdruck Ihrer Kreativität in diesem Lebensbereich?*

Verweilen Sie so lange bei Ihren inneren Bildern, wie Sie mögen.

Schließen Sie diese kleine Betrachtung mit einer kleinen Verbeugung vor Ihrem inneren kreativen Meister, Ihrer Meisterin ab und sagen Sie Dank, dass er/sie Ihr Leben bereichert.[77]

Für diejenigen unter Ihnen, die Freude haben am Malen und Zeichnen, schlage ich vor, die positiven Aspekte Ihres Alleinseins einmal »ins Bild« zu bringen.

Übung.

Kreatives Malen: Die Freude in meinem Alleinsein

Im ersten Kapitel habe ich eine Übung vorgestellt, in der Sie Ihr Alleinsein als Landkarte aufzeichnen (s. S. 28). Wenn Sie die Übung durchgeführt haben, ergänzen Sie diese Zeichnung nun um alle positiven Aspekte Ihres Alleinseins und Ihrer Kreativität.

Oder wählen Sie sich für die positiven Seiten Ihres Alleinseins ein eigenes Bildmotiv als Rahmen.

Hier einige Beispiele.
- *Mein Alleinsein und meine Kreativität als Garten*
  - *Welche Pflanzen, Bäume und Blumen, welche Früchte sehe ich? Welche Jahreszeit ist in meinem Bild oder sind es vielleicht mehrere Jahreszeiten parallel?*
- *Mein Alleinsein und meine Kreativität als Farbspiel*
  - *In dieser abstrakten Gestaltung sprechen nur Farben und Formen!*

Kreative Zeiten des Alleinseins sind Pausenzeiten vom Alltag, in dem wir meistens so vieles tun müssen oder wollen. Längere Zeiten des Alleinseins dagegen stellen uns vor eine neue Aufgabe.

Wer längere Zeiten des Alleinseins ausprobiert, eine Woche oder zwei, dem stellen sich vielleicht ganz neue Fragen. Wo stehe ich gerade in meinem Leben? Wo will ich hin? Anders als bei kurzen Zeiten des Alleinseins im Alltag, die meist nur eine Atempause sind, braucht man für die längere »Auszeit« einen tieferen Grund.

Alleinsein hatte immer schon auch mit der Suche nach dem Sinn des Lebens und mit der Sehnsucht nach »dem Wesentlichen« zu tun.

Martin, ein Mann Mitte vierzig, beschreibt die Ruhe, aber auch die Einsamkeit, die er in solchen Zeiten des Alleinseins empfindet: »Alleinsein: mit niemand über deine Gedanken und Gefühle reden können. Keiner, der sie wahrnimmt. Es gibt nur dein eigenes Selbst und das, was ist. Nur das.«

Meditation.

Alleinsein im Alltag III: eine Woche, einmal im Jahr

Haben Sie schon einmal mit dem Gedanken gespielt, sich für mehrere Tage, eine Woche oder länger zurückzuziehen? Erforschen Sie einmal Ihre Gedanken und Gefühle zu diesem Vorhaben.

* *Was könnte passieren, wenn ich so lange allein bin?*
* *Wo in meinem Körper sitzt ein »Ja«, wo ein »Nein« zu solch einer Zeit des Alleinseins?*
* *Welche Unterstützung würde ich brauchen?*

Achten Sie ohne Zensur auf Ihre ersten Impulse und notieren Sie Ihre Ideen und Gedanken.

Welche Zeiten des Alleinseins könnten Sie so für sich einrichten? Wenn nicht, was ist Ihre Alternative?

Hinweise, wo Sie Zeiten des Alleinseins und der Stille in Meditationszentren oder Klöstern verbringen können, finden Sie im Anhang (S. 270 ff.) Wie Sie einen meditativen Rückzug, ein so genanntes Retreat, für sich allein oder mit einigen Freundinnen und Freunden organisieren können, beschreibt Sylvia Boorstein in ihrem Buch *Retreat – Zeit für mich. Das Dreitageprogramm.*[78]

Alleinsein in den
spirituellen Traditionen

Der Buddha erlangte Erleuchtung, als er allein meditierend unter dem Bodhi-Baum saß. Jesus verbrachte 40 Tage allein in der Wüste. Es war eine Zeit der Versuchung und eine Zeit, in der er seinen Auftrag unter den Menschen annahm.

Alleinsein wird in allen Religionen als Mittel und als Voraussetzung gesehen, um spirituelle Erkenntnis und Tiefe zu erlangen. Alleinsein eröffnet spirituelle Erfahrungen, aber auch Herausforderungen, die in der christlichen Mystik manchmal als »dunkle Nacht der Seele« bezeichnet werden.

In vielen mythologischen Geschichten wird von Heiligen berichtet, die sich über lange Zeit in die Einsamkeit zurückgezogen haben. Milarepa, ein »verrückter Heiliger«[79] der tibetischen Tradition, verbrachte sein Leben überwiegend in einer Höhle. Schreckliche Dämonen, die ihn der Überlieferung zufolge täglich heimgesucht haben, soll er mit dem Satz begrüßt haben: »Es ist wundervoll, dass auch ihr Dämonen heute wieder gekommen seid!«

Bis heute gibt es in der buddhistischen Tradition Mönche und vereinzelt auch Nonnen, die sich in Höhlen im kargen Hochland Indiens und Nepals völlig zurückziehen.[80]

Im Christentum gibt es einige streng zurückgezogen lebende Orden, die ihren Mitgliedern eine starke Mischung aus Alleinsein im täglichen Schweigen und dem Leben in Gemeinschaft abverlangen. Die Mönche oder Nonnen des Kartäuserordens zum Beispiel verbringen ihre Tageszeit schweigend bei der Arbeit, nachts in Gemeinschaftsschlafsälen. Es gibt jedoch auch Einzelräume, so genannte Einzelklausen, deren Bewohner das Kloster nicht einmal mehr zu den Gebets- oder Essenszeiten aufsuchen. Nur für den Austausch des Lebensnotwendigen haben diese Einsiedler noch Kontakt zum Kloster.

Was haben solche Formen des spirituellen Alleinseins mit uns zu tun, die wir als Menschen des 21. Jahrhunderts sowohl mit einer Überfülle an Sinneseindrücken umgehen müssen als auch gleichzeitig unter Vereinsamung leiden?

Alleinzeit als vorübergehender Rückzug aus dem Alltagsleben scheint unabdingbar zu sein, wenn man sich den wesentlichen Fragen des Lebens zuwenden will. Der Straßenlärm des Lebens ist zu laut für die leisen Antworten der inneren Weisheit. Dazu muss man nicht gleich in einen Orden eintreten. Es gibt auch für Menschen von heute, die nicht Nonnen oder Mönche werden, verschiedene Formen des spirituellen Alleinseins. Das kann im Beisein anderer Menschen geschehen, wie bei einem Meditationsseminar oder bei einem »Wüstentag« zu Gast in einem Kloster.

Großen Zulauf finden seit Jahren auch mehrtägige Meditationsseminare unterschiedlicher buddhistischer Traditionen. Unter Anweisung erfahrener Lehrerinnen und Lehrer können auch Anfänger und Nicht-Buddhisten die Grundlagen der Meditation lernen, ohne »Buddhisten« werden zu müssen. (Im Anhang finden Sie Adressen dazu S. 277 ff.)

Für Buddhistinnen und Buddhisten, die sich eingehend mit der tibetischen Tradition befasst haben, gibt es die Möglichkeit, ein so genanntes »Drei-Jahres-Retreat« zu absolvieren, wenn es der Lehrer empfiehlt. Dies ist eine Zeit intensiver Schulung, die man überwiegend allein verbringt.

Um Abstand vom Alltag zu bekommen, muss man sich aber nicht notwendigerweise an einen Ort zurückziehen. Eine Mischung aus spiritueller Suche und Unterwegssein sind Pilgerreisen. Solche Wanderungen, zum Beispiel auf dem berühmten Jakobsweg, einer christlichen Pilgerstraße, sollen den Reisenden nicht in die Ferne, sondern zu sich selbst führen.[81] Und oft ist dieser Wunsch, mehr zu sich selbst zu kommen, der eigentliche Ausgangspunkt für die Reise.

Minka Hauschild, eine Künstlerin und Yogalehrerin, die seit mehreren Jahren Trekkingreisen zur Umrundung des heiligen tibetischen Berges Kailash begleitet, sagt: »Ich kenne keinen Reisenden, der dieses anstrengende Unterfangen beginnt, ohne eine existentielle Frage mitzubringen. Häufig steht ein Lebenswechsel bevor, oder die Menschen haben gerade einen tiefen Lebenseinschnitt erlebt wie den Tod von Angehörigen oder das Ende einer Beziehung. Manche fragen sich auch einfach generell, was der Sinn ihres Lebens ist und wohin die Reise weitergehen soll.«[82]

Ob man längere Phasen des Allein*lebens* brauche, um wirklich tiefe spirituelle Erfahrungen zu machen, wollte ich von der buddhistischen Nonne und Zen-Meisterin Joan Halifax Roshi wissen. »Nein, das glaube ich nicht«, antwortete sie mir, (obwohl sie selbst seit einigen Jahren überzeugt und glücklich im Zölibat lebt). »Die Wege der Menschen sind einfach sehr unterschiedlich. Für manche sind Beziehungen das wichtigste Vehikel zur Einsicht, für andere längere Phasen des Alleinseins. Das kommt ganz auf das individuelle Schicksal an.«

Wer spirituelle Sehnsucht empfindet, wer sich auf den Weg macht, um herauszufinden, was wirklich zählt in seinem Leben, der wird sicherlich Zeiten des Alleinseins suchen. Jedoch gilt nicht die Regel: Je länger allein, desto spirituell vollkommener.

Das Bedürfnis, seinen spirituellen Weg allein zu gehen, kann auch in verschiedenen Lebensphasen unterschiedlich ausgeprägt sein.

Ein junger Priester, der wie ich den Konvent der Karmelitinnen in Berlin regelmäßig besucht, erzählte mir freimütig, dass er sich als Priester oft »zu allein« fühle. »Ich kann schon gut allein sein, aber dieses Alleinsein als Lebensform ist auf Dauer nichts für mich. Und das wird im Alter noch schwieriger, darauf wird man in seiner Ausbildung auch nicht wirklich

vorbereitet.« Dass Priester in einer Art Wohngemeinschaft zusammenleben, gibt es noch selten. Der junge Priester selbst
hat sich inzwischen entschieden, sobald wie möglich in einen
Orden einzutreten, um seine religiöse Berufung in einer Gemeinschaft zu leben. Eine Vorstellung, die er bereits einmal
zum Beginn seines Weges gehegt hatte. »Jetzt ist die Zeit reif
dafür«, sagt er.

Die Künstler des Alleinseins:
Wüstenväter, Höhlen-Heilige und Eremiten

Wie finde ich Erfüllung? Wie werde ich glücklich? Diese Frage als Grundmotiv des Lebens vereint alle Menschen.

Zu unterschiedlichen Zeiten haben Menschen Antworten
auf diese Frage gesucht. In unserer westlichen Zivilisation,
der Überflussgesellschaft, lautet die gängige Antwort, dass wir
viele Dinge brauchen: Gesundheit, eine glückliche Partnerschaft inklusive Kinder sowie gute Freunde. In jeder repräsentativen Umfrage stehen diese Aspekte auf der Liste der
Glücksgaranten im Leben ganz oben. Darüber hinaus brauchen wir nach Ansicht der Allgemeinheit außerdem: einen
guten Beruf, vielleicht sogar eine »Berufung« und genügend
Geld. Seit etwa zwanzig, dreißig Jahren rücken zunehmend
auch »spirituelle« Werte mit in den Blickpunkt für ein glückliches Leben. Glücklich sein kann demnach nur, wer sich auch
um sein »Seelenheil« kümmert. Diese Geisteshaltung kann zu
einem Lebensstil des »Immer-Mehr« führen, den der tibetische Meditationsmeister Chögyam Trungpa so treffend als
»spirituellen Materialismus« bezeichnet hat. Wir gehen weiterhin »einkaufen«, diesmal im spirituellen Supermarkt, immer in der Hoffnung, dass dieser Lehrer, jenes Seminar, dieser
nächste Segen uns glücklicher machen wird.

Den radikal anderen Lebensweg, den Weg der totalen Re-
duzierung, materiell und in ihrer Beziehung zur Außenwelt,

gehen die »Alleinseins-Künstler« des spirituellen Lebens, die Eremiten. Freiwillig reduzieren die Einsiedler ein mögliches Leben in Überfülle auf den Punkt des absolut Notwendigen. Sie leben unter kärgsten Bedingungen und in großer Abgeschiedenheit. Und sie verfolgen damit genau das Ziel, das auch uns »normale« Menschen antreibt: Glück und Erfüllung zu finden.

Eremiten üben eine seltsame Faszination auf uns »normal lebende« Menschen aus. Sie sind so etwas wie Extremsportler des Alleinseins. Ihr Leben ist außergewöhnlich und tatsächlich ist es »nicht ganz normal«. Denn eigentlich, so meinen Forscher heute übereinstimmend, ist der Mensch von der Evolution her gesehen ein Gemeinschaftswesen. Der Einsamkeitsforscher John Cacioppo, der eine der größten wissenschaftlichen Untersuchungen zum Thema »Einsamkeit« leitet, bringt als Wissenschaftler auf den Punkt, was schon in der Bibel steht, nämlich dass es nicht gut sei, wenn der Mensch allein ist. »Zugehörigkeit zählt zu den Grundbedürfnissen des Menschen, ähnlich wie Essen, Trinken oder Schlafen.«[83] Alleinsein in seiner krassesten Form sei eigentlich eine Tortur für den Menschen, so der Forscher. »Isolationshaft und Verbannung gelten nicht umsonst in vielen Kulturen als schlimmste Strafe.«[84]

Und doch setzen sich Menschen, besonders wenn sie spirituelles Wissen erlangen wollen, dieser »Strafe« freiwillig und auch über längere Zeit aus, teilweise lebenslang. Diese Lebensweise ist rätselhaft und faszinierend.

Eremiten leben ein Grundbedürfnis des Menschen aus, das sich mit dem Wunsch nach Zugehörigkeit die Waage hält, nämlich das Bedürfnis nach Stille und Alleinsein.

Für die Einsiedler ist diese Lebensweise mit ihrer ganz persönlichen spirituellen Suche verbunden.

Aber auch ohne den Wunsch nach absoluter spiritueller Erfahrung möchten Menschen, wenn sie nicht gerade um ihr

Überleben kämpfen müssen, allein sein und zur Besinnung kommen, um sich selbst zu finden.

Bei einem meiner Aufenthalte im Kloster der Karmelitinnen in Berlin treffe ich eine Besucherin, Mutter einer erwachsenen Tochter und inzwischen im Ruhestand lebend, die eine große Vitalität ausstrahlt. Für sie hat das Alleinsein eine große Bedeutung in ihrem Leben gewonnen. »Ich lebe oft zwei, drei Monate im Jahr allein in meinem Landhaus in den Bergen einer spanischen Insel. Bekannte, die dort manchmal zwei Wochen Ferien in der einsamen Gegend machen, fragen mich dann: Wie kannst du das aushalten? Und in ihren Worten schwingt die Frage mit: Ist das noch normal? Ich aber liebe dieses Alleinsein, je älter ich werde, desto mehr.« Durch diese Frau, die das Alleinsein so liebt, wurde ich aufmerksam gemacht auf ein Buch über Eremiten.

Der Autor und Filmemacher Freddy Derwahl sammelte auf vielen Reisen umfassende Informationen über die Einsiedler unserer Zeit, die er in einer Filmreihe und einem Buch zusammengetragen hat.[85] Er fuhr durch die halbe Welt und suchte verschiedene Einsiedler auch immer wieder persönlich auf. Sie gaben ihm mit der Zeit bereitwillig und freundlich Auskunft über ihr Leben und Rat für seine Anliegen. Denn Einsiedler haben neben ihrem Gelübde der Einsamkeit immer auch schon das Selbstverständnis gehabt, dass sie für die Menschen, die sie aufsuchen, da sind.

Die Botschaft der Wüsten-Eremiten

»Von allen getrennt – mit allen vereint.«
Evagrios, Eremit des 4. Jahrhunderts[86]

Christliche Eremiten gibt es etwa seit dem 4. Jahrhundert unserer Zeitrechnung. Ihre radikale Lebensform kann auch verstanden werden als eine Abkehr von der offiziellen christlichen Kirche, die sich in Lehrgebäuden und Dogmen als Staatskirche zu verfestigen begann.

Die ersten Eremiten des Christentums sind uns aus verschiedenen Schriftensammlungen durch Geschichten und Aphorismen bekannt. Nach ihrem Lebensort, den Wüsten Ägyptens, Palästinas und Syriens werden sie auch als »Wüstenväter« bezeichnet.

Man kann annehmen, dass sich Eremiten zu allen Zeiten auf Grund einer tiefen spirituellen Sehnsucht in ihre Einsiedeleien begeben haben. Doch auch für die moderne Psychologie sind die Weisheiten der ersten Eremiten nutzbringend.[87] Der Psychiater Daniel Hell meint, dass Eremiten sich besonders durch ihre Lebens*haltung*, nicht so sehr ihre Lebensform, auszeichneten. Ihre Fragen beziehen sich auf keine trockenen theologischen Lehrsätze, sondern treffen in die Mitte der menschlichen Existenz: »Wer bin ich eigentlich? Was wird mir an mir selber klar, wenn ich mich der Stille und äußeren Reizlosigkeit aussetze?«[88]

Von einem der Wüstenväter ist die Geschichte überliefert, dass ihn einmal ein theologischer Gelehrter aufsucht, um mit ihm Gespräche über schwierige theologische Sachverhalte zu führen. Doch der Wüstenvater, ansonsten für seine Weisheit berühmt, schweigt. Daraufhin fragt ihn ein anderer Mönch, warum er nicht mit dem weit gereisten Gast reden würde. Der Wüstenvater antwortet: »Er wohnt in den Höhen und spricht Himmlisches, ich aber gehöre zu denen drunten und rede Irdisches. Wenn er von den Leidenschaften der Seele gesprochen hätte, dann hätte ich ihm wohl Antwort gegeben.«[89]

Auch ein zeitgenössischer Eremit, Bruder Gabriel Bunge, versteht sich als jemand, der sich den Sorgen der Menschen im Alltagsleben tief verbunden fühlt. »Das mag paradox klingen, aber die Sorgen und Nöte der Menschen sind mir hier in der Einsamkeit viel näher … Wenn man etwas genauer sehen möchte, begibt man sich ja auch einige Schritte auf Distanz.

Und das ist in diesem Leben der Fall. Man verzichtet darauf direkt einzugreifen, aber man verzichtet nicht darauf zu verstehen.«[90] Das Leben des Eremiten in der Einsiedelei beschreibt Bruder Gabriel als eines, das »nicht an der Peripherie landet, sondern eigentlich im Herzen, wo die wirklichen Probleme, wo die wirklichen Kämpfe ausgetragen werden«.

Das totale Alleinsein des Eremitenlebens vermindert zwar Auseinandersetzungen mit anderen und mit der Außenwelt, aber es konfrontiert radikal mit der Innenwelt, wie Bruder Gabriel es beschreibt. »Es kommt alles an die Oberfläche, auch Dinge, derer man sich vorher gar nicht bewusst war. Es gibt eigentlich niemanden mehr, der an etwas schuld wäre, man ist an allem selbst schuld. Es gibt keine Ausflüchte mehr.«[91]

Doch die Wüste bedeutet auch Freiheit. Freiheit von äußeren Ablenkungen und Freiheit von Anforderungen des Alltagslebens.

»Die Einsamkeit wirst du wie ein Ausruhen empfinden, um aufzuatmen von deinen Beschäftigungen, die deinem Lebensunterhalt dienten und deinen Tatendrang beflügelten. Von nun an ist die Einsamkeit dein Lebensraum; niemand erwartet irgendwelche Früchte deines Tuns. Die Wüste ist für dich nicht ein Rahmen, sondern ein Seelenzustand. Darin liegt die Schwierigkeit. Du bist der Mittelpunkt der Einsamkeit; das Fehlen der Menschen mit ihren Eitelkeiten schafft in dir einen ersten Raum des Schweigens.«[92]

Über das Schweigen in der Wüste, so die Erfahrung der »Wüstenväter« und ihrer Nachfolger, erschließen sich Geheimnisse, die man nur im Schweigen, in der äußeren und inneren Stille empfängt. Und obwohl der Eremit an einem Ort verweilt, wählt der Autor das Bild des Unterwegsseins: »Man muss gehen, ohne je stehen zu bleiben. Die Einsiedelei ist nicht das verheißene Land; es ist dir nicht erlaubt, dich dort niederzulassen und einzurichten – in einem Komfort lieber Gewohnheiten oder in einer egoistischen Ruhe ... Du bist ein Pilger ohne Zuhause, ohne Gepäck, ohne ein sicheres Morgen. Die Wüste ist keine Residenz, kein Wohnsitz, sondern ein Weg, auf dem man voranschreiten muss, um – wie ein Bild sagt – das ›Land ohne Rückkehr‹ zu erreichen.«[93]

Was können solche extremen Lebensformen für Menschen bedeuten, die wie Sie und ich ein Leben in der Gesellschaft führen? Der Kartäuser-Eremit und anonyme Autor des Buches *Wo die Wüste erblüht* ist sich sicher, dass das Eremitenleben eine besondere Berufung ist und bleibt. »Ganz gewiss kann und soll nicht jeder als Mönch oder gar als Eremit leben.«[94] Was der Autor jedoch mit vielen Menschen teilen möchte, ist eine Inspiration und eine Anregung, »in sich einen Raum der Stille zu schaffen«.[95]

In den Worten des Psychiaters Daniel Hell hat dies auch viel mit dem Wunsch nach Heilung zu tun. »Es geht den Wüstenmönchen darum«, schreibt er, »jeglicher Selbstentfremdung entgegenzuwirken und sich möglichst ganz zu erfahren. Ein solches Ideal hat viel mit Heilung zu tun, aber nicht im modernen Sinne der Symptombeseitigung oder der Verbesserung der Anpassungsfähigkeit, sondern im ursprünglichen Sinn von Heil-Sein als unversehrt, ganz oder gesund sein, so wie man heilfroh, das heißt ganz und gar froh ist.«[96]

Allerdings braucht es ein ganz besonderes Vertrauen ins Leben, um sich so einem einsamen Leben auszusetzen, meint der Psychiater. Im wahrsten Sinne ist dies ein Gottvertrauen, denn der Eremit lässt ja alle sozialen Bindungen los. Der Einsame muss darauf vertrauen, dass »die menschliche Person auf einer tragenden Basis ruht«.

Unter den Mönchen in Europa sind Eremiten eine verschwindende Minderheit. Und Frauen, die eremitisch leben, sind noch seltener. Die ehemalige Ordensfrau Dominica Fre-

ricks ist eine dieser wenigen Einsiedlerinnen. Sie lebt in einer
Einsiedelei in den österreichischen Bergen. Als ein Interview
mit ihr im Fernsehen zu sehen war, vermittelte sie einige sehr
berührende Eindrücke, die ich versuchen möchte, in der folgenden Geschichte wiederzugeben.[97]

Geschichte.

»Es ist auch für mich ein Geheimnis« –
die Eremitin Dominica Frericks

Eine zärtliche Geste: Die junge Frau streicht sanft über den
Arm der Achtzigjährigen, die sie besucht, um ihr Einkäufe
vorbeizubringen. »Wie geht es ihnen?« – »Gut«, antwortet die
alte Frau offensichtlich aus Gewohnheit. »Das sagen Sie immer«, gibt die junge Besucherin freundlich zurück. Und in
ihrem Gesicht spiegelt sich das Mitgefühl für die Einsamkeit
der alten Frau wider.

Dabei kennt die junge Frau, Schwester Dominica Frericks,
die Einsamkeit selbst sehr gut. Die ehemalige Nonne lebt seit
dem Auszug aus ihrem Kloster als Einsiedlerin irgendwo in
den Tiroler Bergen. Den genauen Aufenthaltsort gibt sie nicht
preis, damit sie nicht durch Neugierige in ihrem selbst gewählten Alleinsein gestört wird. Sie trägt immer noch ihre
schlichte Ordenstracht mit einem einfachen, braunen Schleier
über dem Rücken, dazu Anorak und Wanderstiefel. Die
braucht sie, denn ein- bis zweimal in der Woche steigt die zart
wirkende Frau mit einem großen Rucksack auf dem Rücken
hinunter in das kleine Bergdorf in ihrer Nähe, um Einkäufe
zu erledigen und Dienste im Dorf zu tun. Der Besuch bei der
alten Frau gehört zu diesen Aufgaben, und in diesen selbst gewählten Kontakten ist die sonst so stille, scheu wirkende Frau
völlig natürlich und überhaupt nicht »weltfremd«. Ein Blick
in ihr jugendliches Gesicht gibt das Alter nicht preis. Acht
Jahre war sie im Kloster, etwa die gleiche Zeit lebt sie jetzt als

Eremitin. Sie wird Anfang bis Mitte dreißig sein – ihr Blick in die Welt wirkt frisch und alterslos wie ihr Gesicht.

Von Frühling bis Herbst lebt Dominica Frericks in einer verlassenen Almhütte. Nur im Winter muss sie die völlige Abgeschiedenheit der Alm aufgeben, um im leer stehenden Pfarrhaus des Dorfes sicher zu überwintern.

Ihre »Einsiedelei«, die Almhütte oberhalb des Dorfes, hat sie im Lauf der letzten Jahre mit dem Nötigsten zum Leben ausgerüstet, mit Wasser, Holzofen und Solarstromanlage. Den Strom braucht sie für elektrisches Licht, aber auch für ihren Laptop, denn die Einsiedlerin lebt hauptsächlich von Übersetzungen spiritueller Texte, und die Verlage haben sie vor einiger Zeit dazu »verdonnert«, die Texte per Diskette zu schicken. Der technischen Neuerung hat sie sich eher widerwillig unterzogen, aber dass sie ihren Lebensunterhalt selbst bestreitet, ist ihr elementar wichtig.

Genauso die tägliche, körperliche Arbeit. Die notwendige Erledigung der Hausarbeiten sorgt im Leben der Eremitin dafür »dass der Geist erdbezogen bleibt«, denn das »Abheben« sei eine der großen Gefahren des zurückgezogenen Lebens, gibt die Eremitin zu. Damit man sich nicht »in einem Wolkenkuckucksheim verliert«, sagt sie, sei es gut, »dass der Geist sich immer wieder in der Realität aufhält und mit konkreten Dingen umgeht«. An manchen Tagen überwiegen die praktischen Tätigkeiten in ihrem Tagesablauf, so zum Beispiel, wenn die Solarbatterie repariert werden muss. Soweit es irgendwie möglich ist, erledigt die Einsiedlerin alles selbst. Bohrmaschine, Hammer und Axt gehören zur Ausrüstung, mit der sie ganz souverän umgeht.

Hin und wieder schaut der Almbauer vorbei, der ihr die Hütte überlassen hat. Ohne Dominicas Arbeit wäre der Bau längst verfallen. Er ist froh, dass die junge Frau da ist und redet mit ihr über das Wetter, die Ernte und seine Familie. Und wie die ehemalige Nonne mit dem Bauern bei einem Besuch aufmerksam über Alltägliches plaudert, käme man nicht auf die Idee, dass die Eremitin selten Gespräche führt und ihre eigene Stimme nur während ihrer Gebetszeiten hört. Die Verbindung zur Außenwelt reduziert Dominica Frericks auf das Allernötigste, auch wenn sie ihren Dienst in der Gemeinde des kleinen Bergdorfes mit ganzem Herzen ausführt. Die Einsamkeit und die Stille der Einsiedelei sei aber ganz klar das, was sie »eigentlich leben möchte«. Schon das Bergdorf ist natürlich relativ ruhig. Hier oben aber, allein auf ihrer Hütte gibt es eine »größere Zurückgezogenheit, mehr Stille, mehr Einsamkeit« und das sei, was sie suche.

Selbst während ihres Klosterlebens fand sie nicht die Bedingungen, diesen ganz eigenen Rhythmus zu leben. Hier in der Einsiedelei führt Dominica Frericks ein Leben, in dem völlige Stille herrscht, unterbrochen von Gebetszeiten, Meditation und Arbeit. Warum schneidet sich ein Mensch von fast allen Annehmlichkeiten der Zivilisation und von Kontakten ab? Sie lebe dieses, auf das Wesentliche reduzierte, eremitische Leben, sagt sie, »damit das, was zweitrangig ist, auch zweitrangig bleibt«. Die Intensität und Ungestörtheit der Stille sei, was sie für ihr spirituelles Leben brauche. Und für dieses »geistliche« Leben findet sie einen verblüffenden Vergleich. Mit freudestrahlendem Gesicht erzählt sie dem Journalisten, dass an ihrem geistlichen Leben genau das schön sei, was doch auch eine Partnerschaft ausmache: das Hingezogensein zueinander und der Austausch im intensiven Gespräch. Für sie sei das eben der intensive Austausch mit Gott. »Manchmal braucht es aber auch Mut, sich mit Gott zu langweilen«, bekennt die Eremitin lachend.

Auch wenn Dominica Frericks das Alleinsein als Lebensform gewählt hat, kennt sie die Last der Einsamkeit, Zeiten, wenn sich die Gedanken drehen. Es gebe dann immer wieder Situationen, wo sie vor sich selbst nicht ausweichen könne. »Dann gibt es den Drang, in die Zerstreuung zu fliehen, oder man kann die Chance nutzen, in eine noch größere Sammlung und Tiefe zu gehen.« In solchen Momenten beschäftigt sich die Einsiedlerin mit der Ikonografie, dem Malen und Verzieren von heiligen Schrifttexten. Die Tätigkeit verlangt volle Aufmerksamkeit, beschäftigt die Hände und der Umgang mit der Schönheit der Texte und Bilder bringe sie »wieder in die Mitte«.

Auf Verständnis stößt das Leben der jungen Einsiedlerin nicht unbedingt. Schon ihr früher Eintritt ins Kloster gleich nach dem Abitur führte zu Wetten unter den Schulkameraden, wann sie das Handtuch schmeißen werde. Ob sie sich denn Gedanken über ihr Leben im Alter mache, fragt der Interviewer. »Da wartet man, bis es so weit ist«, sagt Dominica Frericks mit klarer Stimme, ohne dass dies nach naiver Vertrauensseligkeit klingt. Jetzt mache sie sich noch keine Gedanken darüber, sondern dann, »wenn es Zeit ist«.

Dominica Frericks fühlt sich mit ihrem jetzigen Leben »genau am rechten Platz. Ich habe das Gefühl, es ist wirklich *mein* Leben. Es ist stimmig für mich, auch wenn ich es nicht in allem rational auflösen oder erklären kann. Es bleibt auch für mich zu einem großen Teil ein Geheimnis. Aber das darf's auch sein.«

Und nachdem sie dies gesagt hat, sitzt sie ruhig vor ihrer Einsiedler-Hütte und schaut dem Besucher freundlich schweigend in die Augen.

Meditation.

Betrachtung: Sich anrühren lassen

Welche Gefühle hat die Beschreibung dieses radikalen Lebens der Eremitin Dominica Frericks bei Ihnen ausgelöst? Spüren sie einfach Ihren Gedanken und Gefühlen nach.

Vielleicht mögen Sie nach dem Lesen des Porträts noch eine Weile still sitzen, einige Schritte in ihrer Wohnung umhergehen oder auch einen Spaziergang machen und die Eindrücke wirken lassen.

Die folgenden Fragen können Sie zur Anregung nehmen.

- *Welche Worte oder welches Verhalten der Einsiedlerin haben mich am meisten berührt?*
- *Wonach habe ich Sehnsucht, wenn ich an diese Beschreibung denke?*
- *Wovor habe ich Angst – was ist mir fremd?*

Lassen Sie dann am Ende der Betrachtung alle Ihre Eindrücke wieder »gehen«.

Wenn Sie möchten, können Sie dann zur der nächsten Übung weitergehen.

Übung.

Bestandsaufnahme: Was ist »das Wesentliche« in meinem Leben?

Denken Sie nun an Ihr eigenes Leben. Wieder können Sie bei der Übung still sitzen oder sich bewegen, damit sich auch Ihre Gedanken mitbewegen. Sie können zum Beispiel in Ihrer Wohnung umhergehen und dabei Ihre Gedanken schweifen lassen. Sinnen Sie über folgende Fragen nach:

- *Was ist eigentlich wirklich wesentlich in meinem Leben?*
- *Welche Menschen gehören dazu und was stellen diese Menschen dar? Wodurch bin ich mit Ihnen verbunden?*
- *Was ist mir an meiner Arbeit wichtig – worauf könnte ich nicht verzichten?*
- *Was würde ich retten, wenn jetzt ein Feuer ausbräche und ich nur eine kleine Tasche voll Dingen mitnehmen könnte?*
- *Was wollte ich immer schon einmal tun und habe es immer wieder aufgeschoben?*

Wenn Ihre Gedanken zu Ende kommen, notieren Sie alle Einfälle ohne Zensur.

Was Sie wesentlich finden, können Menschen, Werthaltungen

oder ein Lebensgefühl wie Freiheit sein. Auch ganz praktische, materielle Wünsche »dürfen« auf Ihrer Liste dabei sein.

Wenn Sie sehr viele unerfüllte »Sehnsüchte« niedergeschrieben haben, können Sie sich im Kapitel zum Thema »Sehnsucht« der Übung »Sehnsüchten in die Tiefe folgen« (S. 229) zuwenden.

Wiederholen Sie die Frage nach dem »Wesentlichen« in ihrem Leben mehrmals in den nächsten Wochen in der Stille, zum Beispiel im Anschluss an Ihre Meditationspraxis, sofern sie regelmäßig meditieren. Machen Sie sich Notizen.

Ordnen Sie die Begriffe und fassen Sie gleiche Themen zusammen. Ein Vorschlag wäre zum Beispiel eine Zeichnung anzufertigen, auf der Sie mehrere konzentrische Kreise umeinander aufmalen. Schreiben Sie im innersten Kreis, im Zentrum, den wichtigsten Begriff auf, den Sie für sich herausgefunden haben, zum Beispiel Sicherheit, Liebe oder Stille. Ordnen Sie dann die anderen Begriffe immer weiter vom mittleren Kreis entfernt an, so wie Sie es empfinden.

Wenn Sie die Übung im Abstand von einem Jahr mehrmals wiederholen, werden Ihnen Wechsel und Konstanten in Ihren Antworten nach dem Wesentlichen besonders deutlich werden.

Mir selbst wurde zum Beispiel anhand dieser Übung klar, dass sich »wesentliche« Elemente meines Lebens auch durch alle Stationen meiner nach außen hin recht »bewegten« Berufsbiografie gezogen hatten. Und dass mein Grundmotiv, das Leben zu erforschen und darüber zu kommunizieren, bereits im Alter von vier Jahren zum ersten Mal als klar formulierte Idee aufgetaucht war.

Wie die Einsiedlerin Dominica Frericks sagt, reduziert sie freiwillig allen Besitz und alle Kontakte auf das Wesentliche, »damit das, was zweitrangig ist, auch zweitrangig bleibt«.

Auch wenn Sie nicht das Leben einer Eremitin führen möchten, ist es wichtig, dass Sie für das Wesentliche in ihrem Leben Platz schaffen. Dazu kann es gehören, dass Sie Dinge aussortieren, Tätigkeiten vollenden oder sich von Menschen und Situationen verabschieden.

Der erste Schritt für diese Handlungen ist, in Ruhe eine Bestandsaufnahme der Dinge zu machen, die Ihnen derzeit Platz für das »Wesentliche« nehmen.

Besser, Sie vereinbaren kleine Schritte mit sich selbst und setzen diese um, als dass Sie große Aktionen planen, die wie Silvestervorsätze am nächsten Tag schon scheitern.

Das sofortige Erledigen auch kleiner Dinge übt eine Signalwirkung für Sie selber aus. Ähnlich einem Schneeball kann eine kleine Veränderung Ihr Leben in Bewegung bringen und Lust auf mehr Veränderung erzeugen.

Allein in der Natur: Selbsterkenntnis und Liebe zur Welt

Perioden des Rückzugs in die Natur haben eine lange Tradition und werden vor allem von Naturvölkern für so genannte Übergangsriten genutzt. Zum Beispiel, wenn Jungen in der Pubertät in die Welt der Männer initiiert werden. Solche Rituale haben meistens auch einen spirituellen Hintergrund und werden bis heute noch in den spirituellen Traditionen des Medizinrades zum Beispiel in Mexiko gepflegt. Auch in der westlichen Welt haben solche rituellen Rückzugszeiten in die Natur ihren Stellenwert. In dem Literaturklassiker *Walden* von Henry David Thoreau beschreibt der Dichter seine einsame Zeit in einem Waldhaus. Für Menschen jedes Alters bieten Organisationen heutzutage Erlebnisreisen in der Natur an (siehe Adressenteil). Auf manchen dieser Reisen verbringt man mehrere Stunden oder sogar mehrere Tage allein, um auf eine innere Visionssuche, auch Vision Quest genannt, zu gehen. Eine solche Erfahrung, das so genannte Solo, beschreibe ich in der folgenden Geschichte.

Geschichte.

Drei Tage und drei Nächte allein in der Wildnis

»Allein. Ich sitze allein in einem Canyon mitten in der Wüste von Utah. Drei Tage und drei Nächte, 72 Stunden lang. Meine Ausrüstung: ein Schlafsack, eine Plastikplane, falls es regnet, zwei Wasserflaschen pro Tag, minimaler Proviant, Schreibzeug, eine Trillerpfeife für den Notfall. Alles andere, was mich unterhalten könnte, habe ich zurückgelassen: Bücher, Walkman (vom Handy ganz zu schweigen!).

Mein Lebensplatz für die nächsten 72 Stunden ist überschaubar. Das kleine Plateau misst vielleicht 30 Meter Länge und zehn Meter Breite, ein Halbrund, das ich mehrmals täglich abschreite. Eine ovale Felsnische im Schatten zum Anlehnen – ich nenne sie liebevoll meine »Veranda« – wird zum Rückzugsort in der Mittagshitze.

Ein kleiner Felsvorsprung dient als Unterschlupf für mein nächtliches Schlafquartier.

Irgendwo da draußen im Canyon sitzen die anderen aus der Gruppe. Jede und jeder bleibt allein an einem Platz, drei Tage und drei Nächte. Unterhalb von mir auf einem Felsplateau ebenfalls außerhalb meiner Sichtweite wachen zwei Trainerinnen über unsere Sicherheit. Zu unseren Plätzen würden sie nur kommen, wenn wir um Hilfe rufen.

Ansonsten ist für die nächsten drei Tage und drei Nächte jeder allein mit sich und seinen Gedanken.

Wie lange habe ich mich auf diese drei Tage gefreut während der letzten drei Monate! Wie oft wollte ich den über 20 Kilo schweren Rucksack einfach ablegen und mich endlich hinsetzen, drei Tage lang. Wie habe ich geflucht im Schnee in den Rocky Mountains, wenn die klamme Kälte abends in den Schlafsack gekrochen ist. Wenn nur stramme Liegestütze – im Schlafsack durchgeführt – den Körper so weit aufwärmten, dass ich überhaupt einschlafen konnte.

Wie sehr wollte ich allein sein, wenn die Spannungen in

der Gruppe sich in hitzigen Gefechten entladen haben und
selbst das Tragen der schweren Rucksäcke in der Wüste dagegen erträglich erschien.

Wie sehnte ich mich nach dem Alleinsein, um meine Gedanken zu ordnen und die vielen Eindrücke der Reise wie Fotos endlich in einem Album zu sortieren und anzuschauen.

Nach diesen drei Monaten in dem fremden Land ist meine
Seele manchmal so zerklüftet wie die Felswände des Canyons.
Meine Stimmung schlägt Wellen wie der Colorado-River
und tückische Unterwasserstrudel spülen mich kopfüber ins
Wasser meiner inneren Konflikte und meiner Zerrissenheit.
So weit von zu Hause weg fühle ich mich manchmal sehr
allein in dieser Gruppe, in der niemand meine Muttersprache
spricht.

Die fremden Menschen, mein Heimweh, die strapaziöse
Expedition, die vielen Eindrücke – es ist so viel, zu viel. Ich
wollte ganz allein sein, drei Tage lang.

Und jetzt bin ich es, allein. Oder doch nicht?

Einsamkeit und Angst

Angst ist ein ungeliebter Begleiter in diesen drei Tagen. Sie
kommt hoch, wenn es dunkel wird, wie bei Kindern und wie
bei unseren Vorfahren, den Höhlenmenschen.

Mein Gehirn gehorcht nur noch seinen Instinkten, sobald
es dunkel wird.

Als zivilisierter Mensch bin ich es nicht gewohnt, so ausgeliefert zu sein. Hier gibt es kein Dach und keine Wände, die
sich schützend zwischen mich und die Dunkelheit stellen.
Hier draußen in der Felswüste, das weiß ich, gibt es Skorpione
und Klapperschlangen. Was hat da gerade geraschelt? Treiben
sich auch wildernde Hunde hier herum? Habe ich Schritte
gehört? Wird mich nachts jemand schreien hören? Werde ich
noch Zeit haben zum Schreien?

Doch es sind nicht die realen Gefahren, die einem wirklich Angst machen müssen. Die meisten wilden Tiere fliehen ja den Menschen und greifen nur im Notfall an. Dunkelheit erzeugt eine irreale, panische Angst vor möglichen und meistens eingebildeten Gefahren. Das eingeschränkte Sehvermögen gaukelt uns Lebewesen vor, wo keine sind. Übersensibel nehmen wir alles wahr, was sich um uns regt.

Der Körper ist starr, der Geist rennt im Kreis. Entspannung bringt erst der Schlaf.

Beim ersten Sonnenstrahl des Tages zerfallen diese Ängste wie ein Vampir zu Staub.

Ich bin allein in diesen drei Tagen, bin ich auch einsam?

Ein kleines Erdhörnchen kommt mich hin und wieder besuchen. Es ist ein »Chipmonk«, ein gestreiftes, wieselflinkes Tier, ähnlich einem Eichhörnchen. Schwupp, taucht es plötzlich zwischen den Felsen auf, stellt sich auf die zierlichen Hinterpfoten, nimmt Witterung auf, blinzelt mit den Knopfaugen und – zack – ist es wieder blitzschnell verschwunden. Ich schaue, verharre mit ihm zusammen, kurz bewegungslos, und freue mich, wenn es wegflitzt. Dieses Spiel spielen wir mehrmals am Tag miteinander.

Tatsächlich ist Einsamkeit noch mein geringstes Problem, weil die Zeit des Alleinseins so fest umgrenzt ist.

Allerdings gehen die Uhren anders, wenn man mutterseelenallein auf einem Fleck im Canyon von Utah sitzt!

Die Sonne bewegt sich tagsüber scheinbar nicht, jemand hat sie am Zenit des Himmels festgeklebt. Die heiße Mittagszeit dauert ewig, wenn man nur herumsitzt! Das Gehirn döst in wehrloser Trance vor sich hin.

Die Seele dagegen ist der eigenen Aufmerksamkeit so schutzlos ausgesetzt wie der Körper der brennenden Sonne. Während ich mir für meine Haut einen Schattenplatz suche, verbrennt meine Seele ungeschützt im Feuer des Alleinseins.

So schonungslos wird man mit sich selbst konfrontiert,

dass die Macken der anderen Mitreisenden dagegen geschrumpft erscheinen wie die Liliputaner in Gullivers Reisen. Es tut irgendwie gut zu wissen, dass man nach drei Tagen wieder bei ihnen sein wird.

Langeweile

Wenn Sie an ›drei Tage allein in der Wüste‹ denken oder gar das Wort ›Visionssuche‹ hören, denken Sie vielleicht, genau wie ich zuerst, an außergewöhnliche Erlebnisse: ekstatische Zustände, tanzende Gottheiten vor dem inneren Auge, brennende Dornbüsche – mindestens!

Doch vor dem Garten des Außergewöhnlichen steht am Tor ein äußerst mächtiger Wächter: Er heißt Langeweile.

Langeweile trägt viele Namen, sie kommt einmal als Müdigkeit daher, dann als Zerstreutheit, dann wieder als Nörgeln. ›Die Sonne ist zu heiß, nachts ist es aber zu kalt, die Insekten sind lästig, zum Aufschreiben habe ich jetzt keine Lust.‹ Und so geht es endlos weiter. ›Soll ich mich vielleicht noch etwas in den Schlafsack legen?‹ (Es guckt ja keiner – ich bin allein!) – aber zum Schlafen bin ich doch nicht hier! Ich will doch, dass etwas geschieht: Eingebungen, Offenbarungen, visionäre Stimmen!

Stattdessen geschieht nichts oder fast nichts, außer einem vagen Unbehagen und Gefühlen von schläfriger Benommenheit.

Wenn Sie bereits an einem längeren Meditationsretreat teilgenommen haben, kennen Sie solche Zustände vielleicht. Aber die Langeweile im *Solo* ist gnadenlos, denn es gibt überhaupt nichts mehr, was einen von der eigenen Langeweile ablenkt, keine anderen Leute, nicht einmal eine Meditationsanweisung.

Klebrig und zäh fließt die Zeit dahin wie ein Fluss mit zu niedrigem Wasserstand.

Am Ende des ersten Tages steigert sich meine Langeweile zum Überdruss. Jetzt macht sich Ärger auf alle Kleinigkeiten breit. Die laut brummenden Insekten, die Hitze des Tages, die Kälte des Abends. An der gegenüberliegenden Seite des Canyons kann ich, wenn mein Blick schweift, ein paar winzige Farbkleckse erkennen. Das sind meine Mitreisenden auf ihrem Soloplatz. Ich will aber niemanden sehen, ich will *allein sein*, heroisch allein, wie ein Prophet in der Wüste! Und nicht umgeben von anderen Menschen, die sich vermutlich mit genauso trivialen Gedanken abgeben müssen wie ich gerade (›jetzt noch etwas trinken oder erst später?‹).

Am zweiten Tag taucht – als Höhepunkt der Zumutungen – am anderen Rand des Canyons eine Wandergruppe auf. Hier! Inmitten dieser verlassenen Wildnis, drei Tagesreisen von jeder Zivilisation entfernt. Die Wanderer sehen die kleinen Farbkleckse im Canyon, uns Soloisten, und sie freuen sich, andere Menschen zu sehen: ›HALLOOOOOO‹ rufen sie laut durch den Canyon, und sie winken uns fröhlich zu. Wie ich sie hasse!

›Ich habe es mir anders vorgestellt. Es sollte irgendwie anders hier sein‹, höre ich eine Stimme in mir. Das ist meine innere Regisseurin. ›So wie es ist, ist es nicht richtig‹, heißt offenbar eine Regieanweisung für das Drehbuch meines Lebens. Immer ›sollte‹ es anders sein. Die Sonne sollte kühler, die Nächte sollten wärmer, die Sterne sollten strahlender, die Insekten sollten leiser, die Einsamkeit sollte einsamer, die Menschen sollten edler sein.

Ich sehe meinen Lebensfilm, in Zeitlupe, ich sehe, wie oft ich schon Szenen so kommentiert habe, mit diesem Satz: ›Es sollte anders sein.‹

Und plötzlich höre ich auf damit, höre auf, so zu denken, jetzt hier in dieser Einsamkeit. In dieser Einsamkeit, die nicht so ganz meinen Vorstellungen entspricht. Ich erkenne, dass es keine vollkommene Einsamkeit ist, weil ich immer mit mir und meinen Gedanken konfrontiert bin. Ich höre auf zu kämpfen und lasse die Anstrengung los, die es bedeutet, gegen alles anzugehen, was außerhalb meines Einflusses liegt.

Ich höre auf, atme durch und lächle, als das nächste Insekt seine brummelige Musik in mein Ohr spielt.

Doch dann sammeln sich die nächsten Gedanken und blasen zum Ansturm.

Die inneren Dämonen

Wenn ich die nächste Herausforderung des *Solos* ›innere Dämonen‹ nenne, dann dürfen Sie sich darunter genau wie bei der Langeweile etwas ganz Triviales vorstellen. ›Dämonen‹ sind immer wiederkehrende Gedanken, die in der Stille der Wildnis unwiderstehliche Zwänge ausüben und für einige Zeit völlig das Denken besetzen können. Vielleicht sind das auch die wahren Dämonen der Heiligengeschichten, in denen weise Männer und Frauen in heroischen Kämpfen das Böse der Welt bezwingen!

In der buddhistischen Mythologie wird der menschliche Geist manchmal mit einem wilden Pferd verglichen, stark und ungezähmt.

Nicht erhaben und edel ist *mein* Geist, als ich ihm zuerst in der Stille begegne, ganz im Gegenteil. Bockig und struppig trottet er mir als alter Klepper entgegen und lässt hin und wieder ein paar Pferdeäpfel fallen. In der Einsamkeit begegne ich meinem Geist mit seinen ganz gewöhnlichen Problemen, bewege mich in meinen ganz alltäglichen Denkmustern, aber das bis zum Exzess.

Und es dauert fast drei Tage, bis ich jenseits der Gewohnheiten ankomme und neues, unbekanntes Land betrete. Bis ich Freundschaft schließen kann mit diesem alten Klepper, der sich plötzlich in einen stolzen Lipizzaner verwandelt und mich anmutig durch die Landschaft trägt.

Doch zunächst muss ich mich den Dämonen meiner Gedankenwelt stellen. Dämonen erscheinen immer in einem sehr persönlichen Gewand.

Jeder meiner Mitreisenden hatte nach dem *Solo* eine eigene Geschichte darüber zu erzählen. Tucker, ein junger Mann, der sich unbedeutend vorkam und ziellos durchs Leben trieb, fühlte sich in den Nächten seiner Alleinzeit angesichts des unendlichen Sternenhimmels über ihm noch unbedeutender und mutloser. Christine, die in ihrer Jugend magersüchtig war, kämpfte während der gesamten Solozeit drei Tage lang mit der Frage, ob sie essen sollte oder doch lieber fasten, wie sie es sich vorgenommen hatte.

Dem trägen, brummbärigen Dave, den nie etwas aus der Ruhe brachte, erschien der Dämon als Schläfrigkeit. Dave verschlief fast seine gesamte Solozeit. Seine Erkenntnis? Dave glaubte vorher schon alles zu wissen, dabei war er während seines Solos einfach nie wach genug für neue Erkenntnisse.

Ben, der harte Kerl mit rauer Drogenvergangenheit, musste sich dem Dämon seiner Verletzlichkeit stellen. Drei Tage und drei Nächte trauerte er weinend um den Tod seiner Lebensgefährtin im Jahr zuvor.

Ich selbst erlebte am zweiten Solotag die dämonischen Gedanken als absurdes inneres Tribunal über die Frage, ob ich die letzte Etappe unserer Expedition mitwandern oder vorzeitig abbrechen sollte. Seit Wochen plagten mich Knieschmerzen. Unsere Rucksäcke wogen bei der Wüstenwanderung weit über 20 Kilo, denn wir mussten ja auch noch unser Wasser tragen. Am liebsten wäre ich nach der Solozeit keinen einzigen Meter mehr zu Fuß gegangen. Ich hätte diese Frage ja nun einfach entscheiden können, aber das ging nicht. Mein innerer Leistungsanspruch trieb die Gedanken vorwärts: ›Ich muss es schaffen – was werden die anderen von mir denken, wenn ich aufgebe?‹ (Und was werde *ich* von mir denken?) Dann war da mein Wunsch, das Ende der Reise gemeinsam mit den anderen zu erleben: ›Ich will nicht ausgeschlossen sein.‹ Mit einem Mal wurde aus der ›einfachen‹ Entscheidung ein Kampf um Ehre und Gewissen. Ich stand vor einem inneren Gericht, in das ich meine Mitreisenden aus der Gruppe einfügte, die mich vermeintlich verurteilen würden (Anklage) oder verstehen (Verteidigung). Das innere Tribunal bevölkerte mit seinen Stimmen meinen Kopf, herrschte über meine Stimmung anderthalb Tage lang. Ein absurdes Schauspiel, dessen imaginäre Protagonisten mich völlig im Griff hatten. Ich schrieb am zweiten Tag ein ganzes Notizheft voll und weinte bis spät in die Nacht.

Mein kleiner Freund, das Erdhörnchen, verweigerte während dieses gesamten Tages seine Besuche bei mir.

Als ich am dritten Morgen erwachte, blickte ich in das zarte, kalte Blau der ersten Tagesstunde, in das sich der erste orange Schleier der aufgehenden Sonne mischte. Der Sturm der inneren Stimmen war vorüber. Schon kurze Zeit später schien die Sonne wieder gleißend vor einem strahlend blauen Himmel. Es war still um mich herum, eine süße, klingende Stille. Die Welt erschien mir rein gewaschen, wunderbar und magisch.

Während ich so ruhig auf meinem Plateau in der Sonne sitze, erscheint auch das Erdhörnchen wieder, um kurz vorbeizuschauen. Sekundenlang hält es inne, kommt näher, schaut mich an, scheint sich zu freuen, mich so ruhigen Geistes zu sehen und – zack – ist es blitzschnell wieder verschwunden. Grüßt mich zum Abschied mit seinem gestreiften Hinterteil.

Ich lausche den feinen Geräuschen des Tages, sehe die Sonne wandern. Ihr Licht changiert über den Tag hinweg von Weiß zu Orange zu Burgunderrot am Abend. Weiße Dunststreifen verraten, dass dort oben am Himmel Flugzeuge fliegen. Wo wollen die ganzen Menschen hin?

Ich schaue auf meinen Platz im Canyon und sehe die Schönheit. Auf dem Felsplateau vor mir bewundere ich die bizarre Eleganz eines toten Baumes, der das weiß gebleichte Holz seiner Äste in den blauen Himmel streckt. Ich sehe die

Felsblöcke auf dem Rand meines Canyonplateaus. Die Kolosse balancieren anmutig in ihrem stillen, zeitlosen Tanz. Alles ist in Ordnung hier auf diesem Plateau und ich bin ein Teil dieser Ordnung.

In mir ist Frieden, das Pferd meines Geistes grast still vor sich hin, seine Zügel habe ich losgelassen.

Ich fühle heiteren Frieden in mir und eine tiefe Liebe für die Welt.«

»**Nachtrag.** Ich habe die Reise schließlich gemeinsam mit den anderen und mit meinen Knieschmerzen fortgesetzt und beendet. Nach drei Monaten kamen wir gemeinsam an unserem Ausgangsort wieder an. Die Feier war lang!«

Der spirituelle Weg:
Heilung des Alleinseins oder Flucht
vor dem Leben?

»Wirklich allein zu sein bedeutet, von Zwiespalt geheilt zu sein, eins zu sein mit meinem wahren Selbst und somit eins mit allem.« David Steindl-Rast[98]

Geschichte.

Kloster auf Zeit (1)

»Ankommen! Endlich, allein! Was für ein glückliches Gefühl, meine Tasche im Klosterzimmer abzustellen und anzukommen. Ich spüre, wie meine Seele durchatmet. Wie meine Gedanken erst noch rennen, dann ruhiger werden und sich setzen. Wie einzelne Stimmen im Chor der Gedanken deutlicher werden, klarer. Ich erkenne in dieser Stille und ganz mit mir allein, was ich als Nächstes tun oder nicht tun möchte. Es entfaltet sich, sowohl hier in den nächsten Stunden, als auch in meinem Leben. In den Stunden des Alleinseins nehmen die tausend kleinen Bedürftigkeiten ab, und die wirklichen Bedürfnisse kommen an die Oberfläche: Wärme, Tiefe, Verständnis finden. Zeit für die Dinge des Lebens, für mich, meine Mitmenschen und für meine Umwelt.

Andere Besucher des Klosters treffe ich nur zu den Mahlzeiten. Die Nonnen bleiben in ihrer Klausur, man sieht sie nur bei den Gebetszeiten in der Krypta der Kirche. Der Besuch dort ist vollkommen freiwillig – ich gehe gern, denn ich liebe das Singen und den gemeinsamen Rhythmus der Psalmengebete. Eine der Schwestern hat Kontakt zu uns Gästen, wenn sie uns das Essen bringt. Bei Tisch tauscht man sich vielleicht ein wenig aus, woher man kommt, wie man auf das Kloster aufmerksam geworden ist. Ob man vielleicht eine der Schwestern persönlich kennt. Viele interessante Lebensgeschichten habe ich so schon erfahren.

An einem Wochenende aber bin ich der einzige Gast. Am zweiten Abend kommt noch ein junger Mann an, er ist Ordensbruder, Jesuit, wie sich herausstellt. Ich bin neugierig, es gäbe viel zu fragen, er sieht noch so jung aus. Was hat ihn wohl bewegt, Jesuit zu werden? Doch ich merke, wie meine Gedanken, die sich um ihn drehen, meinen eigenen ruhigen Fokus zerstreuen. Zum Abendessen fragt er dann: ›Wie wollen wir es halten, möchten Sie schweigen?‹ Ich zögere einen Augenblick, ob es unhöflich klänge, einfach ›ja‹ zu sagen. Dann sage ich es: ›Ja!‹ Er lächelt, wir setzen uns schweigend hin. Eine stille Choreografie am Tisch beginnt, Tee reichen, Brote schmieren, essen, trinken. Warten, bis der andere fertig ist, anschauen, lächeln, aufstehen. Den Abwasch gemeinsam und in Stille erledigen. Nur das Allernötigste wird per Zeichen angedeutet.

Am Ende des zweiten Tages kurz vor seiner Abfahrt schauen wir uns wieder lächelnd im Einverständnis an. Dann sage ich: ›Es war schön, mit ihnen zu schweigen!‹ ›Ja‹, erwidert er, ›es hat mich wirklich gefreut, Sie in dieser Art kennen zu lernen.‹«

Sehnsucht nach dem Alleinsein

Es gibt eine Sehnsucht nach dem Alleinsein. Das Zitat von David Steindl-Rast weist auf das Ziel aller spirituellen Bemühungen hin und trifft vielleicht auch eine tiefe Sehnsucht von nicht-religiösen Suchenden. Immer geht es dabei um das Ende der Zerrissenheit, des Zweifelns, des Haderns und dem Gefühl der existentiellen Verlassenheit.

Innerhalb und jenseits der etablierten Religionen gibt es einen Boom in Meditationszentren, Klöstern und Häusern der Besinnung – Tendenz steigend.

Oft wird das Alleinsein letztendlich gesucht, um die innere Einsamkeit zu überwinden. Auslöser, das Alleinsein im spirituellen Umfeld zu suchen, gibt es viele. Überforderung im Alltag, Stress im Beruf, Sinnkrisen und Entfremdungsgefühle. Auch existentielle Erschütterungen wie Trennungen und schwere Krankheiten oder Todesfälle im Familienkreis gehören zu den Auslösern, sich nach »innen« zu kehren und in der Stille neue Antworten zu finden.

Die Meditationslehrerin Sylvia Wetzel sagt, dass etwa zwei Drittel der Menschen, die zu ihren Kursen kommen, vorher eine existentielle Erfahrung des Leidens gemacht haben – Trennungen, eigene Krankheit oder den Tod nahe stehender Menschen. Es scheint so, dass Leiden tatsächlich der verlässlichste Zündfunke für ein spirituelles Feuer ist. Vielleicht auch deshalb, weil die Auseinandersetzung mit spirituellen Lehren im Lauf der Zeit einen Einsatz und eine Hartnäckigkeit verlangt, die man nur leistet, wenn die ursprüngliche Motivation stark genug ist. Eigenes Leiden zu verstehen oder den Überdruss mit einer Lebenssituation dauerhaft ändern zu wollen ist eine solche starke Motivation. Kaum jemand, der gerade glücklich und erfolgreich ist, wird sich vermutlich acht Stunden täglich auf ein Meditationskissen setzen oder um fünf Uhr morgens im Kloster für die erste Gebetszeit aufstehen, um herauszufinden, warum er so glücklich ist!

Dass Leiden einfach Teil der menschlichen Existenz ist, gegen das es kein Instant-All-Heilmittel gibt, erfährt man im Laufe der Zeit von selbst.

Geschichte.

Kloster auf Zeit (2)

Die Berliner Taxifahrerin ist neugierig: »Ach hier jibt et een Kloster? Und wat machen Se denn so alleene im Kloster die janze Zeit?« Die Taxifahrerin ist nicht die Erste, die darüber erstaunt ist, dass es hier, inmitten der Metropole Berlin einen Ort der Stille geben soll. Das Kloster der Berliner Karmelitinnen, in das ich mich regelmäßig zurückziehe, liegt gleich in der Nähe des Flughafens Tegel, mitten im Zentrum der Stadt. Und was eine Frau so allein da will? »Ich freue mich darauf, allein zu sein und die Stille zu genießen«, antworte ich. »Ja«, die Taxifahrerin wiegt nachdenklich ihren Kopf, »wer et kann! Alleene sein. Det iss ja jar nich so einfach!«

Seit wann genieße ich das Alleinsein im Kloster? Ich erinnere mich an meine Kindheit, die Besuche des elfjährigen Mädchens in der Marienkapelle der Stadt. Die Stille des sakralen Raums. Ich habe das schon immer gemocht, diese Art des Alleinseins.

Heute als erwachsene Frau in meinem Alltag zwischen Beziehung, Arbeit, Freundschaften und Freizeitaktivitäten empfinde ich das Kloster wie eine Oase. Hier komme ich wieder »auf die Reihe«. Und ich bin ja nie ganz allein, ich habe meine stummen Weggefährten bei mir, Bücher, Schreibzeug, manchmal auch den Laptop, um Gedanken zu notieren. Ich liebe es, mich in die Gedankenwelt der Bücher zu vertiefen, zu meditieren und fünfmal am Tag mit den Nonnen bei den Gebetszeiten zu sein. Manchmal sitze ich auch einfach da und schaue hinaus in den Garten. Was für ein Luxus!

Und doch geht es nicht allen Menschen gut mit dem Alleinsein. Alleinsein, das erfahre ich, will gelernt sein, gerade von
jenen, die das Chaos des Alltags perfekt managen. Im Kloster
treffe ich eine Mutter von fünf Kindern, die sich hier ein
Wochenende auf die Erstkommunion eines ihrer Kinder vorbereitet. Sie ist mit einer Freundin gekommen, die im Gäste-
zimmer nebenan wohnt. Bei Tisch plaudern die beiden ununterbrochen, froh, endlich die Stille etwas zu unterbrechen.
»Mir ist es hier zu still«, gibt die Mutter der fünf Kinder un-
umwunden zu. »Ich bin Trubel gewöhnt«, nickt sie heftig,
»und allein war ich seit der Geburt meiner Kinder vor 15 Jahren nicht einen einzigen Tag mehr! Ich bin ehrlich gesagt froh,
wenn dieses Wochenende vorbei ist.«

Und selbst eine der älteren Schwestern des Klosterkonvents
sagte einmal zu mir: »Zu viel Stille ist auch nicht gut, wissen
Sie? In meinem letzten Orden, den wir dann auflösen mussten, weil es nur noch so wenige Schwestern waren, da bin ich
manchmal tagsüber durch die Gänge gewandert und man
hörte keinen Ton, nichts. Und ich dachte, ja, *lebt* denn hier
noch jemand?«

Leben ist mit Geräuschen verbunden, und Stille, das kann
auch die Abwesenheit von Leben bedeuten. Als weltliche Frau
aber spüre ich im Kloster vor allem Erleichterung vom Lärm
der Welt.

Während einer meiner Klosterzeiten fand ich eine Wortmedi-
tation, die mich in der Stille und dem Alleinsein dieser Zeit
sehr berührt hat. Es ist eine Reflexion über einen Satz aus dem
»Hohelied« des Alten Testaments: »Alles an dir ist schön, meine Freundin – kein Makel haftet dir an.« Gemeint ist die
»Schönheit« der eigenen Seele, die in dem Text als »Freundin«
bezeichnet wird.

Meiner Erfahrung nach benötigt man weder eine Verbindung zur christlichen Tradition noch ein theologisches Ver-

ständnis der Bibel, um mit diesem Satz intuitiv umzugehen. Die bildliche Kraft dieses Satzes wirkt für sich allein. Alles was Sie brauchen, ist eine Zeit der Ruhe und Stille, in der Sie immer wieder diesen Satz lesen oder sich innerlich sagen können und einfach Ihre Reaktionen darauf beobachten:

Meditation.

>> *Alles an dir ist schön, meine Freundin – kein Makel haftet dir an*«
(»Das Hohelied« Vers 4,7)

- *Machen Sie einige Atemzüge und lassen Sie den Satz auf sich wirken.*
- *Mit der »Freundin« ist Ihre eigene Seele gemeint, das Innerste Ihres Wesens, wie immer Sie dieses verstehen oder sich vorstellen.*
- *Nachdem Sie die Meditation so lange durchgeführt haben, wie Sie wollten, nehmen Sie sich einige Minuten, um Ihre Reaktionen darauf niederzuschreiben: zum Beispiel:*
  - *»Das ist doch Quatsch.«*
  - *»Meine Seele ist weder eine Freundin noch ist sie schön.«*
  - *»Soll das wirklich wahr sein?«*
  - *»Das hat mit mir doch nichts zu tun – oder?«*
  - *»Wie schön!«*
  - *»Ja, das tut gut!«*
  - *»Ich wollte, das wäre so!«*

Wenn Sie die Übung periodisch wiederholen, vergleichen Sie einmal Ihre Aufzeichnungen mit früheren!

Weise Lehrer, das ruhige Klosterleben und andere Illusionen

Für viele Menschen führt die erste Berührung mit Orten der Stille zu einer großen Entspannung und einem tiefen Aufatmen. Manchmal passiert dann an den Orten der Einkehr etwas, das man »spirituelle Verliebtheit« nennen könnte. Eine ehemalige Ordensfrau beschreibt die erste Begegnung mit ihrem späteren Kloster so: »Man ist völlig entzündet, das ist wie ein Feuer! Und da zählt alles andere nicht mehr!«

Doch ähnlich wie bei der Verliebtheit folgt auch hier die Enttäuschung schnell auf dem Fuß. Das scheint besonders der Fall zu sein, wenn Menschen hauptsächlich einen Halt, eine neue »Familie« suchen, um die existentiellen Brüche in ihrem Leben zu »reparieren«.

Spirituelle Irrtümer und Enttäuschungen sind nicht an eine bestimmte Religion wie das Christentum gebunden. Erfahrungen mit Amtsmissbrauch, Machtspielen und sexuellem Fehlverhalten von Lehrern unterscheiden sich in keiner Religion wesentlich voneinander.

Was gibt es also bei der Suche nach dem spirituellen All-Eins-Sein zu beachten?

Der Satz: »Vertraue Allah und binde dein Kamel am Baum fest« stammt aus der Sufi-Tradition und ist vielleicht ein erster Hinweis, wie man mit den Versuchungen der »spirituellen Verliebtheit« umgehen kann.

Vertrauen Sie zunächst einmal ruhig dem Lächeln Ihres Meditationslehrers oder Priesters. Aber seien Sie kein Idiot. Binden Sie das Kamel Ihres Vertrauens schön am Baum fest. Geben Sie dem Mann nicht die Zügel in die Hand. Er könnte samt Kamel durchbrennen, hinter ihm im Sattel seine junge Geliebte und in der Hand die Kasse der Kirchengemeinde oder Meditationsgemeinschaft!

Geschichte.

Wie der Dalai Lama meinen Liebeskummer heilte

»Mein persönlicher spiritueller Weg als erwachsene Frau begann mit einer Katastrophe in meinem Liebesleben. Jedenfalls
empfand ich es damals so. Ein Mann, in den ich zu jener Zeit
sehr verliebt war, hatte sich buchstäblich von einem Tag auf
den anderen von mir getrennt. Ich hatte das Gefühl, in eine
riesige Tiefkühltruhe zu fallen und völlig zu erstarren. Der
Schmerz über die Trennung war so stark, dass ich wochenlang
wie betäubt durch mein Leben lief und Mühe hatte, das Geschehen überhaupt zu realisieren. Heute, so viele Jahre später,
kommt mir der Vorfall trivial vor, als etwas, das man im Leben
eben durchstehen muss.

Damals aber empfand ich solche Schmerzen über das Zerbrechen dieser Liebesbeziehung, der Hoffnungen und der damit empfundenen Zurückweisung, dass ich etwas tun musste.
Eine Zeit lang forschte ich in den Lehren des Buddhismus,
später wandte ich mich wieder meinem ursprünglichen christlichen Glauben zu.

Kurze Zeit nach der Trennung ging ich zu einem Vortrag des
Dalai Lama, der gerade auf Reisen in Europa war. Während
ich in dem Raum mit hunderten fremder Leute saß, fühlte ich
mich mit diesem freundlichen buddhistischen Meister völlig
verbunden. Neugierig wie ein Kind blickte er sich in dem
prächtigen Barock-Saal um und schaute aufmerksam und
freudig in die Gesichter der Anwesenden. Jeden einzelnen
Zuhörer schien er persönlich zu begrüßen, mit einem ver-
schmitzten, warmherzigen Lächeln. Plötzlich, ohne erkennba-
ren Anlass, brach er in sein dunkles, kehliges Lachen aus, welches so ansteckend war, dass sich bald eine Welle von Lachen
durch den gesamten Saal fortsetzte. Dann wurde es still, und
der Mann aus Tibet begann einen Vortrag über Liebe und
Mitgefühl. Ich erinnere mich heute an kein einziges Wort

mehr, aber immer noch an das unglaublich warme Gefühl, das die Stimme, der Gesichtsausdruck und die Haltung des Dalai Lama bei mir ausgelöst haben. Mein im Kälteschock erstarrtes Herz begann ganz langsam zu schmelzen, und nach einigen Minuten ließ ich einfach die Tränen der Erleichterung über mein Gesicht laufen. Ich fühlte einen Frieden und kurzzeitig auch ein völliges Einverstandensein mit meiner Lebenslage. Ich hörte auf zu kämpfen. Was wirklich zählte, das konnte ich ohne jeden Zweifel fühlen, war dieses Gefühl der Wärme und einer Liebe, die so anders war als meine enttäuschte Verliebtheit.«

Spirituelle Initiation:
Die Erfahrung des ALL-EINS-SEINS

Was hier spontan bei diesem Vortrag geschehen ist, war die plötzliche Realisierung einer Erkenntnis, in diesem Fall: Festhalten bedeutet Schmerzen, Liebe heilt. Es ist das konkrete Erleben einer tiefen Wahrheit, die in allen Weisheitstraditionen und Religionen beschrieben wird. Ein Erlebnis dieser Art ist eine Art Initiation und eine Einweihung. Solche Einsichten geschehen nicht nur in den Geschichten und Mythen von so genannten Heiligen der Vergangenheit. Viele Menschen, die sich keiner Religion verbunden fühlen, berichten von solchen Erlebnissen, auch wenn sie manchmal nicht genau wissen, was ihnen widerfahren ist. Fast immer ist die zentrale Erfahrung dieser Initiation ein überwältigendes Gefühl von tiefer Verbundenheit mit allem, was lebt, mit der gesamten Natur und mit dem Kosmos. Es ist das Ende des Alleinseins, wie wir es in unserem normalen Wachbewusstsein kennen und unter dem wir so oft leiden.

In der spirituellen Initiation erfahren wir die Bedeutung des Alleinseins als ALL-EINS-SEIN, wie es David Steindl-Rast beschreibt:

»Wirklich allein zu sein bedeutet, von Zwiespalt geheilt zu sein, eins zu sein mit meinem wahren Selbst und somit eins mit allem.«[99]

Das Entscheidende an der spirituellen Initiation ist die absolute Gewissheit dieser Erfahrung für den, der sie erlebt. Manchmal fehlen die Worte, um das Erlebte nachträglich einzuordnen, aber man WEISS mit absoluter Sicherheit, dass es sich nicht um irgendein gewöhnliches Erlebnis gehandelt hat. Spirituelle Einheitserfahrungen sind nichts, was man sich erlesen kann, und sie sind kein Schwelgen in sentimentalen Gefühlen. Das Einheitsgefühl ist zugleich überwältigend und völlig natürlich, unspektakulär einfach. Und immer schließt es alles ein, was einen umgibt.

Nach einer anstrengenden Bergbesteigung in Spanien schaut ein Wanderer nach dem Abstieg zurück auf den Bergkamm, der jetzt im warmen Abendsonnenlicht liegt. Wie ein Blitz durchzuckt ihn die Schönheit dieses Anblicks und ergreift ihn so heftig, dass ihm Tränen kommen. Die Farben des Berges und des Himmels sind so intensiv, wie er es noch nie zuvor wahrgenommen hat. Die Landschaft erscheint so plastisch, als habe der Wanderer eine 3-D-Brille aufgesetzt, die zu den normalerweise sichtbaren Dimensionen noch eine weitere hinzufügt. Er löst sich in dem Anblick des Bergkamms und des Himmels scheinbar selbst auf, die Wahrnehmung geht durch ihn hindurch wie durch eine Wolke.

Wie in Trance setzt der Wanderer seinen Weg auf der Straße fort, die ihn in das Dorf führt, von dem er vor Stunden aufgebrochen ist. Er kehrt in einer ganz gewöhnlichen spanischen Dorfgaststätte ein. Und er schaut aufmerksam wie in Zeitlupe alles an, als sähe er es zum ersten Mal: die Menschen, die hier sitzen, plaudern und trinken. Das Musikvideo, das im Fernsehen läuft. Den Kellner, der fragt, was er trinken und essen möchte. Und der Wanderer denkt still, obwohl er sonst nie solche Worte wählt: Alles ist heilig.

Ein Paradox, das in allen spirituellen Schulen benannt wird, ist die Notwendigkeit, sich nach einer ersten spirituellen Erfahrung »auf den Weg zu machen«, obwohl es im eigentlichen Sinne kein Ziel gibt, das in weiter Ferne liegen würde und das man mit Anstrengung erreichen könnte. Die Einheitserfahrung selbst zeigt ja dem, der sie erlebt, dass alles schon »eins« und »heilig« ist, jetzt in diesem Moment!

Dieses scheinbare Paradox des Aufbrechens ohne Ankunft beschreiben Zeilen eines Gedichts von T. S. Eliot:

> *Und das Ende unseres Kundschaftens*
> *Wird es sein, am Ausgangspunkt anzukommen*
> *Und den Ort zum ersten Mal zu erkennen.*[100]

Einheitserfahrungen in der Natur, in der Gegenwart großer spiritueller Lehrer, in Träumen oder manchmal auch durch Drogen hervorgerufen gehören zu den eindrücklichsten Erlebnissen, die ein Mensch erfahren kann. Sie können der Beginn einer Reise sein, die man in vielen Traditionen als »den Weg« oder auch »den spirituellen Weg« bezeichnet.

Aber diese Erfahrungen bergen auch die Gefahr, dass man dort stehen bleiben möchte. So verlockend erscheint das Ende allen Zweifels, die Ruhe, das Aufgehobensein, das ALL-EINS-SEIN.

Als »goldene Ketten« auf dem spirituellen Weg bezeichnet die Therapeutin Frances Vaughan die Sucht, diese intensiven Erfahrungen künstlich wiederherzustellen oder aufrechterhalten zu wollen.[101] Leider, so resümiert Frances Vaughan, die in ihrer Praxis auch Betroffene therapiert hat, neigen besonders labile Menschen zur ungesunden Suche nach ekstatisch-religiösen Erlebnissen.

Übung.

Reflexion. Erfahrungen von ALL-EINS-SEIN

Legen Sie das Buch für einen kurzen Moment zur Seite und nehmen Sie sich Zeit, Ihre eigenen Erfahrungen der Einheit, des All-Eins-Seins aufzuspüren und sich zu erinnern. Vielleicht waren es aufrüttelnde, unvergessliche Momente.

- *Ein Gewitter auf einem Berggipfel.*
- *Ein Moment überwältigender Liebe, zum Beispiel bei der Geburt eines Kindes.*
- *Eine Nah-Tod-Erfahrung.*

Vielleicht sind es eher stille, beglückende Momente gewesen.

- *Das Leuchten der Sonne auf einem Herbstblatt.*
- *Das scheue Lächeln eines/Ihres Kindes.*
- *Die Stille eines ruhigen Augenblicks mit sich selbst.*

Lassen Sie die Erfahrung in ihrem Geist und in Ihrem Körper wieder gegenwärtig werden.

- *Was bedeutet diese Erfahrung für Sie?*
- *Verändert sie etwas an Ihrer Einstellung zum Leben?*
- *Welche Umstände erleichtern Ihnen, solche Erfahrungen zu machen?*

Die meisten spirituellen Schulen empfehlen, sich unter der Anleitung anerkannter Lehrerinnen und Lehrer in Methoden unterrichten zu lassen, die ein Versinken oder ein Steckenbleiben in der Erfahrung verhindern. Zu solchen Methoden gehören verschiedene Formen von Meditationen, Gebeten sowie meditative Bewegung und andere Rituale. Damit aus der überwältigenden Erfahrung des ALL-EINS-SEINS keine Flucht vor dem Alltag wird, geben erfahrene Lehrer Orientierung und lehren Methoden, um nicht vom Weg »abzurutschen«.

Meditation – kein Mittel ohne Nebenwirkungen

Wenn Sie bereits meditieren oder sich selbst als »spirituell« bezeichnen, könnte die folgende Untersuchung interessant für Ihre Selbstreflexion sein.

Denn während bekannt ist, dass der Alltag in der westlichen Industriegemeinschaft vielfach krankmachend wirkt, werden erst langsam die Herausforderungen und Gefahren der »Gegenmittel«, zum Beispiel der Meditation bekannt.[102] Meditation ist nicht für jeden das richtige oder allein richtige Mittel. Und nicht jede, die meditiert, wird automatisch fähiger, sich dem Leben zu stellen. Der Philosoph Ken Wilber nennt die unterschiedlichen Fähigkeiten des Menschen »Entwicklungslinien«.[103] Meditative Fähigkeiten existieren demnach *neben* Fähigkeiten wie Selbstbewusstsein, sozialer Kompetenz und Intelligenz, um nur einige zu nennen. Oder um es im Bild des Gartens zu sagen: Die Tatsache, dass Sie einen schönen Teich mit Lotosblumen kultivieren, heißt nicht, dass Sie gleichzeitig auch die größten Kartoffeln im Gemüsebeet ernten!

Hilft die spirituelle Entwicklung dem persönlichen Selbstbewusstsein? Eher ist es wohl umgekehrt: Eine psychologische Untersuchung über Menschen in Meditationsgruppen in Deutschland untersuchte diese Frage. Durchgeführt wurde die Studie von einem Psychologen, der selbst Meditationslehrer ist.[104]

Einige bedenkliche, das heißt »zu bedenkende« Tatsachen über Meditierende führte die Untersuchung zu Tage:

Menschen mit einem schlechten Selbstwertgefühl suchen Meditationsgruppen oft auf, um ihre niedrige Selbstsicherheit durch die Meditationsgruppe zu kompensieren.

Ein schlechtes Selbstwertgefühl wird durch Meditation in der Gruppe mit der Zeit jedoch nicht etwa besser, sondern nur durch ein oberflächlich aufpoliertes Selbstbild ersetzt. Zum Beispiel durch das Gefühl »anders« und »etwas Besseres«

zu sein als Nicht-Mitglieder der Gruppe. Meditierende mit der Tendenz, sich für »besser« und »anders« zu halten als ihre Umwelt, zeigen im Laufe der Zeit *ansteigend* hohe Werte für die Eigenschaft »Neurotizismus«. (Neurotizismus ist der Persönlichkeitsstil, den Sie in Woody-Allen-Filmen in Reinkultur beobachten können.)

Wer schon mit einem schwachen Selbstwertgefühl ausgestattet ist und sich dann einer Meditationsgruppe anschließt, läuft also Gefahr, zunehmend mit einem verzerrten Selbstbild herumzulaufen.

Meditierende hingegen, die zu Beginn ein normales Selbstwertgefühl haben, neigen nicht zur Ausbildung dieses verzerrten Selbstbildes.

Nicht immer also macht Meditation »heiler« oder »klarer«.

Manchmal entsteht eine neue Einsamkeit. Diesmal ist man allein mit der Gruppe und schließt »die anderen« aus: »Wir gegen den Rest der Welt.« Und dann wird der »spirituelle Königsweg« schnell zum kleingeistigen Holzweg.

Mit anderen allein

Der Wunsch, das Alleinsein und das Gefühl des Verlassenseins in der Welt zu beenden, lässt Menschen nach »heiligen« Orten suchen. Sie brechen auf, um andere Menschen und Gemeinschaften zu finden, bei denen alles besser wäre als im Rest der Welt. Menschen suchen nach Oasen des Aufgehobenseins, Nischen des Friedens und der immer währenden Liebe und Wahrhaftigkeit. Aber auch in die »heiligen« Räume bricht der Alltag, bricht die menschliche Schwäche ein. Spirituelle und moralische Entwicklung oder auch emotionale Intelligenz sind eben verschiedene Paar Schuhe.

Auf meinem persönlichen Weg, im Alleinsein die Qualität des All-Eins-Seins zu finden, wandte ich mich wie andere Medi-

tierende zeitweise von spirituellen Lehrern und Lehren wieder
ab, enttäuscht und desillusioniert.

Bis ich lernte, aus meiner Enttäuschung über die Lehren-
den Konsequenzen für meinen eigenen Alltag zu ziehen. Ich
wende mich selbst stärker der Heilung meiner emotionalen
Bedürfnisse zu und konzentriere mich auf die Entwicklung
meines Verhaltens. Psychologische Beratung oder Therapie
und Meditation sind zusammen gute Begleiter auf dem Weg,
für Lernende wie für Lehrende. Und zunehmend gibt es Bestrebungen von Gemeinschaften, dies auch so umzusetzen.

Schließlich hat man als spirituell interessierter Mensch
auch die Möglichkeit, unter den vielen Gemeinschaften, die
es inzwischen gibt, sich solche mit adäquaten Moralvorstel-
lungen und Regeln des Zusammenlebens herauszusuchen.[105]

Was mir geblieben ist und was ich mit vielen Menschen teile,
ist die Sehnsucht nach Stille. Es gibt Orte, die mir die Erfahrung ermöglichen, dass es »etwas anderes« gibt als die Ge-
schäftigkeit des äußeren Lebens. Um auch im Alltag mein
Gleichgewicht zu behalten, kehre ich regelmäßig wieder zurück zu Orten der Stille und zu weisen Menschen, die mein
Alleinsein und meine Suche nach den »Quellen« begleiten.

Vermutlich stimmt es, dass wir auf »dem Weg« allein gehen
müssen, aber wir sind dabei »mit anderen allein«, wie es Stephen Batchelor ausdrückt.[106]

Leben in spirituellen Gemeinschaften –
Nie wieder einsam?

*»Ich wurde gefragt: Manche Leute zögen sich streng von den
Menschen zurück und wären immerzu gern allein, und darin
läge ihr Friede ... ob dies ihr Bestes wäre? Da sagte ich ›Nein!‹
Und gib Acht, warum ... Dies kann der Mensch nicht durch Fliehen lernen, indem er vor den Dingen flüchtet und sich äußerlich*

in die Einsamkeit kehrt; er muss vielmehr eine innere Einsamkeit lernen, wo und bei wem er auch sei.« Meister Eckhard[107]

Weil die Ruhe und Stille des Klosters oder eines Meditationszentrums so erholsam und nährend sein kann, liegt der Schluss verführerisch nahe, dass es dort ein »besseres« oder sogar ein »leichteres« Leben gäbe.

Viele Menschen, mit denen ich über ihre ersten Erfahrungen in Zentren der Stille, Klöstern und Meditationshäusern gesprochen habe, berichteten mir Ähnliches.

Die Sehnsucht nach einem Entrinnen aus dem chaotischen und oft auch einsamen Alltagsleben besonders in der Großstadt ist groß. Die Frage, ob das Leben in einer Gemeinschaft oder dem Kloster nicht eine Alternative wäre, stellt sich natürlich eher bei Menschen ohne Partnerschaft ein oder bei solchen, die gerade eine tiefe Enttäuschung in Beziehungen erlebt haben.

Dass ein Kloster, ein Meditationszentrum oder eine spirituelle Gemeinschaft nicht die große Ruhe bringt, nicht das Ende des Alleinseins oder aller Zweifel bedeutet, das zeigen Gespräche und Berichte mit »Ehemaligen« aller Konfessionen eindrücklich. Denn das erste »Feuer« der Begeisterung und das ständige Leben in einem Kloster oder einer Gemeinschaft sind zwei unterschiedliche Dinge. Wer tatsächlich in einen Orden eintritt, merkt manchmal erst später, welche Gründe ausschlaggebend für den Eintritt waren.

Eine ehemalige Ordensfrau, die mit mir über ihren Weg ins Kloster bis hin zum endgültigen Austritt gesprochen hat, sieht im Nachhinein ihre Berufung in einem anderen Licht als zum Zeitpunkt ihres Eintritts in den Orden: »›Berufung‹. Das ist ein großes Wort. Und ich denke, da hat auch viel anderes ›gerufen‹. Die Sehnsucht nach Gemeinschaft, nach einer starken Person, an die ich mich anlehnen konnte, sprich Oberin, und die gab es damals. Es war aber auch die Sehnsucht nach einem bestimmten Weg, nach einem besonderen Weg. Und ich denke, für die Zeit meines Eintritts war es okay so.«[108] Doch für den gesamten Weg im Kloster reicht diese Motivation nicht, und der Austritt war schließlich unausweichlich und sehr schmerzlich.

Über das Leben in einer spirituellen Gemeinschaft schrieb die Amerikanerin Joan Tollifson ihr Buch *Im Auge des Taifuns*.[109] Mit humorvoller Ehrlichkeit beschreibt sie, wie sie jahrelang von der Frage gebeutelt wird, ob es jemals den »richtigen Ort« gibt, an dem sie die perfekte Seelenruhe finden und ihr »Ego« ganz abstreifen kann. Schließlich zieht Joan das Fazit, »es ist ganz schön anstrengend, ›niemand‹ zu werden!«.

Lob dem Alleinsein: Ohne Pausen ist jede Sinfonie nur ein Meer von Geräuschen

Es ist sicher einerseits gut, sich aller Illusionen über »friedliche« Meditationszentren und das »ruhige« Klosterleben zu entledigen. Andererseits liegt der Sehnsucht nach einem »ruhigen« und stillen Ort eine wichtige Erkenntnis zu Grunde. In der Stille und im Alleinsein eines solchen Raumes, in der Fastenzeit der Sinne, bekommt unsere Seele Nahrung. In der Stille können wir zur Besinnung kommen und unsere Tiefe erforschen. In den Pausenzeiten des Alltags erweitert sich unser Verständnis vom Leben und seinen Zusammenhängen. Pausen machen eine Abfolge von Noten erst zur Sinfonie. Alles andere wären nur Geräusche.

So fand ich für *mein* Leben mit der Zeit heraus, dass der Wechsel zwischen »drinnen« und »draußen«, Kontemplation und Aktion die gesunde Balance herstellt. Wenn ich zu wenig Ruhe und Stille habe, dann gleicht mein Leben einem überfüllten Wäscheschrank, aus dem alles unsortiert herausquillt. Klosterzeit erfüllt mir das tiefe Bedürfnis nach Stille und Zeit für den »inneren Weg«.[110]

Für viele Menschen, die sich dem »inneren Weg« widmen, bleibt das Leben zwischen den Anforderungen des Alltags und dem Ruf der Stille, des Alleinseins ein Balanceakt.

Die abschließende Übung kann Ihnen helfen, über Sehnsüchte und Ideen zur Balance in Ihrem Leben nachzudenken.

Meditation.

Sehnsucht nach Rückzug: Wie wäre mein Leben?

Machen Sie zuerst einige tiefe Atemzüge und verbinden Sie Ihre Aufmerksamkeit mit Ihren Körperempfindungen.

Achten Sie auf die erste spontane Reaktion Ihres Körpers, wenn Sie die folgenden Fragen durchgehen. (Wenn Sie zu zweit sind, können Sie sich die Fragen auch gegenseitig vorlesen. Oder sie sprechen die Fragen vorher auf eine Kassette und hören Sie dann ab.)

Teil 1. Körpererforschung

- *Was ist meine größte Sehnsucht, die ich mir mit einem meditativen Leben an einem stillen Ort (in einem Meditationszentrum oder Kloster) erfüllen könnte? Achten Sie auf ein spontanes Körpersignal.*

- *Was stelle ich mir am schwierigsten vor, wenn ich an ein solches Leben denke? (Lassen Sie wieder Ihren Körper antworten und folgen Sie dann Ihren Gedanken.)*

Teil 2. Reflexion

- *Schreiben Sie einen Kurzlebenslauf Ihres »meditativen Lebens« als Nachruf. Für welche Eigenschaften, welche Handlungen oder Gespräche bleiben Sie anderen in Erinnerung?*

- *Welche dieser Eigenschaften verkörpern Sie jetzt schon, welche entwickeln Sie nur in einem fiktiven meditativen Leben?*

- *Welche dieser Eigenschaften möchten Sie durch Phasen von »Kloster auf Zeit« auch in Ihrem jetzigen Leben entwickeln?*

Die Kunst,
durch die dunklen Zeiten
des Alleinseins zu gehen

Die Kunst des Alleinseins zu lernen heißt auch, dass man an langen Abenden mit einem wenig beliebten »Gast« umgehen lernt – der Einsamkeit. Angst vor Einsamkeit ist es oft, die Paare zusammenhält, auch wenn die Beziehung schon längst innerlich gestorben ist. Dann wird die »Einsamkeit zu zweit« noch lieber in Kauf genommen.

Aus der psychologischen Einsamkeitsforschung weiß man inzwischen, dass nicht das Alleinsein krank macht, sondern Gefühle der Einsamkeit.

Einsamkeit kann schädlich sein, aber auch eine notwendige Zeit des Übergangs darstellen. In Märchen und Mythen müssen die Hauptfiguren oft einsame Zeiten verbringen und Aufgaben bestehen, bevor Sie in ein neues Leben aufbrechen können.

Trauer kann so eine notwendige Zeit der Einsamkeit und des Übergangs sein. Menschen trauern nach dem Tod eines geliebten Menschen. Aber auch jemand, der sich von einem Lebenstraum verabschieden muss, trauert und fühlt sich oft einsam.

Der Blick auf das Alleinsein ändert sich mit dem Alter. Wer jenseits der 50 immer noch oder nach einer Trennung wieder allein lebt, der fühlt sich oft einsamer als jüngere Singles. Doch auch für ältere Singles kann das Alleinsein ein Aufbruch werden.

Der Weg durch die Zeit der Dunkelheit führt von der ungeliebten Einsamkeit zum akzeptierten Alleinsein, einem neu gestalteten Leben.

Warum fühle ich mich einsam?
Psychologische Einsamkeitsforschung

»Das Schlimmste am Alleinsein ist für mich, dass ich abends nach Hause komme und keiner ist da, um zu reden«, sagt die 55-jährige Waltraud. »Wenn ich einfach am Ende des Tages noch etwas besprechen möchte oder mich ein Problem von der Arbeit beschäftigt, dann ist keiner da, mit dem ich mich austauschen kann.« Waltraud spricht von der Einsamkeit im Alleinleben.

Die Frage nach der Einsamkeit wurde früher ausschließlich von Philosophen und Theologen diskutiert.

Im Mittelalter bedeutete das Wort »einsam« noch »Einigkeit« oder »mit sich selbst identisch sein«. Diese Interpretation des Wortes entspricht der heutigen spirituellen Perspektive. Alleinsein wurde und wird als notwendige Voraussetzung auf dem Weg der Selbsterkenntnis gesehen.

Heute wird Einsamkeit ausgiebig von Psychologen und Naturwissenschaftlern untersucht und zwar aus dem einfachen Grund, dass mehr und mehr Menschen allein leben und es darunter zukünftig immer mehr alte Menschen geben wird.[111] In den USA wird das Phänomen des Alleinseins mit seinen Auswirkungen auf Befinden und Gesundheit bereits intensiv erforscht. Denn dort werden schon im Jahr 2010 voraussichtlich etwa 40 Prozent mehr alte Menschen allein leben als noch 1980. Und auch in Europa stellt sich die so genannte Alterspyramide, die Verteilung zwischen alten und jungen Menschen in der Gesellschaft, gerade auf den Kopf. Wenn alle diese Alleinlebenden durch Einsamkeit kränker würden, dann rollt ein gesellschaftliches Problem großen Ausmaßes auf uns zu. Alleinsein wäre dann nicht mehr das Problem von Einzelnen, die eben damit fertig werden müssen, sondern ein Problem, das alle gemeinsam lösen müssen.

Wie unterscheiden sich aber Alleinsein und Einsamkeit? Was ist gesundes Alleinsein und was krankmachende Einsamkeit? Anthony de Mello, der bekannte Jesuit, Meditationslehrer und Autor, unterscheidet es so: »Einsamkeit heißt, Menschen zu vermissen; Alleinsein heißt, sich selbst zu genügen.«[112]

Sich einsam zu fühlen ist nicht unbedingt eine Frage der äußeren Lebensumstände, also keine Frage des Alleinseins. Der Eremit, der tagein, tagaus allein in seiner Hütte lebt, kann sich verbunden fühlen mit Gott und allem, was lebt. Der Großstadtmensch, umgeben von tausenden Menschen, kann starke Gefühle von Einsamkeit erleiden.

Einsamkeit ist eine trübe Jahreszeit der Seele, Einsamkeit wohnt in unseren Herzen.

Für manche Menschen ist Einsamkeit ein Lebensgefühl, das sie nie ganz verlässt. Psychologen sprechen dann von einem »einsamen Wesenszug«, der zu chronischer Einsamkeit führen kann.[113] Chronisch Einsame, so hat man an Studenten untersucht, unterhalten zwar oberflächlich genauso viele Kontakte wie »Nicht-Einsame«, aber sie vertiefen diese Kontakte viel weniger. Die einsamen Studenten haben nur ein Drittel so viele Freunde wie andere Studenten. Einsame Menschen, so haben die Untersuchungen an den Studenten ergeben, unterscheiden sich von ihren Mitstudenten nicht in ihren Fähigkeiten. Sie sind genauso intelligent und leistungsfähig wie ihre Mitstudenten. Die Einsamen leiden aber an einem geringeren Selbstwertgefühl, sie sind schüchterner und in der Öffentlichkeit ängstlich, so dass sie häufig abweisend wirken und reagieren. Das geringe Selbstwertgefühl führt zum Rückzug, wenige Kontakte machen unsicher, und wenn Kontakte dann oft noch mit negativen Erfahrungen belegt sind, führt das zu noch mehr Rückzug. Der Teufelskreis der Einsamkeit hat begonnen.

Manchmal versuchen einsame Menschen, diesen Kreislauf zu durchbrechen, indem sie auf Teufel komm raus andere ansprechen. »Einsame«, so resümiert die Autorin Ines Possemeyer, »verlieren das rechte Maß im Feingefüge menschlicher Beziehungen. Wer auf der Strecke Hamburg-Berlin einem Fremden sein ganzes Leben erzählt, hat ein immenses Bedürfnis, sein inneres Abgetrenntsein zu überwinden – zeigt aber kein Gespür für die soziale Situation und die Bedürfnisse des anderen«.[114] In Phasen von vorübergehender oder chronischer Einsamkeit hilft kein Schönreden der Situation. Der Einsame ist kein Eremit, der aus seiner Einsamkeit Weisheit schöpft. Das Alleinsein ist in diesem Fall keine Quelle der Selbsterkenntnis. Der Einsame läuft Gefahr, seelisch zu verkümmern und körperlich krank zu werden.

Besonders gilt das, wenn die Einsamkeitsgefühle mit niemandem besprochen werden können, wenn es also überhaupt kein soziales Netz von Menschen gibt, die einem nahe stehen.

Im Gegensatz dazu wird Einsamkeit durch das Mitteilen manchmal schon gelindert. Sybille, die seit langem schon allein lebt, fühlte sich an ihrem neunundvierzigsten Geburtstag einsam, weil sich kaum jemand aus dem Freundeskreis bei ihr meldete. Schließlich sprach sie mit einer guten Freundin über ihre Gefühle zu ihrer Lebenssituation. »Nach dem Gespräch«, sagt Sybille, »war mir wieder leichter ums Herz, weil ich das Mitgefühl der Freundin spürte.«

Einsamkeit ist ein Tabu in unseren Tagen, etwas, das eigentlich nicht »passieren« sollte.[115] In einer Leistungsgesellschaft, in der fast alles als »machbar« erscheint und jeder als seines eigenen Glückes Schmied gilt, hat man anscheinend etwas falsch gemacht, wenn man sich einsam fühlt. Dabei sind es manchmal einfach ungünstige Lebensumstände, die auch ansonsten lebensfrohe Menschen in eine Einsamkeitskrise stürzen können.

Benno, ein 35-jähriger Jurist, nahm nach einer betriebsbedingten Kündigung in seiner Heimatstadt in Norddeutschland eine Stelle in der Schweiz an. Zunächst einfach, um wieder Arbeit zu finden. Gleichzeitig ging seine langjährige Beziehung in die Brüche. Auch nach über einem Jahr in der Schweiz blieb Benno trotz beruflicher Erfolge in seiner Freizeit allein. Seine Kollegen lebten in festen Familienverbänden. Nach der Arbeit sagte man höflich: »Auf Wiedersehen bis morgen«, dann ging jeder nach Hause. Freundschaften entwickelten sich nicht. »Auch mit Frauen lief nichts«, resümiert Benno die einsame Phase. »Und das, obwohl ich sonst wirklich weder kontaktscheu noch ungeschickt bin. Irgendwie war in dieser Zeit total der Wurm drin. Ich fand weder Freunde noch eine Beziehung. Ich war froh, als ich wieder eine Stelle in meiner alten Heimatstadt fand. Schlagartig änderte sich mein Leben.«

Allein sein zu können und ein gewisses Maß an Einsamkeit zu ertragen ist natürlich auch eine Fähigkeit. In den Westernfilmen der 50er Jahre wurde Einsamkeit noch als heldenhaft dargestellt, aber das war, bevor Kontaktfähigkeit und ständige Erreichbarkeit in Mode gekommen sind. John Wayne, der legendäre »lonesome cowboy«, machte in den 80er Jahren schließlich Woody Allen Platz, dem beziehungsunfähigen Single und »Stadtneurotiker«. Einsamkeit ist heute eine Eigenschaft, die höchstens spöttisch betrachtet wird. Hin und wieder allein zu sein, mag ja noch angehen, aber Einsamkeit ist »uncool«.

Im Alltag gilt, dass wer Einsamkeit zugibt und darüber spricht, tatsächlich Ablehnung von anderen erfährt. Das haben Untersuchungen gezeigt, die das Psychologen-Team um Eberhard Elbing an der Universität München durchgeführt hat.[116]

Mit Männern gehe die Umwelt dabei besonders hart ins Gericht, sagt Eberhard Elbing. Ihnen verzeihe man den Makel der Einsamkeit noch weniger als Frauen. Einsamkeit gilt als Versagen. So empfand es auch der Jurist Benno in seinem »einsamen Jahr« in der Schweiz, »Nach einem Jahr begann ich wirklich, an mir zu zweifeln. Je mehr ich versuchte, Kontakt zu bekommen, umso weniger klappte es.« Der Einsame weckt vielleicht Mitleid, aber noch mehr Misstrauen: Was stimmt nicht mit ihm? Einsame, so vermutet Eberhard Elbing nach seinen Studien, weckten bei anderen vermutlich Ängste vor eigener Einsamkeit. Fast so, als fürchteten wir, uns mit der Einsamkeit anderer anzustecken.

In der folgenden Übung können Sie untersuchen, wie sich Ihre Gefühle von Einsamkeit äußern.

Übung.
Meine Gefühle der Einsamkeit

Beginnen Sie eine Woche der aufmerksamen Untersuchung zum Thema Einsamkeit.

- *Beobachten und »notieren« Sie (am besten am Ende des Tages in Ihrem Notizheft), zu welchen Anlässen Sie sich einsam fühlen, zum Beispiel abends beim Nachhausekommen oder bei einem Fest mit vielen Paaren.*

- *Nehmen Sie wahr, wie genau sich dieses Gefühl äußert, das Sie »Einsamkeit« nennen. Gehen Sie nach der folgenden kurzen Checkliste der Achtsamkeit vor:*[117]

Körper:	*Wie fühlt sich Ihr Körper an, verspannt/kribbelig, schmerzende Stellen, angehaltener Atem etc.?*
Geisteszustand:	*Wach, schläfrig, unruhig?*
Gefühl(e):	*Angenehm, unangenehm, neutral?*
Gedanken:	*Welches innere Gespräch läuft in Ihnen ab (und löst damit die Gefühle der Einsamkeit aus)?*

Hier noch ein Hinweis zur Selbstreflexion, wenn Sie diese Übung durchführen.

Sich über seine eigene Lebenseinstellung und sein Verhalten »objektiv« Rechenschaft zu geben erfordert ein gewisses Maß an Übung und Distanz zu sich selbst. Denn auch in einem Spiegel kann man sich nicht sehen, wenn man mit der Nase an der Scheibe klebt. Deshalb kann es hilfreich sein, sich Rückmeldung aus seiner Umwelt zu holen. Besonders aufschlussreich sind da natürlich kritische Rückmeldungen, die Sie sich am besten von Freundinnen und Freunden holen. Gewichten Sie diese nach der folgenden »Feedbackregel«: »Wenn dir einer sagt, du seist ein Pferd, ignoriere es, aber wenn es drei oder mehr Menschen dir sagen, dann schau nach, ob dir Heu aus dem Maul hängt!«

Mit anderen Worten, Sie müssen nicht alles glauben, was man Ihnen nachsagt. Aber die Wahrscheinlichkeit, dass gerade Freundinnen und Freunde einen wunden Punkt treffen, der Ihnen unbewusst blieb, ist doch ziemlich hoch.

Mit der Einsamkeit leben – aber wie?

Es gibt einige Versuche im Leben eines modernen Menschen, Gefühlen der Einsamkeit zu entgehen. Abendliche Tröster wie Essen und Alkohol oder das Fernsehen und das Internet gehören dazu.

Manchmal wählen sich Menschen einen Gefährten, der ihnen die Einsamkeit nehmen soll. Für manche Frauen ist dies ein Teil ihres Kinderwunsches.

Mit der Geburt eines Kindes hört ja sowohl das eigene Kindsein endgültig auf als auch auf einer bestimmten Ebene das Alleinsein. Nach der Geburt eines Kindes sagen manche Frauen, dass sie plötzlich den Gedanken hatten: Jetzt bin ich nie mehr allein! Dieses Kind wird bis zu meinem Tod immer ein Teil von mir sein. Dieser Gedanke kann sehr beruhigend sein oder auch überaus beunruhigend, je nach persönlicher Veranlagung. Doch auch umgekehrt erleben junge Mütter manchmal, dass sie sich mit der Geburt des Kindes von ihrem vorherigen Leben abgeschnitten, also einsam fühlen.

Wer beruflich sehr eingespannt und erfolgreich ist, erträgt das Alleinsein und auch die Einsamkeit der späten Abendstunden vielleicht einfach als »Preis für den Erfolg«. Eine gefährliche Lebensweise, denn gerade Singles sind für ihr Wohlbefinden langfristig mehr auf ein dichtes Netz von Freundschaften angewiesen als auf ein dickes Bankkonto.

Als letzte Variante der Einsamkeitsflucht kann man vielleicht auch noch die »Flucht« in spirituelle oder andere Gruppierungen sehen. Wie vergeblich und sogar kritisch diese Flucht ist, darauf wurde schon hingewiesen.

Tödliche Einsamkeit –
Wenn professionelle Hilfe nötig ist

Der Mangel an Gesprächspartnern, der Mangel an liebevoller Berührung oder eine nicht gelebte Sexualität können Verstimmungszustände auslösen oder aufrechterhalten. Nicht gewählte Einsamkeit tut Menschen nicht gut.[118] Vielfältige körperliche Symptome können entstehen, wie Erschöpfungszustände, Kopf- und Magenschmerzen. Die Praxen der Hausärzte sind gerade vor dem Wochenende gefüllt mit älteren Menschen, denen nichts fehlt außer Liebe und Kontakt.

Wer zunehmend vereinsamt, tut gut daran, sich professionelle Hilfe zu suchen. Einsamkeit macht nämlich nicht nur die Lebenszeit zunehmend trüber, sondern erhöht das Risiko, ernsthaft zu erkranken. Regelrecht lebensverkürzend ist es, wenn

man weder einen Partner noch tragfähige Freundschaften hat
und auch keiner sozialen Verpflichtung wie einem Ehrenamt
nachgeht. Nach einer breit angelegten Langzeitstudie aus den
USA leben derart vereinsamte Menschen mit einem dreimal
höheren Todesrisiko als Nicht-Einsame, und zwar unabhängig
von anderen Risikofaktoren wie Ernährung, Rauchen oder so-
zialem Status.[119] Inzwischen gibt es mehrere psychotherapeu-
tische Ansätze, die sich speziell mit der Überwindung von
Einsamkeit beschäftigen, und auch entsprechende Selbsthilfeprogramme.[120]

Der Schmerz des Mangels im Alleinsein

Dauert Einsamkeit an, kann sie buchstäblich wehtun. Irene,
eine 50-jährige Physiotherapeutin, erlebt Zeiten der Einsamkeit auch als körperlich schmerzhaft. »Ich bin einfach schon
durch meinen Beruf aufmerksam für meinen Körper. In Phasen von Einsamkeit kommt es mir so vor, als wenn eine alles
durchdringende Kälte, ein Schmerz wie Muskelkater mir den
ganzen Tag schwer macht.«

Einsamkeit muss zwar nicht gleich krank machen, doch sie
kann auch einen ansonsten lebensfrohen Menschen runter-
ziehen.

Da gibt es den einsamen Abend vor dem Fernseher, bei
dem man sich leer und hundsmiserabel fühlt. Das Wochenende, an dem Bekannte, Freunde oder eigene Kinder etwas
anderes vorhaben und die Stunden sich dehnen. Der Überdruss eines Singles bei der leidigen Planung der Ferien und
Feiertage, wenn klar wird: Ich bin allein – die anderen leben
in Familien oder Partnerschaften.

Mit Schmerzen leben müssen –
Antworten einer chronisch kranken Zen-Lehrerin

Wie man trotz Schmerzen und Alleinsein lernen kann, gut zu leben, beschreibt die Amerikanerin Darlene Cohen, eine Zen-lehrerin, die vor zwanzig Jahren an einer äußerst schmerzhaften, chronischen Form von Rheuma erkrankte.

Seither erlebt Darlene Cohen mehr oder weniger bei jeder Bewegung Schmerzen in ihren Gelenken und Muskeln. In akuten Schüben ihrer Krankheit ist sie darüber hinaus bis zur Bewegungslosigkeit körperlich eingeschränkt und ans Bett gefesselt. In diesen Phasen ist sie auf die Hilfe von Freunden oder Pflegern angewiesen. Zwischen den Schüben, in denen sie sich selbst versorgen kann, verbringt sie viel Zeit allein, da sie ohne Partner lebt und keine Kinder hat. Darlene Cohen ist also gleich eine doppelte Expertin für das Thema Alleinsein und Schmerzen.

Doch nicht nur körperliche Schmerzen sind mit ihrer Krankheit verbunden. Darlene Cohen beschreibt die Auswirkungen auf ihre seelische Verfassung:

»Ich habe nun also seit 20 Jahren rheumatische Arthritis, eine sehr schmerzhafte und behindernde Krankheit, aber der Stress, den die Schmerzen und Einschränkungen auslösen, ist oft schlimmer als der körperliche Schmerz, den ich zu irgendeinem Moment ertragen muss. Stress, das ist vor allem: Angst vor der Zukunft und Verzweiflung über das, was ich schon verloren habe.«[121]

Darlene Cohen entwickelte mit der Zeit einen ehrgeizigen, ja kühnen Lebensplan. In ihrer dauerhaft so schwer belasteten Lebenssituation erforscht sie diesen Zustand gewissermaßen wie eine Wissenschaftlerin ganz systematisch mit den folgenden Fragen: »Wie können wir weiterleben auch unter erdrückendem Stress? Und darüber hinaus – wie kommen wir nicht nur ›irgendwie‹ mit diesen Problemen und Schmerzen klar, sondern wie schaffen wir es, ein reiches, lebenswertes Leben in Fülle zu kreieren, das wir tatsächlich leben wollen – unter allen Umständen?«

Um dieses »reiche«, lebenswerte Leben inmitten von chronischem Schmerz zu entfalten, braucht es als ersten Schritt »Akzeptanz«, sagt die Zen-Lehrerin.

Auch Alleinlebende hören oft den Ratschlag von Freunden, man solle sein Alleinsein eben »akzeptieren«. Und vielen Betroffenen hängt dieser Ausdruck schon zum Hals raus! Darlene Cohen aber schildert plastisch, was Akzeptanz aus ihrer Sicht bedeutet:

»Schmerz wirklich zu ›akzeptieren‹ hat überhaupt nichts mit passiver Resignation zu tun. Es ist vielmehr ein sehr aktives Engagement, ein tiefes Einlassen auf das Leben. Es bedeutet, das Leben zu treffen, mit ihm zu tanzen, gegen es zu wüten und sich ihm zuzuwenden.«[122]

Die folgende Übung lädt Sie ein, sich ganz konkret auf die körperliche Empfindung von emotionalem Schmerz einzulassen.

Übung.
Akzeptanz Teil I: Den Schmerz ganz fühlen

Wenn Sie sich in der nächsten Zeit einmal traurig fühlen, dann gehen Sie einmal bewusst nicht über diesen Zustand hinweg, sondern halten Sie inne und sagen Sie zu sich selbst: »Stopp«.

- *Werden Sie ruhig und nehmen Sie einmal nur Ihren Körper wahr.*
- *Dann benennen Sie das Gefühl, das Sie spüren, mit Worten, zum Beispiel: »Da ist Schmerz«, »da ist Trauer« oder wie immer sich Ihr Zustand anfühlen mag.*

- *Gehen Sie jetzt mit Ihrer Aufmerksamkeit in das Zentrum des Gefühls in Ihrem Körper. Wenn sich zum Beispiel der Schmerz im Brustkorb befindet, dann gehen Sie mit Ihrer Aufmerksamkeit bewusst dorthin. Konzentrieren Sie sich mehr und mehr auf das Gefühl und gehen Sie mit Ihrer Aufmerksamkeit in das Zentrum des Schmerzes.*
- *Nach einer Zeit kann es sein, dass das Gefühl und auch die Körperwahrnehmung immer stärker werden und fast unerträglich erscheinen. Haben Sie an dieser Stelle den Mut, bei Ihrem Gefühl und auch bei der Körperwahrnehmung zu bleiben, und warten Sie ab, was dann geschieht.*
- *Wenn Sie mit Ihrer Aufmerksamkeit im Zentrum des Schmerzes bleiben, werden Sie merken, dass sich das Gefühl und auch Ihre Körperwahrnehmung verändern. Lassen Sie dies geschehen und entspannen Sie sich in das sich verändernde Gefühl und in die Körperwahrnehmung hinein.*

Kehren Sie in Ihr Alltagsbewusstsein zurück, indem Sie sich kräftig räkeln, dehnen oder schütteln.

Zwei Fähigkeiten:
Schmerz anerkennen und Schönes wahrnehmen

Nach dem Schritt, emotionalen oder physischen Schmerz wahrzunehmen und anzuerkennen, rät die Zen-Lehrerin Darlene Cohen, sich aktiv den schönen, genussvollen Erfahrungen im Leben zuzuwenden.

»Ich denke, wenn Ihr Leben von emotionalem Stress oder physischem Schmerz überwältigt wird, dann ist es ratsam, die Fähigkeit zu kultivieren, Angenehmes und Schönes wahrzunehmen, wo immer es sich in ihrem Leben zeigen möge.

Und ich rate das nicht, weil ich eine erlebnishungrige Hedonistin bin. Ich tue es, weil nicht sehr viele Zen-Lehrer, Psychologen oder Ärzte Ihnen dies raten.«[123]

Hier gibt es Parallelen zu dem Lebensgefühl einsamer Menschen, die sich oft immer tiefer in negative Gefühle vergraben. Vielleicht kennen Sie aus den Anfängen der psychologischen Therapien noch den populären Ratschlag, dass man seine Gefühle möglichst »ausleben« solle. Doch diese Ansicht ist inzwischen durch neue Erkenntnisse der Wissenschaft überholt. Gefühle und Schmerzen haben vor allem eine Signalfunktion für den Körper. Insofern ist es tatsächlich wichtig, seine Gefühle wahrzunehmen und nicht zu ignorieren oder zu verdrängen. Doch das »Ausleben« von negativen Gefühlen verstärkt den Stress statt ihn abzubauen. Im Fall von Schmerzen gilt es, die Schmerzquelle möglichst abzustellen. Ist dies nicht möglich, zum Beispiel auch bei Gefühlen, dann ist es gut für den Menschen, sich nicht weiter damit zu beschäftigen. Also, sich nicht hineinzusteigern, sondern die Aufmerksamkeit auf etwas anderes zu lenken. Auch Darlene Cohen bezieht sich bei ihrem Selbsthilfeprogramm für Schmerzpatienten auf diese wissenschaftlichen Erkenntnisse:

»Die neuere Schmerzforschung weist uns darauf hin, dass ›Freude‹ gut für den Menschen ist. Freude ist biochemisch gesehen besser für Ihre Gesundheit als Schmerz. Sie produziert andere Verhältnisse in der Chemie Ihres Blutes. Angenehme Erfahrungen tragen dazu bei, dass Sie tiefer atmen und manche dieser Erfahrungen verbessern Ihr Immunsystem. Freude entspannt Ihren Körper, so dass Ihre Muskeln flexibler werden und besser funktionieren.«[124]

Mit dem Leben zu »tanzen«, wie es Darlene Cohen vorschlägt, heißt auch, die Dinge um ihrer selbst Willen zu tun, und während man sie tut, alles so vollständig wie möglich wahrzunehmen. Das Leben »ganz« zu leben heißt, nicht einige Dinge möglichst schnell hinter sich zu bringen, damit *danach* das Genießen anfängt. Genuss ist in jedem Moment verfügbar, auch im Alltag, auch im Alleinsein.

Hören Sie einmal, wie die rheumakranke Zen-Lehrerin ihre Hausarbeit beschreibt!

»Beim Geschirrspülen geht es nicht nur darum, das Geschirr sauber zu bekommen. Es geht auch darum, die Wärme des Wassers wahrzunehmen, seine seifige Konsistenz, die meine arthritischen Finger umschmeichelt ... Die Wäsche zu falten ist eine Gelegenheit, um ihre Frische zu riechen und mich in der Einfachheit der Bewegungen genüsslich auszubreiten als Gegenpart zu der Komplexität meines restlichen Lebens. Es gibt keinen anderen Grund, die Dinge des Lebens zu verrichten, als den, dass ich lebe und diese Dinge tue.«[125]

Übung.

Akzeptanz Teil II: Genüsslicher Alltag

In dem Kapitel »Der Körper als Quelle des Glücks« habe ich Sie in einer Übung angeregt, Ihre persönliche Liste der angenehmen Körperempfindungen aufzuschreiben (siehe Körper-Reflexionsübung. Was gibt mir ein körperliches Wohlgefühl? S. 89).

Erweitern Sie jetzt diese Liste um alle Aktivitäten des Alltags, die Sie noch mehr genießen könnten, wenn Sie sich einfach ein wenig Zeit und Aufmerksamkeit dafür gönnen würden. Besonders gut geeignet sind dafür relativ einfache Tätigkeiten:

- *beim Spülen oder Ein- und Ausräumen von Geschirr Wärme und Bewegungen bewusst wahrnehmen*
- *beim Bügeln von Wäsche oder beim Reparieren von Dingen den Prozess der Fertigstellung genießen*
- *beim Putzen des Badezimmers alle Handgriffe sorgfältig und bis zum Ende durchführen und sich am Ergebnis freuen*
- *...*

Weiten Sie Ihre Wohlfühl- und Entspannungszone in den Tätigkeiten Ihres Alltags kontinuierlich aus. Ihr Leben besteht zu 95 Prozent aus Alltag und nur zu 5 Prozent aus Urlauben und wirklich freier Zeit.

Lassen Sie die Möglichkeiten zum Körpergenuss im täglichen Allerlei nicht einfach so brachliegen.

Alle Erfahrungen wahrnehmen und annehmen – Achtsamkeit

Der Hinweis, dass wohltuende Körperempfindungen und Gefühle gut für uns sind, bedeutet natürlich nicht, dass wir schmerzvolle Momente in unserem Leben dauerhaft durch schöne Erfahrungen gleichsam zukleistern könnten.

Es ist damit auch keine Flucht vor den schwierigen Seiten unseres Lebens gemeint.

»Das Problem mit Schmerz ist die Aversion«, sagt die Zen-Lehrerin Darlene Cohen. »Das Problem mit Freude ist die Anhaftung. Die Lösung liegt darin, das Leben einfach zu ›leben‹, ohne dass man sich in diese ganzen Fixierungen verwickeln lässt. Aber ›einfach‹ heißt, dass man sein *ganzes* Leben lebt. Es bedeutet, dass man für alle Erfahrungen und Details des Lebens offen ist und sich nicht diese Momente rauspickt, denen man sich widmet, und jene, die man ignoriert.«

Vielleicht finden Sie, ähnlich wie ich, dass buddhistische Lehren sehr anspruchsvoll sind. »Einfach« alles im Leben annehmen, ohne Abneigung oder Gier. Ja, wenn es so einfach wäre …!

Doch Sie müssen nicht von jetzt an dem gütigen Dauerlächeln einer Buddha-Statue nacheifern, um ein wenig glücklicher zu werden. Sie müssen nicht für den Rest Ihres Lebens versuchen, ein zweiter Dalai Lama zu werden und allzeit glücklich zu lachen.

Sie können einfach Ihr Gesicht entspannen und hin und wieder auch einmal wieder die Stirn runzeln. Nur nicht länger als nötig.

Um etwas glücklicher zu sein als vorher, reichen kleine Veränderungen in Ihrem Verhalten und in Ihrer Wahrnehmung. Die aber sollten Sie so häufig wie möglich üben.

Den Trick bei der Wahrnehmung der angenehmen Ereignisse können Sie sich von den Bienen abschauen: Sie sammeln den Pollen und stellen den Honig her, aber sie kleben nicht daran fest. Meisterlich!

In den letzten Jahren haben sich die Erkenntnisse der Weisheitstraditionen und die moderne Verhaltensforschung erstaunlich angenähert. Es gibt zwei verlässliche Zutaten zum Glück: aufmerksame Wahrnehmung (ohne Wertung) gegenüber dem, was wir tun, und die bewusste Hinwendung zu dem, was uns gut tut.

Sie können vielleicht nicht Ihr ungewolltes Alleinsein beenden. Sie werden sich auch zukünftig hin und wieder einsam fühlen. Aber Sie haben in der Hand, wie Sie mit der Situation umgehen.

Wenn Sie mit dem Widerstand gegen Ihre Erfahrung aufhören, ist das der erste – und vielleicht der schwerste – Schritt! Sie können den Dingen des Alltags mehr Leben einhauchen, indem Sie ihnen mehr Aufmerksamkeit schenken. Sie können anfangen, aktiv die schönen Momente in Ihrem Leben wahrzunehmen. Manchmal ist das die einzige Wahl, die Sie haben. Diese Freiheit aber kann Ihnen niemand nehmen.

Die folgende Meditation der Meditationslehrerin Marie Mannschatz lädt Sie ein, Ihre Aufmerksamkeit auf Ihr Wohlbefinden zu richten, damit diese Gefühle wachsen können.[126]

Meditation.

Die Herzblume

Suchen Sie sich einen ruhigen Ort und setzen Sie sich in einer für Sie bequemen Haltung hin. Atmen Sie zunächst einige Male tief ein und aus und entspannen Sie Ihren Körper auf eine für Sie angenehme und leichte Art und Weise. Dann schließen Sie die Augen und gehen Sie mit Ihrer Aufmerksamkeit zu Ihrem Körper, Ihrer Wirbelsäule und Ihrem Brustkorb, der Herzregion.

- *Stellen Sie sich nun vor, dass Ihre Wirbelsäule der kräftige Stängel einer Sonnenblume ist. Die Wurzeln dieser Sonnenblume reichen durch Ihr Kreuzbein und die Beine bis tief in den Boden hinein, die Blüte der Sonnenblume befindet sich in Ihrem Brustkorb, Ihrer Herzregion. Statt einer Sonnenblume können Sie sich auch jede andere Blume vorstellen, die Sie schön finden und die Sie als Symbol mit dem Herzen assoziieren. (Eventuell haben Sie auch das Gefühl, dass die Blüte dieser Blume an einer anderen Stelle als im Brustkorb lokalisiert sein soll, zum Beispiel in der Stirn oder im Gesicht, dann folgen Sie auf jeden Fall Ihrem Gefühl.)*

- *Spüren Sie jetzt, wie die Nahrungssäfte der Erde in dem Blütenstängel der Pflanze aufsteigen, und stellen Sie sich vor, wie von oben Ihre Blütenkrone von der Sonne beschienen wird. Genießen Sie ausführlich dieses Gefühl, wie Sie von der Erde genährt und von der Sonne beschienen werden.*

- *Lassen Sie die Blume sich nun leise im Rhythmus Ihres Atems bewegen, vielleicht so wie ein Sonnenblumenfeld im sanften Sommerwind. Führen Sie diese Atemmeditation mit dem Bild der Blume so lange fort, wie es Ihnen angenehm ist, und beenden Sie sie dann, indem Sie die Augen öffnen und sich strecken.*

In diesem Kapitel ging es darum, wie man mit dem Schmerz des Alleinseins umgehen kann. Zu manchen Zeiten mag es besser sein, sich dem Schmerz zuzuwenden und ihn vollständig zu erfahren. Zu anderen Zeiten kann es besser sein, sich bewusst auf das Positive zu konzentrieren. Im folgenden Kapitel wird eine andere Perspektive vorgestellt. Nicht immer gilt es, den Schmerz des Alleinseins zu vermeiden. Zum Teil ist es dieser intensive Schmerz, der einen Menschen erst für eine neue Lebenserfahrung öffnet.

Notwendige Einsamkeit:
Übergang zu einer neuen Lebensphase

Einsam sein bringt uns von der Dimension des Habens und Wollens, des Könnens und Kontrollierens mit einem Schlag in die Dimension des »Seins«. Wir *sind* einsam und fühlen Schmerz, für einen Moment, eine Zeit lang ganz und gar.

Wenn das Alleinsein andauert, können die meisten Alleinlebenden mit zunehmendem Alter immer besser mit diesem Lebensstil umgehen. Eingebunden in ein Netz von Freunden, Bekannten und Verwandten, ausgefüllt durch Beruf, Hobby, Fortbildungen und Reisen fühlen sie sich nicht oft »einsam«. Dennoch helfen manchmal weder eine Reise noch ein Hobby noch Freunde, um den Schmerz des ungewollten Alleinseins zu mildern. Oft ist nicht der Alltag ohne Partner oder Liebesbeziehung schwierig, sondern die besonderen Momente, in denen klar wird, dass man einen Verlust erlitten hat.

Es geht um die Akzeptanz von unabänderlichen Konsequenzen des Alleinseins wie zum Beispiel bei einem unerfüllten Kinderwunsch.

Mit verlorenen Lebensträumen müssen sich natürlich alle Menschen in ihrem Leben auseinander setzen. Im ungewollten Alleinsein gibt es jedoch typische Lebensthemen, die, wenn sie unbeachtet bleiben, zur inneren Verbitterung führen können.

Nicht-Ereignisse

Sibylle, eine 49-jährige Frau, erzählt bei einem der Interviews, dass sie nie in einer festen Partnerschaft gelebt hat. Es fällt ihr sichtlich schwer, darüber zu sprechen, und doch ist es auch irgendwie befreiend für sie. »Ich habe nie einen wirklich festen Partner gehabt, mein ganzes Leben lang nicht. Ich hatte natürlich Begegnungen mit Männern, mal eine Jugendfreundschaft und danach auch kurze Affären, aber ich hatte nie über Jahre einen festen Freund und bin auch nie eine Ehe eingegangen. Jetzt bin ich 49 Jahre alt, und irgendwie habe ich die Hoffnung aufgegeben, dass sich das noch einmal für mich erfüllen wird.«

Die ausbleibende Partnerschaft oder der nicht erfüllte Kinderwunsch, das sind »Nicht-Ereignisse«, wie Psychologen solche enttäuschenden Lebensumstände nennen. Diese unerfüllten Lebensträume sind erst in den letzten Jahren überhaupt als Problem in der psychologischen Forschung wahrgenommen worden.[127] Im Vordergrund standen bisher schicksalhafte Einschnitte in der Biografie wie Scheidung, Tod eines Partners oder der Verlust des Arbeitsplatzes. Nicht-Ereignisse sind dagegen lange Zeit leise und stille Reisebegleiter auf dem Lebensweg. Typisch sind Ungewissheit und Hoffen, ebenso wie eine lang anhaltende Weigerung anzuerkennen, dass der Lebenstraum nicht mehr erreichbar ist. Manchmal ist es nicht auszuschließen, dass sich ein Wunsch tatsächlich noch erfüllt. So kann der Zyklus aus Hoffnung und Enttäuschung immer wieder aufflackern. Eine Veränderung in diesem Achterbahn-Lebensgefühl kann aber erst dann eintreten, wenn man sich dem Schmerz des Scheiterns einmal ganz bewusst stellt. Dann, so die Erfahrung der Psychologen aus vielen Gesprächen, kann das Scheitern des Lebenstraums sogar eine bedeutsame Lebensentwicklung anstoßen, Erkenntnisse bringen und neue Kraft freisetzen. So erlebte es auch Miriam, eine 43-jährige Frau, die sich mit dem Ende Ihres Lebenstraumes befassen musste, eigene Kinder zu haben.

Mit Konsequenzen ungewollten Alleinseins leben

Miriam lebt schon mehrere Jahre und die meiste Zeit davon ungewollt allein. Ihren bevorstehenden 43. Geburtstag beschreibt sie als ein bewusstes Trennungsdatum von ihrem lang gehegten Wunsch nach einer eigenen Familie. Da sie nach längerer Zeit immer noch keinen Mann getroffen hat, der der Vater ihrer Kinder werden könnte, glaubt sie nicht mehr an eine Erfüllung dieses Traums. Sie möchte sich auch nicht mit Ausnahme-Frauen trösten, die auch mit 45 noch ein Kind bekommen haben. Miriam wollte nie eine späte und wohlmöglich allein erziehende Mutter sein, sondern hatte sich eine »richtige« Familie mit zwei Kindern und einem Mann vorgestellt. Ratlos steht sie vor ihrem Leben, das nun so ganz anders verlaufen ist als gedacht.

In dieser Phase tut Miriam etwas Wichtiges. Sie stellt sich ihrem Schmerz um den Verlust ihres Lebenstraums statt ihn wegzusperren oder zu leugnen. Sie sagt nicht: Das ist doch nicht so wichtig, es gibt schon genug Kinder auf der Welt. Sie redet sich die unerreichten Trauben nicht sauer, indem sie sagt: Kinder zu haben ist ja oft auch ganz schön anstrengend, wer weiß, ob das überhaupt etwas für mich gewesen wäre.

Es gibt viele Möglichkeiten, mit dem Ende eines Lebenstraums umzugehen. Miriam holt sich Unterstützung von einer Therapeutin, die ihr während einiger Monate bei dem Übergang in die neue Lebensphase zur Seite steht. Gemeinsam mit der Therapeutin zieht Miriam eine Bilanz ihres bisherigen Lebens. Für eine solche Lebensbilanz eignet sich zum Beispiel die Methode des Lebenspanoramas, die im Kapitel »Was das Alleinsein uns gibt« beschrieben wird (S. 32).

Im Lebenspanorama werden wichtige Lebensbereiche und Lebensthemen für die Vergangenheit und Gegenwart aufgeschrieben. Auch für die Zukunft kann man das Lebenspanorama als Wunsch oder als Ziel ausweiten und formulieren.

Miriam betrachtete ihr Lebenspanorama in den Lebensabschnitten von 20 bis 30 und von 30 bis 42 vor dem Hintergrund ihres unerfüllten Kinderwunsches.

Miriams Lebenspanaroma:
Der unerfüllte Kinderwunsch

Miriam erkannte, dass die Folgen einer unglücklichen Beziehung weit in den gesamten Lebensabschnitt von 30 bis 42 hineinreichten. Mit Mitte zwanzig hatte sie eine Abtreibung. Zum Zeitpunkt der Schwangerschaft hatte sie ihren damaligen Freund als unentschlossen und unzuverlässig erlebt. Sie konnte sich nicht entscheiden, das Kind mit ihm zu bekommen, obwohl sie grundsätzlich schon damals einen klaren Kinderwunsch hatte. Sie führte die Beziehung mit dem Mann noch Jahre weiter, blieb innerlich jedoch vorwurfsvoll und wütend. Auch nach der Trennung blieben der Schmerz über die Abtreibung und der Zorn auf den ehemaligen Freund bestehen. Miriam ging keine Bindung mehr ein. Weitere Lebensumstände zwischen 30 und 40 machten diese Lebensphase zu einer dunklen Zeit. Dazu gehörten der Tod einer guten Freundin sowie eine Periode längerer Arbeitslosigkeit.

Rückblickend versteht Miriam heute, dass die Trauer um die Freundin unvermeidlich war. Die Art und Weise aber, wie sie mit den Folgen der Abtreibung umgegangen war, sieht sie heute in einem anderen Licht. Unter vielen Tränen söhnt sie sich schließlich mit ihrer damaligen Entscheidung gegen das ungeborene Kind aus und »entlässt« innerlich den Mann aus seiner Rolle als »Alleinschuldigen«. Es braucht viel Kraft anzuerkennen, dass sie selbst in der damaligen Situation mit Mitte zwanzig die einzige Chance zur Mutterschaft in ihrem Leben nicht wahrgenommen hat. Natürlich auch, weil sie damals nicht voraussehen konnte, dass dies die einzige Chance bleiben sollte. Allerdings kann Miriam aus ihrer heutigen Position auch sehen, dass ihr, wenn sie Mutter geworden wäre, mit Sicherheit eine lange Phase als allein erziehende Mutter bevorgestanden hätte – und das bei ihrer schlechten finanziellen Situation aufgrund der Arbeitslosigkeit.

Eine positive Entwicklung kann Miriam in dem Lebenspanorama auch noch erkennen. Die vielen traurigen Ereignisse der letzten zehn Jahre haben dazu beigetragen, dass sie sich intensiv mit den Lebensthemen der Trauer und dem Sinn im Leben auseinander gesetzt hat. Zum heutigen Zeitpunkt erscheint es ihr so, dass nun endlich der Punkt gekommen ist, all die Schwere ihrer Vergangenheit hinter sich zu lassen. Auf dem Blatt in der Zukunft sieht sie sich tatkräftig und vom Groll der Vergangenheit befreit.

Miriams Lebenspanorama Teil 2: Der Blick nach vorn

Nachdem einige Wochen seit der ersten Lebensbilanz vergangen waren, schaute Miriam zusammen mit der Therapeutin etwas genauer auf ihre Zukunftsvision. Das Lebenspanorama mit dem Rückblick und der gegenwärtigen Lebenssituation zeigt die Entwicklung von Lebensthemen. Die Blätter der Vergangenheit zur Gegenwart hin erhellen, wie etwas so geworden ist, wie es jetzt ist. Man bekommt also eine mögliche Antwort auf die Frage: »Warum bin ich allein (gewesen).« (Wie in den ersten beiden Kapiteln beschrieben.)

Die Frage »wozu bin ich allein?« richtet sich dagegen in die Zukunft und fragt nach den *Möglichkeiten*, die das Alleinsein eröffnet. Miriam kann zum Beispiel sehen, dass sie die zurückliegenden Phasen des Alleinseins oft genutzt hat, um »intensiv meine Seele zu putzen«, wie sie es ausdrückt. In Zukunft soll der Blick wieder mehr nach außen in die Welt gehen. »Das Lebensthema der Selbsterforschung habe ich in den letzten zehn Jahren ausreichend ausgefüllt«, meint sie mit Blick auf ihr Lebenspanorama. Ein Bereich, der in den letzten zehn Jahren völlig zu kurz gekommen war, ist soziales Engagement. Erst jetzt, wo Miriam selbst wieder Arbeit hat und die dringendsten finanziellen Engpässe behoben sind, sieht sie sich dazu überhaupt in der Lage. Sie kann sich den »Luxus« ehrenamtlicher Aktivitäten jetzt leisten und hat auch Zeit dafür. Sie muss auf keine Schulferien Rücksicht nehmen, auf keinen Mann und seinen Beruf. In diesem Licht hat Miriam ihre Kinder- und Ehelosigkeit bisher noch nicht betrachtet. Da ihr Kinder nach wie vor sehr am Herzen liegen, entscheidet sie, dass sie sich zukünftig bei einem Kinderhilfsprojekt engagieren will. Dieses Vorhaben kann sie schon sehr bald in die Tat umsetzen. Außerdem will Miriam auch ihre Rolle als Tante und Patentante bewusster wahrnehmen.

Und endlich will Miriam nun auch noch ein »kreatives Kind« in die Welt setzen und wieder mit dem Malen beginnen. Für einen weiteren Entschluss wird Miriam länger brauchen, und seine Umsetzung hängt nicht nur von ihr ab. Ihre Wohnsituation als Single in der Großstadt belastet sie zunehmend, und so möchte sie sich mit anderen Menschen zusammentun, möglichst in einem Mehr-Generationen-Wohnprojekt. Ob mit oder ohne Partner – für Miriam eröffnen sich aus ihrem Abschied von den vergangenen Lebensträumen neue Lebenshorizonte.

In Zeiten des Übergangs lässt uns häufig das schwierige Lebensthema gar nicht mehr los. Tag und Nacht grübeln wir über einer Lösung. Häufig sind wir sehr fest mit unseren Gefühlen zu diesem Thema verbunden.

Die abschließende Meditation lädt ein, Gefühle wahrzunehmen, aber sie auch wieder gehen zu lassen. Es ist eine Basisübung, um alle Empfindungen und Gefühle, die das eigene Ich betreffen, zuzulassen, ohne sich damit zu »identifizieren« und darin festzuhängen.

Obwohl die Übung vielleicht simpel erscheint, kann sie starke Auswirkungen auf Ihr Gefühl zu sich selbst haben. Sie ist daher ausschließlich für seelisch gesunde und stabile Menschen geeignet.[128]

Meditation.

Sich wahrnehmen und sich lösen können

Setzen Sie sich bequem und aufrecht hin oder legen Sie sich hin. Brechen Sie die Meditation in jedem Fall ab, falls sich Unwohlsein, Schwindel oder Ähnliches einstellt!

- *Nehmen Sie Ihren Körper wahr, indem Sie zunächst mit Ihrer Aufmerksamkeit den Stellen folgen, die sich spontan »melden«, durch angenehme oder unangenehme Körperempfindungen. Wandern Sie dann mit Ihrer Aufmerksamkeit einmal ganz durch Ihren Körper vom Kopf bis zu den Füßen, in dem Tempo, das Ihnen angenehm ist.*

- *Nehmen Sie jetzt Ihre Stimmung, Ihre Gefühle bewusst wahr. Manche Gefühle stellen sich vielleicht auch erst ein, wenn Sie sich einer bestimmten Körperempfindung bewusst werden (zum Beispiel Traurigkeit, wenn Sie Ihre verspannten Schultern wahrnehmen, oder Zufriedenheit, wenn Sie Wärme empfinden).*

Gehen Sie jetzt zur Meditation über, indem Sie sich selbst langsam die folgenden Sätze sagen oder denken (innerlich oder leise ausgesprochen):

1. *Ich* habe *einen Körper – aber ich* bin nicht *mein Körper.*
   Gehen Sie dann Ihre einzelnen Körperteile durch: Ich habe einen Arm, aber ich bin nicht mein Arm ...)

2. *Ich* habe *Gefühle – aber ich* bin nicht *meine Gefühle.*
   (Auch mit einzelnen Gefühlen: Ich habe Wut, oder: Ich bin wütend, aber ich bin nicht meine Wut.)

3. *Ich* habe *Gedanken, aber ich* bin nicht *meine Gedanken.*
   (Gedanken können Sie auch einzeln benennen.)

Lassen Sie diese Sätze auf sich wirken und notieren Sie auch innerlich, welche Reaktionen Sie bei Ihnen auslösen.

Beenden Sie dann die Meditation, reiben Sie sich mit den Händen über das Gesicht, damit Sie wach werden.

»Wer bin ich« – wie fällt nach dieser Übung Ihre Antwort auf diese Frage aus?

Hier einige Antworten von Menschen, die diese Übung absolviert haben:

- Ich fühlte mich zunehmend leicht und frei.
- Ich dachte: Was mache ich sonst für einen Aufriss!
- Ich war dankbar dafür, dass alles an meinem Körper gesund ist.
- Mit der Zeit wurden meine Gedanken immer ruhiger.
- Ich musste lachen, als ob sich mein ganzer Körper mit Lachgas anfüllt und zur Decke schwebt!
- Ich habe mich zum ersten Mal seit langer Zeit ganz wohl mit mir selbst gefühlt.

Bleibe ich allein? – Frauen und Männer jenseits der 50

Das Ende einer langen Partnerschaft ist für viele Menschen ein starker Einschnitt in ihrem Lebensgefüge. Anders als beim Tod des Partners – der später noch beleuchtet wird – steht hier oft das Gefühl des Scheiterns und der Scham im Vordergrund. »Ich kam mir vor wie ein Auslaufmodell«, sagt die 60-jährige Exfrau eines Managers der Automobilindustrie. »Er ging weg, für mich unerwartet, mit einer neuen, 30 Jahre jüngeren Partnerin, das tat weh.«

Selbst wenn die Trennung aktiv herbeigeführt wurde, die Zeit nach einer Scheidung schmerzt oft sehr. »Das Alleinsein kann man aber wieder lernen«, sagt eine 50-jährige Frau, die nach ihrer Scheidung seit einem Jahr allein lebt. »Nur, ob ich wohl noch einmal jemanden finde?« Der Ton in ihrer Stimme klingt zweifelnd.

Im Allgemeinen macht es – besonders für Frauen – einen Unterschied, ob sie mit Anfang dreißig oder mit Mitte fünfzig Singles werden bzw. allein leben. Jedenfalls wenn sie diesen

Zustand wieder ändern wollen. Was bedeutet Alleinsein für das Leben von Frauen, die nicht in einer traditionellen Ehe geblieben sind oder nie in einer gelebt haben?

Die Psychoanalytikerin Eva Jaeggi zieht nach ihren Recherchen über Singles ein verhaltenes Fazit zur Chance, sich wieder binden zu können, gibt jedoch einen positiven Ausblick. Frauen ab Mitte fünfzig, die Singles sind, müssten sich tatsächlich eventuell darauf einstellen, dass die Lebensform ohne Partner endgültig bleibe, ob gewollt oder ungewollt.

Manche Frauen würden dies spüren und sich langsam darauf einrichten. Innerhalb des Lebens ohne einen festen Partner suchten sie nach alternativen Lebensformen und würden dabei fündig, so die Psychotherapeutin. Da werden Netzwerke mit Gleichaltrigen geknüpft, um später eine Alten-Wohngemeinschaft zu gründen. Feiertage, kulturelle Aktivitäten und Ferien werden aktiv mit einer Freundin oder in Gruppen gestaltet. Das Bild verbitterter alter Jungfern sei ein Ammenmärchen, so Eva Jaeggi. Die soziale Kompetenz aus den Single-Jahren käme den Frauen mit fortschreitendem Alter immer mehr zugute.

Aber auch Witwen, die oft keine neue Partnerschaft im Alter mehr eingehen möchten, haben Chancen, den neuen Lebensabschnitt des Alleinseins glücklich zu gestalten. Wer kennt nicht verwitwete Frauen, die im Alter regelrecht aufblühen und noch einmal Aktivitäten beginnen, die sie in ihren traditionellen Ehen an ihre Männer delegiert hatten, wie das Autofahren und das Reisen?

Ohne Partner trotzdem nicht einsam –
Spurensuche der Voraussetzungen

Von Einsamkeit bedroht sind nach Aussagen von Eva Jaeggi nicht etwa die agilen allein stehenden Frauen, sondern die Ehefrauen ab Mitte fünfzig. Und zwar dann, wenn sie in unglücklichen Ehen und lange Zeit ohne eigenen Beruf ausgeharrt hätten. Nachdem die Kinder aus dem Haus seien und die Leere der Beziehung noch spürbarer werde, beginne für diese Frauen eine große Sinnkrise. Diese würden sie entweder durch eine Art Single-Leben innerhalb der Ehe kompensieren, indem sie ähnlich wie ihre allein stehenden Freundinnen zu leben begännen. Oder sie würden zunehmend Krankheitssymptome entwickeln, von allerlei körperlichen Beschwerden bis hin zu massiven Depressionen.

Ein Happy End ist also für Single-Frauen auch im Alter in Sicht, wenn sie ihr Leben aktiv in die Hand nehmen. Das Gleiche gilt natürlich für Männer. Frauen stellen jedoch die Mehrheit der Alleinlebenden im Alter, da Männer im Durchschnitt sieben Jahre früher sterben als Frauen.

Von der aktiven Lebensweise älterer Frauen wird in Zukunft auch im großen Maßstab abhängen, wie gesund unsere Gesellschaft bleibt.

Und vielleicht wird in Zukunft auch das Alter wieder mehr geschätzt, als eine Phase, in der zwar Jugendlichkeit abnimmt, aber Lebenserfahrung und womöglich Weisheit zunehmen.

Die von ihrem Mann so plötzlich und schnöde verlassene Managerehefrau jedenfalls fand ihr neues Lebensglück. Mit über 60 Jahren reist sie mit Gruppen Gleichgesinnter durch die Welt, um fremde Kulturen zu erleben, und sie engagiert sich für ein Kinderprojekt in ihrer Stadt. Bei einem Seniorenstudiengang in Kunstgeschichte fand sie außerdem einen neuen, gleichaltrigen Lebensgefährten, mit dem sie eine respektvolle und tiefe Verbindung pflegt. »Einen 30 Jahre jüngeren

Partner brauche ich jedenfalls nicht für mein Glück«, sagt sie und lacht.

Meditation.

In Zeiten der Dunkelheit: Spurensuche von Diamanten auf meinem Lebensweg

Stellen Sie sich vor, dass Sie an einem schönen Strand in einem südlichen Land stehen. Es ist ein lauer Sommerabend, und ein milder Abendwind weht Ihnen leicht um Ihr Gesicht. Es wird dämmrig, die Sonne ist gerade untergegangen.

- *Sie blicken den Strand zu einer Seite herunter und stellen sich nun vor, diese Strecke sei Ihr bisheriges Leben, Ihr bisheriger Lebensweg.*

- *Rufen Sie sich jetzt so viele schöne Lebenserinnerungen ins Gedächtnis, wie Ihnen einfallen. Das können große Ereignisse sein oder auch eher flüchtige, kleine Alltagserlebnisse. Etwas, das Sie allein oder mit anderen erlebt haben.*

- *Lassen Sie nun in Ihrer Vorstellung für jedes Ereignis, das Ihnen einfällt, einen Diamanten auf den Strand entlang Ihres Lebensweges fallen.*

- *Jetzt geht der Mond auf über diesem schönen Strand und bescheint die Diamanten auf Ihrem bisherigen Lebensweg, die daraufhin anfangen zu funkeln. Genießen Sie diesen Anblick, diesen Reichtum Ihres Lebens!*

- *Wenn Sie mögen, können Sie sich nun in Ihrer Vorstellung zur anderen Seite umdrehen, also zu Ihrem zukünftigen Lebensweg, der noch vor Ihnen liegt. Erkennen Sie, dass es an Ihnen liegt, die schönen Erlebnisse Ihres Lebens wahrzunehmen und entlang des Strandes Ihres Lebensweges fallen zu lassen, damit sie funkeln und glitzern können.*

Alleinsein nach einem gescheiterten Lebensentwurf: Habe ich versagt?

Die vielleicht schwierigsten Zeiten des Alleinseins brechen an, wenn einmal gefasste Lebensentwürfe scheitern. Egal ob es sich um eine Scheidung, den Verlust des Arbeitsplatzes oder um eine schwere Krankheit handelt: Immer ist der Mensch in seinem Innersten erschüttert und mit sich selbst konfrontiert, unabhängig davon, ob er allein lebt oder nicht. Anselm Grün und Ramona Robben, die ein Buch über Scheitern als Chance geschrieben haben, betonen, dass es darum geht, die Einseitigkeit im bisherigen Lebensentwurf und im Selbstbild zu erkennen.[129] »Ich bin nicht immer leistungsstark und unabhängig, ich habe nicht alles im Griff. Ich bin einem falschen Machbarkeitswahn erlegen«, nennt Anselm Grün diese Selbsttäuschung. Ich selbst erinnere mich an eine Zeit in meinem Leben, als mein Selbstbild im Berufsleben zerbrach. Als junge Frau wechselte ich von einem Studium der Journalistik zu einer Tanzausbildung, meiner großen Leidenschaft. Im Rucksack immer das Gefühl, seit Schulzeiten »erfolgreich« und »kompetent« gewesen zu sein. Die Zeit der Ausbildung ist hart, aber ich arbeite mich durch, um wie gewohnt »erfolgreich« zu sein. Dann der Absturz. Der Einstieg ins Berufsleben als Tanzpädagogin misslingt nach meinem Gefühl völlig. Ich bin von meinen Ansprüchen und der banalen Realität des Berufsalltags überfordert. Stundenvorbereitungen sind quälend und mühsam. Mein Körper schmerzt vielfältig, ich bin ständig erschöpft. Schlimmer noch ist der Verlust des Selbstbildes: Ich bin keine erfolgreiche Tanzpädagogin, keine Studentin oder Akademikerin mehr – wer bin ich dann? Freundschaften in dieser Zeit tragen die Selbstzweifel nicht. Ich habe einen eindrücklichen Traum: »Ich stehe in einem Haus, das mein eigenes Haus ist, im Kellergewölbe. Ich blicke nach rechts und links und sehe die dicken Mauern, aber sie sind bis aufs Fundament niedergebrannt. Über mir ist der Abendhimmel zu sehen. Ich bewundere den Himmel, der wunderschön ist, aber ich erschrecke auch zutiefst. Wo ist der Rest des Hauses? Alles ist bis auf die Grundmauern niedergebrannt.« Mit Mitte 20 ist scheinbar der Nullpunkt in meinem Leben erreicht. Ich weiß nicht mehr weiter.

Den Ausdruck von der »Gnade des Nullpunkts« zitiert Anselm Grün: »Der Gescheiterte hat nichts mehr zu verlieren. Er hat keine falschen Rücksichten mehr zu nehmen. Wer sein Scheitern angenommen hat, kann etwas von der ›Gnade des Nullpunkts‹ erfahren. Er fühlt sich frei von den Meinungen und Erwartungen der anderen. Er kann von neuem beginnen.«[130] Das Scheitern birgt die Chance, das eigene Leben neu zu gestalten, wenn man sich mit dem Alleinsein, der Einsamkeit des Scheiterns wirklich konfrontiert. Drei Strategien, um aus dem Scheitern herauszukommen, nennt die Psychologin Ursula Nuber.[131]

1. Anerkennen, dass man mit einem Lebensplan oder einem Vorhaben gescheitert ist. Das Anerkennen und Wahrnehmen des Scheiterns und das Loslassen des alten verfolgten Zieles sind unabdingbar, um neue Wege zu beschreiten.

2. Die Einstellung zum Scheitern verändern. Wer glaubt, dass Misserfolge auf jeden Fall vermieden werden müssten, erlebt im Falle des Scheiterns Schamgefühle bis hin zu Depressionen. Erst wenn Scheitern als ein Teil des Lebens akzeptiert wird, wird man frei, die Frage zu stellen: »Was kann ich aus dieser Situation lernen.«

3. Die Bindung an das gescheiterte Projekt, das nicht erreichbare Ziel lösen und loslassen.

Erst, wer das Scheitern anerkennt und sich von einem nicht erreichbaren Ziel wirklich löst, wird frei, nach Alternativen zu suchen. »Ich kann auch ein anderer sein«, nennt Ursula Nuber das geglückte Fazit des vermeintlichen Scheiterns.

Das Alleinsein im Scheitern auszuhalten ist ein wichtiges Nadelöhr, durch das man gehen muss, ein Zustand, den man aushalten muss, um einen stimmigen Neubeginn zu finden. Der Psychologe Heiko Ernst weist darauf hin, dass es für den Neuanfang keine Patentlösungen gibt.[132] Er rät dazu, zwischen zwei Lebensphasen innezuhalten und ganz bewusst Bilanz zu ziehen, zum Beispiel durch biografisches Schreiben. Um herauszufinden, was man wirklich will, muss man manchmal auch klären, was man nicht will oder wer man nicht mehr sein will. »Viele Neuanfänge beginnen als unscharfe Idee, als vages Gefühl, als Intuition«, sagt Heiko Ernst, »ein inneres Bild nimmt langsam Gestalt an, manchmal löst die zufällige Bemerkung eines Außenstehenden ein Aha-Erlebnis aus – plötzlich wird die neue Richtung, die neue Rolle klar.«

So war es auch bei mir selbst. Einer plötzlichen Intuition folgend, rief ich in der damaligen Lebenskrise bei einer Tanzzeitschrift an, deren begeisterte Leserin ich war. Ich fragte nach einem Praktikum, und zu meiner Überraschung wurde mir gleich eine mögliche Stelle angeboten. Nach einem Vorstellungsgespräch war der Weg frei, der Bann der Krise war gebrochen. Ich sah einen neuen Weg. Die Verbindung von zwei Lebensspuren, dem Tanzen und dem Schreiben, war geglückt.

Scheitern und Neubeginn verknüpfen oft das alte und das neue Leben. Deutlich wird: Das, was hinter mir liegt, war nicht umsonst, ich nehme das, was bleibt, mit in mein neues Leben. Und das Alleinsein im Scheitern hat etwas Neues, etwas Gutes hervorgebracht.

Allein nach dem Austritt aus einer
spirituellen Gemeinschaft

Eine besonders schwer wiegende Form des Scheiterns im Leben ist das Aufgeben einer Berufung wie zum Beispiel das Leben in einer spirituellen Gemeinschaft. Anders als bei dem Scheitern eines »normalen Berufes« wiegt das Scheitern der Berufung besonders schwer. Hier sind die Werte des Menschen, der scheitert, in ihrer Tiefe betroffen. Spirituelle Grundwerte, Lebenshaltungen, die das gesamte Leben bestimmen, sind infrage gestellt. So war es auch bei einer Ordensfrau, die mit 27 Jahren in einen Orden eintrat. Über die damalige Zeit sagt sie:

»Da war ein Feuer – da zählte alles andere nichts mehr.« Von dieser inneren Gewissheit getragen, lebt sie in den ersten Jahren ihres Ordenslebens. Einige Jahre danach jedoch erfährt die Schwester ein tiefes Gefühl der Krise und des Scheiterns. Ein gesamter Lebensentwurf, die »ewigen Gelübde«, erweist sich als Sackgasse. Die Lebensbalance zwischen dem spirituellem Leben und anderen Bedürfnissen, nach Kontakt mit der Außenwelt zum Beispiel, ist für die Ordensfrau zunehmend gestört. Der streng geregelte Ablauf des Ordenslebens, der einmal Halt und Ruhe gegeben hat, wird mehr und mehr zur Fessel für die Lebendigkeit der Schwester. Krankheiten, psychosomatische Beschwerden und Erschöpfung steigern sich bis hin zu depressiven Zuständen. Am Ende bleibt der Ordensfrau nur die Wahl zwischen ihrer Gesundheit und Lebendigkeit oder dem Festhalten an dem einmal gegebenen Gelübde, das sie mit ja beantwortet hatte: »Bist du bereit?« Dreimal müssen Ordensschwestern in der Zeremonie der ewigen Gelübde diese Frage laut und deutlich mit »Ja, ich bin bereit« beantworten, bevor sie für »immer« in den Orden gehen. Dieser letzten Zusage gehen drei bis fünf Jahre des Klosterlebens und viele innere Prüfungen durch die Ordensgemeinschaft voraus. Man kann sagen, dass die »Verlobungszeit« für angehende Ordensschwestern viel gründlicher ist als für so manches Liebespaar, das zum Altar schreitet. Und trotzdem können sich die Bedingungen innerhalb einer Ordensgemeinschaft oder die eigenen religiösen Bedürfnisse so ändern, dass die einmal gewählte Lebensform zur Sackgasse wird.

Die Ordensfrau wählt nach Jahren des Zweifels den Austritt. Doch ähnlich wie bei anderen Menschen, die eine Glaubensgemeinschaft verlassen haben, ist der Austritt nur der erste Schritt auf dem langen Weg in ein neues Leben: »Man fällt ins Nichts«, sagt auch eine andere ehemalige Ordensschwester, die nach 13 Jahren ihren Orden verließ. »Der Alltag, die Abläufe, die Gemeinschaft – alles bricht weg. Von einem Tag auf den anderen wurde ich von einer relativ ›jungen‹ Schwester im Orden zu einer älteren Frau in der Gesellschaft, einer ›schwer vermittelbaren‹ Arbeitslosen«, erinnert sie sich.

In diesem tiefsten Alleinsein, der totalen Einsamkeit und Verlassenheit haben diese beiden ehemaligen Ordensschwestern aber auch erfahren können, dass andere Menschen ihnen halfen. Diese Erfahrungen waren wunderbar und wirkten manchmal tatsächlich wie ein Wunder. »In der allerersten Zeit, in der ich fast kein Geld hatte, schenkte mir eine Bekannte, die mich aus der Ordenszeit kannte – sie war nicht einmal eine enge Freundin – Geld für ein Auto. Sie sagte, dass ich es nötiger brauche als sie selbst. Dabei war sie selbst wirklich nicht sehr wohlhabend. Diese Großzügigkeit erscheint mir bis heute wie ein Wunder.«

Die andere Ordensfrau, die während ihrer Ordensjahre den Kontakt zu ihrer Familie und zu ehemaligen Freunden aufrechterhalten hatte, erlebte diese sozialen Bindungen bei ihrem Austritt wie ein Netz. »Ich bin hinaus ins Nichts gegangen und machte die Erfahrung, dass ich aufgefangen wurde. In der ersten Zeit konnte ich zum Beispiel sofort bei meiner Schwester wohnen, das war überhaupt gar keine Frage. Und

in Gesprächen mit der Familie habe ich keine Verurteilung erlebt, sondern eine große Achtsamkeit und Offenheit dafür,
was zu meinem Austritt geführt hat.«

In Lebensphasen der größten Einsamkeit sind wir mehr denn
je auf den Austausch mit anderen und auf ihre Unterstützung
angewiesen. Ohne Beistand ohne Hilfe oder auch einfach nur
ohne die Anwesenheit einer liebevollen Person kann es passieren, dass wir uns in der Dunkelheit der Krise verlieren, dass
wir zerbrechen. Dauerhafte Krankheit oder tiefe Resignation
können die Folge sein. Schlimmstenfalls endet eine solche
Krise im Suizid. Die notwendige Einsamkeit einer Lebenskrise anzunehmen ist eine Sache, aber sich der Hilfe durch andere Menschen zu öffnen ist ebenso notwendig.

Von größeren und kleinen hilfreichen Begegnungen sprechen fast alle Menschen, die einmal durch eine schwere Lebenskrise gegangen sind. Manchmal sind es so großartige Erlebnisse wie das Angebot, eine Wohnung, Geld oder Arbeit zu
bekommen. Ein anderes Mal sind es Momente in einem Gespräch, die sich wie ein lange gesuchtes Puzzlestück in die
Fragmente der Suche nach einem neuen Lebenssinn fügen.

In einem Alltag voller Hetze lohnt es sich, den Blick für
Momente zu öffnen, in denen wir Hilfe erhalten haben, Verständnis erlebten oder einfach in der Gegenwart eines anderen
»sein« konnten.

Meditation.

Spurensuche in meinem Leben: »Engel« in menschlicher Gestalt

*Diese Meditation lädt dazu ein, dass Sie sich aktiv an eine Situation
erinnern, in der Sie Hilfe, Unterstützung und Verständnis von einem
Menschen in einer schwierigen Situation der Einsamkeit oder Verzweiflung erfahren haben.*

- *Schließen Sie die Augen und rufen Sie sich die Situation ganz genau ins Gedächtnis. Lassen Sie einen »inneren Film« ablaufen.*
- *Erleben Sie, was genau so hilfreich und wohltuend für Sie war.*
- *Genießen Sie dieses Gefühl und achten Sie darauf, wie es sich körperlich anfühlt.*
- *Danken Sie der Person, egal ob diese noch lebt oder nicht, für die hilfreiche Unterstützung.*
  Wenn Sie möchten, schreiben Sie eine der Erinnerungen als Geschichte auf.

Denke ich selbst an Mitgefühl und Güte, dann fällt mir immer wieder eine Situation aus meiner Kinderzeit ein.

Geschichte.

Aufgefangen werden

»Ich bin etwa sechs Jahre alt. Auf dem Weg zur Schule laufe ich am Rande des Fußwegs immer einen Teil auf einer Mauer entlang. Es macht mir Spaß zu balancieren und dabei schnell und geschickt zu sein. An diesem Tag regnet es. Ich sehe mich noch genau auf der Mauer trippeln, in meinem kleinen karierten Regenmäntelchen aus Wachsstoff mit dem passenden Regenhut. Auf das Mauersims ist durch den Regen vom Abhang matschige Erde heruntergerutscht. Es kommt, wie es kommen muss: Mit meinen Gummistiefeln rutsche ich aus und falle von der Mauer. Es passiert nichts Schlimmes, aber ich habe mir die Hände und Knie aufgeschürft und bin schmutzig. Vor Schreck und Schmerzen weine ich laut. Eine Frau, die mich beobachtet hat, geht an mir vorbei und schimpft: ›Du dummes Mädchen, was musst du auch bei dem Wetter da oben herumlaufen, jetzt siehst du, was du davon hast!‹, und sie stapft kopfschüttelnd weiter.

Dann kommt langsam ein älterer Mann mit einer Gehbehinderung näher. Ich kenne ihn vom Sehen, denn er ist ein

Mitglied unserer Kirchengemeinde, jedoch habe ich noch nie mit ihm gesprochen.

Wortlos kommt er zu mir, hilft mir beim Aufstehen und zieht bedächtig sein Stofftaschentuch aus der Hosentasche, damit ich mir die Hände abwischen kann.

Wortlos faltet er es danach wieder zusammen und schaut mich freundlich an.

Dann gehen wir beide weiter.

Noch Jahre danach achte ich in der Kirche immer auf den alten Mann mit dem Stock, wie er in einer der hinteren Kirchenbänke sitzt, und ich grüße ihn.

Irgendwann erfahre ich, dass er gestorben ist. Das geht mir nahe. Für mich war dieser alte Mann meine erste Erfahrung mit wortloser Güte.«

Inmitten von Lebenskrisen, Abschied und Neuorientierung können die Erinnerungen an das lebendig bleiben, was das Leben einmal getragen hat. Diese Erinnerungen sind einerseits tröstlich, andererseits machen sie manchmal zusätzlich einsam, denn man kann sie mit anderen Menschen im Alltag nicht teilen. Eine der ausgetretenen Ordensschwestern sagt noch drei Jahre nach dem Austritt aus dem Kloster: »Jeden Tag denke ich an den Orden, diesen Ort, der meine Heimat war.« Mehrere Jahre dauerte es, bis sie wieder zu Besuch dorthin fahren konnte. Kontakt zu befreundeten Mitschwestern hielt sie nur über Briefe.

Erst allmählich und in mehreren Schritten konnte sie sich von der Erinnerung lösen und in ihr neues Leben hineinfinden. Dazu suchte sie sich therapeutische Hilfe. »Ohne diese Therapie«, so ist sie überzeugt, »hätte ich es nicht geschafft.«

Alleinsein nach dem Tod von geliebten Menschen

Die Sterbenden lehren uns, wie kostbar das Leben ist.[133]

»Loslassen – ich hasse dieses Wort«, sagte die Autorin und Regisseurin Doris Dörrie in einem Interview nach dem Krebstod ihres Mannes einmal. »Loslassen, das klingt, als würde man ein Hündchen von der Leine lassen, dabei geht es doch um den Tod, den endgültigen Abschied.«

Die Meditationslehrerin Marie Mannschatz schreibt in ihrem Buch *Lieben und Loslassen*: »Ende heißt Trennung, keine Wahl mehr haben, loslassen müssen. Es konfrontiert uns, bringt uns an Grenzen, treibt uns in Verzweiflung, führt zu Verdrängung und Nicht-Wahrhaben-Wollen. Verlieren ist schmerzhaft und Abschiednehmen erschüttert jedes Herz, ganz unabhängig davon, wie reich, mächtig oder schön wir sind. In der Auseinandersetzung mit Trennen und Loslassen zeigen sich unsere inneren Stärken und Schwächen sehr deutlich.«[134]

Wenn nahe Angehörige sterben oder Menschen, die wir sehr geliebt haben, dann werden wir grundlegend erschüttert. Im Moment der Todesnachricht hält die Welt an, für einen Moment steht unser eigenes Herz still, versagt der eigene Atemrhythmus in dieser totalen Stille des Todes. Der Tod konfrontiert uns radikal mit unserem Alleinsein.

Nach dem Tod der Eltern zum Beispiel hört das eigene »Kindsein« auf. Man ist jetzt niemandes Kind mehr, man ist endgültig allein. Dieses Alleinsein ist total, nicht mehr zu leugnen. Alle Versuche, dieses Alleinsein zu übertünchen, durch Partner, Freunde, Arbeit und Ablenkung, misslingen, solange der Schock anhält, den der Tod in uns auslöst.

Geschichte.

An der Klippe des Todes zerschellen alle Konzepte

»Ich weiß nicht, ob ich jemals ein festes Konzept von dem hatte, was ›das Leben‹ ist oder ›der Tod‹. Jedenfalls hatte ich keines mehr, als ich den Raum betrat, in dem mein toter Vater aufgebahrt in seinem Sarg lag.

Tod, jenseits aller Konzepte, ist die sinnliche Erfahrung des Toten: Der Brustkorb hebt und senkt sich nicht mehr. Es gibt keinen Atem mehr, kein Atemholen, nicht nach einer Minute, nicht nach zwei Minuten, nicht nach fünf Minuten, nicht nach fünfzehn Minuten. In der Gegenwart eines Toten schaut man unwillkürlich nach der kleinsten Regung des Brustkorbs. Man will rufen, während sich die eigene Lunge gierig weitet, atme, atme doch!

Mit dem Tod stoppen Herzschlag und Blutzirkulation, Tote sind ›leichenblass‹. Dieses Wort versteht nur, wer die wachsfarbenen Hände, wer die fahlen Wangen eines Toten je gesehen hat.

›Totenstill‹, auch das ist ein Wort, das nur in der Gegenwart eines Toten wirklich zu erfahren ist. Kein Atemgeräusch mehr, keine Regung, kein Herzschlag im Innern.

Das Herz hat aufgehört, den Körper mit Wärme zu versorgen. Wer die müden Wangen eines Toten je gestreichelt hat, wer die Kälte gegen die Wärme der eigenen Hand je gespürt hat, der weiß von diesem Augenblick an für immer, Leben bedeutet Wärme.«

Der Raum, in dem ein Toter liegt, ist ein heiliger Raum. Wer dort eintritt, kann es spüren. Tod und Geburt sind die natürlichen Einweihungen in die Geheimnisse des Lebens, die wir als Menschen erfahren können. Die Geburt ist der Eintritt in das Erdenleben. Der Tod ist wie eine rückwärtsgewandte Geburt, ein Herausgehen. In der Gegenwart des Toten werden wir in die Mysterien des Lebens und des Todes eingeweiht.

Wir neigen unseren Kopf in Ehrfurcht vor dieser Kostbarkeit des Atmens, des Pulsierens und der Wärme.

Die Trauerzeit ist die Zeit des Heilens und auch eine heilige Zeit. Das Leben verliert seine Selbstverständlichkeit und wird wieder zum Wunder. Man schaut auf das Kind, das noch so viel Leben vor sich hat (wahrscheinlich, man weiß es nicht, der Tod hat alle Gewissheit zerrissen!). Man sieht die alte Frau auf der Straße, die vielleicht bald schon sterben wird. Man kann sich vorstellen, wie sie aussehen wird im Tod.

Das eigene Leben wird wieder wahrgenommen. Das eigene Gesicht, die eigene Haut, der eigene Atem, ein Wunder!

Keine Trauer verläuft immer gleich intensiv. Die Intensität der Trauerzeit wird unterbrochen von Zeiten, in denen wir in die Trivialität des Lebens zurückfallen müssen, um weiter in dieser Welt zu funktionieren.

Wie einen Segen kann man es sehen, wenn die Trauer und die Erschütterung uns immer wieder einholen und aus dem Halbschlaf des Alltags immer wieder neu zum Leben erwecken!

Die Sterbeforscherin Elisabeth Kübler-Ross bezeichnet den Kontakt mit dem Tod als Initiationserfahrung: »Ein Verlust ist oft eine Initiation in das Erwachsensein. Eine Verlusterfahrung macht uns zu echten Männern und Frauen, zu echten Ehemännern und Ehefrauen. Ein Verlust ist ein Durchgangsritual. Durch das Feuer gelangen wir auf die andere Seite des Lebens.«[135]

Weiterleben nach Tod und Trauer

Ein eindrucksvolles Dokument, wie tiefe Trauer und Verzweiflung in neue Lebenskraft verwandelt werden können, ist die abschließende Geschichte des Unternehmensberaters Jens Hager van der Laan, der seine Familie bei dem Zugunglück von Eschede 1998 verlor.[136]

In einem persönlichen Gespräch fünf Jahre nach dem Unglück sprach Jens Hager van der Laan mit mir über diese existentielle Krise und seinen persönlichen Weg aus Trauer und Verzweiflung zurück ins Leben.

In der Geschichte spiegeln sich die beiden Facetten des Alleinseins wider: dass wir existentiell allein sind im Angesicht von Tod, Verzweiflung und Katastrophen und dass wir ebenso eingebunden sind in das Leben anderer Menschen. Es ist die Verbindung zu Menschen, die wir lieben, die uns hilft, wieder ins Leben zu finden. Und es ist die Religion in ihrer ursprünglichen Bedeutung, die »Rückbindung« an einen größeren Seinszusammenhang, die uns helfen kann, nicht am Leben zu verzweifeln.

Geschichte.

Zugfahrt nach Eschede

Am 3. Juni 1998 erreicht Jens Hager van der Laan das, was man eine Hiobsbotschaft nennt. Der ICE Konrad Röntgen ist im niedersächsischen Eschede entgleist und in eine Brücke gerast. In dem Zug saßen Jens Hagers Frau und Geschäftspartnerin Karin van der Laan und seine beiden Kinder, Henry, zwölf Jahre, und Nina, zehn.

Noch am Morgen hatte er sich unbeschwert von seiner Familie verabschiedet. Seine Frau und die Kinder wollten für Ferientage zur Oma nach Norddeutschland fahren. Wie ein Blitzschlag trifft ihn die Hiobsbotschaft, die alles zerstört, was bisher sein Leben ausgemacht hat. Die ersten Nächte nach dem Unglück verbringt er schlaflos. Schon bald beschäftigt ihn die Geschichte des Hiob aus dem alten Testament.

Hiob, so wird erzählt, ist ein gottesfürchtiger und von Gott gesegneter Mensch, er hat Reichtum, Ansehen, viele Kinder. Der Teufel wettet mit Gott, dass Hiob sich von Gott abwenden wird, wenn ihm all dieses Glück genommen wird. Die

Wette gilt: Der Teufel bringt eine Katastrophe nach der anderen über Hiob, der alles verliert.

»Das war ja nun eine solche Hiobssituation, nicht? Aus einem glücklichen Leben plötzlich in diese Situation zu geraten: Verlust der Familie, eigentlich Zusammenbruch des ganzen Lebens, da fühlte ich mich Hiob sehr nahe. In diesen ersten Tagen war das meine Hauptfrage: Warum trifft es mich? Warum hat der Schöpfer mich ausgewählt, was hab ich angestellt, was hab ich nur getan, dass mir so etwas zustößt? Ich habe irgendwann aufgehört, mir die Frage nach meiner Schuld zu stellen, sondern habe dieses Schicksal angenommen. Und das Wesentliche war, dass ich irgendwann gesagt habe, ich will jetzt aus dem Leben, was mir geblieben ist, ein richtiges Leben machen.

Ich hab mich sehr bald entschieden, dass ich nur weiterleben kann, wenn ich mich *entscheide*, unter diesen Bedingungen weiterleben zu *wollen*. Und das bedeutet auch, dass ich mich mit all diesen Dingen konfrontiere, und das heißt auch, *Bahn fahren*. Ich bin bald danach wieder mit der Bahn gefahren. Also das Wesentliche war, dass ich mich *innerlich* entschieden habe, weiterzuleben.«

Jens Hager van der Laan findet wesentliche Hilfe in der Auseinandersetzung mit Glaubensfragen. Besonders hilfreich sind für ihn die Gedanken eines Priesters aus der Waldorfschule, die seine Kinder besucht haben.

»Der hat mir gesagt: ›Ihrer Familie geht es dort, wo sie jetzt ist, in dieser geistigen Welt, gut und besser, wenn *Sie* hier nicht verzweifeln. Und es geht ihr schlecht, wenn *Sie* hier jetzt in ein seelisches Loch stürzen und aus dieser Situation nicht herauskommen.‹ Er hat mich ermutigt, mit dieser Situation durch eine gewisse Anstrengung zurechtzukommen. Und das hat mir einen starken Antrieb gegeben, mich jetzt wieder diesem Leben zuzuwenden. Er hat auch gesagt – und das fand ich ein schönes Bild –, dass die zu früh gestorbenen Seelen – zumal wenn es die eigenen Kinder sind oder die eigene Frau geht – ihre Lebensenergie zurücklassen bei dem, der übrig bleibt aus der Familie. Ich hab damals gedacht, ja es könnte so sein, ich hab keinen Beweis dagegen. Du musst jetzt diese Stärke aufbringen, und du hast sie vielleicht auch. Es gab dann auch für mich gewisse Anzeichen, dass es wirklich so sein könnte, dass ich jetzt eine zusätzliche Stärke bekomme, mit dieser Situation angemessen klarzukommen.

Ich hatte schon lange vor dem Unglück eine Entscheidung getroffen, indem ich sagte: ›Dass es nach dem Tode zu Ende ist, weiß ich genauso wenig sicher wie, dass es nach dem Tode *nicht* zu Ende ist.‹ Und ich entscheide mich für die Version, die mir lieber ist. Für mich heißt das, es geht irgendwie organisch weiter und vielleicht ist man dann in einer Welt, die – wie ja auch das Christentum verspricht – eine schöne Welt ist.«

Aber schöne Worte allein tragen nicht in diesem Lebenseinschnitt – es muss sich ganz neu erweisen, was gültig ist für das eigene Leben.

Neben der geistigen Auseinandersetzung und Gesprächen mit Menschen, die das Unglück überlebt haben und berichten, dass sie an die Minuten des Unglücks keine Erinnerungen mehr haben, sind es ganz praktische Tätigkeiten, die Jens Hager van der Laan helfen, sich dem Leben wieder zuzuwenden. Ein Freund gibt ihm schon bald nach dem Unglück wieder einen Auftrag.

»Das fand ich eine kluge Freundestat. Ich habe gemerkt, wie sehr mir das geholfen hat, auf diese Weise einfach wieder in mein Leben zurückzukehren. Das hieß nicht, dass damit alles bewältigt war, aber ich habe mich so wieder an das Leben angekoppelt.

Das Erlebnis, in so einer Situation gute Freunde zu haben, war für mich sehr wichtig. Ich fühlte mich aufgehoben bei der Familie, bei den Freunden, und das war eindrucksvoll und tröstlich. Ich war in einer großen Gemeinschaft, die auch unmittelbar betroffen war und mitlitt, weil sie unsere Kinder einfach auch alle sehr liebten.«

Beim Zugunglück von Eschede gab es 101 Tote, 119 Menschen sind sehr schwer verletzt worden. Schuld war ein defekter Radreifen. Vermutlich ein Fehler bei der Wartung oder sogar schon bei der Zulassung. Die Frage nach Schuld und Sühne wurde für manchen Hinterbliebenen ein bestimmendes, aber auch zermürbendes Überlebensmotiv. Für Jens Hager van der Laan stand die Schuldfrage jedoch nicht im Vordergrund.

»Ich hab mir über die Schuld der Bundesbahn nicht so schrecklich viele Gedanken gemacht. Was mich gequält hat, war die Trauer und das Entsetzen darüber, dass ich meine Familie verloren habe, weil irgendwer geschlampt hat. Ich habe mir Gedanken gemacht über die zunehmende Verantwortungslosigkeit oder Nachlässigkeit in unserer Gesellschaft.«

»Und ich habe damals gesagt: Ich will kein ›Restleben‹ leben. Sondern es muss jetzt noch mal irgendwie was Neues passieren. Und das gelingt natürlich nicht so 1, 2, 3, dass man dann plötzlich alles ganz anders macht. Das Wesentliche ist in so einer Situation – jedenfalls habe ich das so erlebt –, dass man etwas findet, das dem Leben wieder einen Sinn gibt. Und da war das Erste, was sich bot, der Beruf, das Zweite war, dass ich auch Ehrenämter übernommen habe. Ich habe beispielsweise das Amt meiner Frau im Vorstand der Waldorfschule übernommen und gesagt: ›Ich mach das jetzt weiter.‹«

Das Gottesbild von Jens Hager ist nach dem Verlust seiner Familie nicht zerbrochen, aber es hat sich gewandelt. Es ist ein gnädiger Gott, der auf uns Menschen schaut, aber auch einer, der die Verantwortung für die Schöpfung dem Menschen übergeben hat.

»Ich stelle mir Gott so vor, dass er genauso verzweifelt ist wie wir über das, was hier auf der Erde geschieht. Und dass er sagt: ›Die Welt ist die Sache des Menschen. Ich kann ihn nur mit meiner Gnade aufnehmen, wenn er dann bei mir erscheint. Dann hat er meine Gnade und wird für das, was er anrichtet, auch entschuldet. Aber Einfluss nehmen auf das, was da passiert, kann ich kaum.‹ So stell ich mir die Haltung Gottes heute vor.«

Die Kunst,
die Sehnsucht nach Zweisamkeit zu verstehen und bei sich anzukommen

Wer allein ist, spürt seine Lebenssehnsüchte stärker, als wenn viele Reize von außen die innere Stimme überdecken.

Und wer allein lebt, hat auch Phasen, in denen er nicht mehr allein sein möchte!

Sind wir Menschen überhaupt zum Alleinsein geschaffen? Heißt es nicht schon im Schöpfungsbericht der Bibel, »es ist nicht gut, dass der Mensch allein bleibt«? Haben wir einen Arche-Noah-Komplex, der uns immer nach einem Partner, einer zweiten Hälfte suchen lässt? Sehnsucht als Kraft und Sehnsucht als Flucht, zwischen diesen Polen spannt sich die Sehnsuchtsspur auf.

Wer die Sehnsucht nach Zweisamkeit leugnet, kann nach außen hin stark erscheinen. Doch Sehnsucht zu leugnen hat nichts mit Stärke zu tun. Ob wir allein sein können oder aber allein sein »müssen«, verändert unsere Lebensqualität dramatisch. Das Dilemma der »starken Frauen«, die sich ihre Sehnsucht verbieten, liegt hier verborgen.

Wie die Sehnsuchtsspuren des Lebens einen tieferen Sinn bekommen können, wird in den folgenden Kapiteln über die Sehnsucht erforscht.

Sehnsucht verstehen –
Die Kraft der Sehnsucht

»Alles beginnt mit der Sehnsucht.« Nelly Sachs

In Zeiten des Alleinseins können Sehnsüchte besonders stark werden, zum Beispiel die Sehnsucht danach, eine Person, Freunde oder auch eine Gemeinschaft zu finden, mit denen wir unser Alleinsein hinter uns lassen können.

Man kann das Alleinsein aber auch geradezu suchen oder herstellen, um dann seiner Sehnsucht einen kreativen Ausdruck zu verleihen. So wie es Maler tun, Schriftstellerinnen, Musikerinnen und Wissenschaftler.

Künstler aller Zeiten hat das Alleinsein und die Sehnsucht nach Liebe zu den schönsten Kunstwerken inspiriert. Wie hätte Rilke seine Duineser Elegien schreiben können ohne Sehnsucht? Wie hätte Michelangelo die Sixtinische Kapelle schaffen können oder Bach das Weihnachtsoratorium ohne Sehnsucht danach, eine ganz bestimmte Idee, ein ganz bestimmtes Kunstwerk in die Welt zu bringen?

Woher hätten Martin Luther King, Mutter Teresa oder Nelson Mandela die Kraft für ihren Lebensweg genommen, wenn sie nicht von einer unbändigen Sehnsucht getrieben worden wären nach einer gerechteren, menschlicheren Gesellschaft?

Die Sehnsucht ist ein produktiver Spannungszustand, der uns inspiriert und Grenzen überschreiten lässt.

Sehnsucht beschreibt die grundlegende Suche nach dem, was wir im Leben vermissen. Sehnsucht schlägt die Brücke zwischen dem »Ist« und dem »Werden«. Wir hoffen, dass wir ein besseres, ein schöneres, ein vollkommenes Leben haben, wenn sich erfüllt, wonach wir uns sehnen. Dabei stehen die Objekte unseres Sehnens meist nur als Stellvertreter für eine tiefere Sehnsucht, die uns selbst vielleicht verborgen bleibt.

Sehnsucht ist unbequem, denn da gibt es ein »Soll« und noch kein »Ist«. Sehnsucht ist ein Zwischenzustand, nichts Ganzes und nichts Halbes und vielleicht auch deshalb ein Stiefkind der Psychologie. Sie ist wenig erforscht, wird eher kritisch beäugt als liebevoll betrachtet. Der buddhistischen Philosophie ist die Sehnsucht suspekt, denn sie führt aus der Gegenwart weg.

Doch Sehnsüchte sind hartnäckig, sie lassen uns nicht los. Dass Sehnsucht ein wesentlicher Antrieb für menschliches Handeln überhaupt ist, betont der Psychologe Ernst Eduard Boesch, der über die Sehnsucht ein ganzes Buch geschrieben hat[137]. Sehnsucht könne eine Kraftquelle sein, durch die wir die Zukunft gestalten, sagt er über diese wenig erforschte Seelenregung. Das Wissen um die Kraft der Sehnsucht liegt dem Ausspruch zu Grunde: »Wenn du Menschen motivieren willst, ein Schiff zu bauen, verbinde sie mit ihrer Sehnsucht nach dem Meer.«[138]

Wer allein ist, spürt seine vielfältigen Sehnsüchte oft mehr, weil es keine schnelle Befriedigung des einen Bedürfnisses nach Nähe gibt. Und weil sich nicht ständig die Wünsche eines anderen Menschen mit den eigenen Sehnsüchten vermischen.

Was treibt Menschen an? Ist es das Bedürfnis nach Beziehungen oder der Sexualtrieb, wie es Sigmund Freud postuliert hat? Wie bereits an anderer Stelle erwähnt, untersuchte ein Psychologenteam aus den USA die grundlegenden Bedürfnisse von Menschen aus verschiedensten Nationen und Kulturen. Aus den 2500 Interviews filterten sie schließlich 16 universelle Bedürfnisse heraus. Dazu gehören materielle Grundbedürfnisse, die das Überleben sichern, sowie das Bedürfnis nach Schutz, Zugehörigkeit, aber auch nach Macht und Ansehen.[139] Außerdem ist es ein menschliches Bedürfnis, Schmerz und Zurückweisung zu vermeiden.

Neben den existentiellen Bedürfnissen gibt es in allen Kulturen eine tiefere Sehnsucht nach Sinn und gemeinsamen Werten. In vielen Menschen gibt es die Sehnsucht nach einer gerechteren Welt und die Sehnsucht nach Wissen, Erkenntnis und Weisheit. Es gibt bei Menschen aller Völker eine Sehnsucht nach transzendentem Wissen, das unsere menschliche Begrenzung erklärt und auch übersteigt. Diese Sehnsucht nach tiefer Erkenntnis ist vermutlich am meisten mit dem Wunsch nach Alleinsein verbunden.

Doch zeigt die Studie, dass es in allen Kulturen auch ausgeprägt das Bedürfnis nach Gemeinschaft und Austausch gibt. In unserer westlichen Kultur äußert sich dieses Bedürfnis nach Zugehörigkeit unter anderem in der Sehnsucht nach einer Liebesbeziehung. In anderen Kulturen haben Familien und Gemeinschaften einen höheren Stellenwert.

Die folgende Übung lädt Sie dazu ein, die Sehnsüchte Ihres eigenen Lebens zu benennen und in Ihr Bewusstsein zu bringen. Nicht alle unsere Bedürfnisse sind uns bewusst, manche werden von uns zensiert.

Übung.

Die Sehnsuchtsliste – Begrüßen Sie Ihre Sehnsüchte, sie weisen Ihnen den Weg

Schreiben Sie so spontan und zügig wie möglich!
Benutzen Sie den Satzanfang, der Ihnen am meisten liegt.
- *Ich habe Sehnsucht nach ...*
- *Ich wünsche mir sehnlichst ...*
- *Was ich mir sehnlichst wünsche, ist ...*
- *Wenn ich nur mehr/weniger ... hätte*
- *Wenn nur ein/eine ... in meinem Leben wäre ....*

Markieren Sie die drei Sehnsüchte, deren Erfüllung Ihnen zurzeit am wichtigsten wäre.

* *In welchem Lebensbereich liegt diese Sehnsucht? (Beruflich, privat, Freizeit …)*
* *Was können Sie heute schon als ersten Schritt zur Erfüllung tun?*

Diese Liste kann ein erster Arbeitsschritt sein. In der nächsten Übung »Sehnsüchten in die Tiefe folgen« können Sie sich mit den unbewussten, tieferen Schichten Ihrer Sehnsüchte befassen, wenn Sie möchten (S. 229).

Der Sehnsuchtsspur folgen – vom tieferen Sinn der Sehnsüchte

Sehnsucht kann eine enorme Kraft entfalten. Sehnsucht kann uns aber auch durch ständige Tagträume aus der Gegenwart reißen und in eine fantasierte »Sankt-Nimmerleins-Zukunft« entführen.

Im Buddhismus zum Beispiel wird Sehnsucht eher als Flucht verstanden, weil sie durch Träume aus der Gegenwart wegführt. Wer sehnsüchtig ist, wünscht sich einen anderen Zustand als den jetzigen. Wer sehnsüchtig ist, will der Gegenwart entfliehen. Wir verpassen dann unsere »Verabredung mit dem Leben«, wie es der buddhistische Zen-Meister Thich Nath Hanh ausdrückt: »Wir haben eine Verabredung mit dem Leben. Leben findet immer im gegenwärtigen Augenblick statt. Wenn wir den gegenwärtigen Augenblick verpassen, verpassen wir unsere Verabredung mit dem Leben.«[140]

Sehnsucht kann also eine Schnellstraße sein, die aus der Gegenwart wegführt. Sie kann aber auch eine Lebensspur sein, die zu unserer Lebendigkeit hinführt. Ob das eine oder das andere geschieht, hängt wesentlich davon ab, wie wir mit Sehnsüchten in unserem Leben umgehen.

In Zeiten der Sehnsucht, nach Veränderung, nach einem Partner, nach einem neuen Job oder anderem, geht es in unserem Kopf sehr bewegt und sehr »laut« zu. Viele Stimmen drängen sich uns auf, wollen sich Gehör verschaffen. Es ist nicht leicht, in diesem Stimmengewirr die führende innere Stimme zu hören. Welcher Sehnsucht sollen wir denn nun folgen? Den Arbeitsplatz wechseln, ein Studium beginnen, eine Beziehung beenden oder endlich eine neue suchen?

So wie im Frühling die Blüten schier explodieren in ihren Farben und Formen, so drängen sich auch unsere Sehnsüchte wieder an die Oberfläche unserer Wahrnehmung.

Zeiten des Alleinseins helfen, die innere Stimmenvielfalt zu sortieren und das wirklich Wichtige herauszufiltern.

Allein sein zu können und dabei die Gedankenvielfalt, die Wünsche und Sehnsüchte zur Ruhe kommen zu lassen hat mit Rhythmus zu tun. Unser Leben braucht den Wechsel zwischen aktiv und passiv, zwischen draußen in der Welt sein und sich zurückziehen in die Abgeschiedenheit. Die ganz großen Künstler des Alleinseins schaffen es, gleichzeitig in der Welt und ganz bei sich, »allein«, zu sein. Sie halten immer ihre »Verabredung mit dem Leben« ein.

In der nächsten Übung geht es darum, die tiefere Bedeutung einiger Ihrer Sehnsüchte anzuschauen und nach deren Ziel zu fragen. Oft können wir die Erfahrung machen, dass die Erfüllung der Wünsche an der Oberfläche nicht satt macht. Die neue Wohnung, die neue Arbeit oder der neue Partner befriedigen kurzzeitig unser Begehren, doch dann fühlen wir uns oft ähnlich unzufrieden oder unglücklich wie zuvor.

Denn unter der Oberfläche von Wünschen verbergen sich tiefere Sehnsüchte. Wenn wir diese zugrunde liegende Sehnsucht finden und dieser Essenz in unserem Leben Ausdruck verleihen, werden plötzlich die Wünsche an der Oberfläche weniger drängend. Und von ihrer Erfüllung hängt nicht mehr unser Glückserleben ab.

Nehmen Sie sich Ihre Sehnsuchtsliste aus der letzten Übung oder schreiben Sie spontan etwas auf, nach dem Sie Sehnsucht haben.

Übung.
Sehnsüchten in die Tiefe folgen

Für diese Übung benötigen Sie eventuell eine Person, die Ihnen hilft, die Zwischenschritte jedes Übungsteils aufzuschreiben, damit Sie selbst nicht aus der Versenkung und Konzentration immer wieder auftauchen müssen. Es ist jedoch auch möglich, die einzelnen Schritte zum Beispiel auf Kassette zu sprechen und die Übung alleine durchzuführen. Die Übung »Sehnsüchten in die Tiefe folgen« folgt dem »Core-Zustand-Prozess« der Therapeutinnen Connirae und Tamara Andreas.[141] Sie hilft Ihnen, von der Oberfläche der Sehnsüchte zu einem tiefen Zustand innerer Ruhe und inneren Friedens zu kommen. Die einzelnen Schritte des Prozesses mache ich Ihnen an einem Beispiel deutlich, damit die Schritte plastischer werden. Der gesamte Prozess dauert zwischen 20 bis 30 Minuten.

Schritt 1: Eine Sehnsucht auswählen, um damit zu arbeiten.
Für dieses Beispiel wird die »Sehnsucht nach einer Beziehung« vorgestellt, ein Thema, das Ulrike in einer Sitzung bearbeitet hat.

• *»Zuerst versuche ich, die Sehnsucht zu erfahren und sie willkommen zu heißen. Ich schließe die Augen und suche in meinem Körper, wo das Gefühl der Sehnsucht nach einer Beziehung genau lokalisiert ist. Ich erlebe diese Sehnsucht in der Brustregion als ein Brennen. Ich heiße dieses Brennen und die Sehnsucht nach einer Beziehung willkommen. Es fällt mir nicht leicht, diese Sehnsucht anzuerkennen, denn ich erlebe sie auch als Schwäche. Ich heiße auch dieses Gefühl der Schwäche und die Scham über die Schwäche willkommen und entspanne mich.«*

Schritt 2: Die Absicht/das erste beabsichtigte Ergebnis entdecken.

- »*Ich frage die Sehnsucht: ›Was möchtest du von mir?‹ Der Teil in mir, der die Sehnsucht nach einer Beziehung trägt und hervorbringt, antwortet mir: ›Ich habe Sehnsucht nach Geborgenheit, ich möchte, dass du Geborgenheit erlebst.‹*«

Schritt 3: Die Ergebniskette entdecken.

- »*Ich frage jetzt den Teil, der die Sehnsucht nach einer Beziehung hervorruft: ›Wenn du dich bereits völlig geborgen fühlst und Geborgenheit erlebst, genauso wie du es möchtest, was möchtest du dann durch dieses Gefühl der Geborgenheit erreichen, das dir noch wichtiger ist?‹ Die Sehnsucht antwortet: ›Ich möchte spüren, dass ich geliebt werde.‹*«
- »*Wiederum frage ich den Teil, der die Sehnsucht nach Beziehung, nach Geborgenheit und Geliebtwerden trägt: ›Wenn du dieses Geliebtwerden völlig erreicht hast und dich völlig geliebt fühlst, was möchtest du dann für mich erreichen, was dir noch wichtiger ist, was noch tiefer liegt?‹ Jetzt muss ich auf die Antwort eine Zeit warten, ich muss mich ganz in das Gefühl, mich geliebt zu fühlen und geliebt zu werden, hineinversetzen, dann kommt die Antwort: ›Meinen Wert spüren.‹*«
- »*Wiederum frage ich den Teil, der Sehnsucht nach Beziehung, Geborgenheit, Geliebtwerden und meinen Wert spüren hervorruft: ›Und was möchtest du erreichen, wenn du deinen Wert völlig gespürt und das vollständig erlebt hast, gibt es etwas, das noch tiefer ist?‹ Wieder dauert es einen Moment, bis die Antwort kommt: ›Ich möchte ganz ruhig werden, ich möchte vollständige Ruhe erleben.‹*«
- »*Bei der nächsten Frage dauert es lange, bis die Antwort kommt. ›Wie ist es, wenn du diese Ruhe vollständig erleben kannst, gibt es dann noch etwas, was du dadurch erreichen möchtest?‹ Die Antwortet lautet: ›Tiefen Frieden erfahren.‹*«
- »*Wiederum stelle ich die Frage danach, was passiert, wenn ›tiefer*

Frieden erfahren‹ wirklich völlig erlebt wird, ob es dann noch etwas gibt, was dadurch erreicht werden soll. Jetzt kommt keine Antwort mehr. ›Tiefer Frieden erfahren‹ ist der Core-Zustand, der Grundzustand, der unter der Oberfläche der Sehnsucht nach einer Beziehung liegt. Ich genieße eine Zeit lang den Zustand, diesen tiefen Frieden jetzt im Moment völlig zu erfahren.«

Nachdem Ulrike diesen Zustand ganz und gar erfahren und ihn genossen hat, ist sie bereit, den vierten Schritt zu gehen.

Schritt 4: Die Ergebniskette mit Hilfe des Core-Zustandes revidieren.

Die Ergebniskette zu revidieren bedeutet, die einzelnen gefundenen Schritte im Bewusstsein des Core-Zustandes von unten nach oben wieder zurückzugehen und zu sehen, was sich durch das Bewusstsein des Core-Zustandes an dem jeweiligen Zwischenschritt ändert.

- *»Ich frage den Teil, der ursprünglich Sehnsucht nach einer Beziehung hatte und als letzten Zwischenschritt ›ruhig werden‹ für mich erreichen wollte: ›Wie verändert sich dein Wunsch, ruhig zu werden, wenn du ihn bereits in dem Zustand des tiefen Friedens erlebst?‹ Als Alternative kann man auch fragen: ›Wie durchstrahlt der Zustand, tiefen Frieden zu erfahren, deinen Wunsch, ruhig zu werden oder Ruhe zu erleben?‹ Es geht also darum, dass der Core-Zustand jeweils die Zwischenergebnisse verändern wird. Bei dem letzten Zwischenergebnis, ›ruhig werden‹, kommt nun als Antwort: ›Ruhig werden geschieht jetzt ohne Anstrengung.‹ Das heißt, wenn ich bereits tiefen Frieden erfahre, dann wird auch ›ruhig werden‹ ohne Anstrengung erlebt.«*
- *»Jetzt frage ich den Zwischenschritt ›meinen Wert spüren‹: ›Wie verändert sich dein Wunsch, deinen Wert zu spüren, wenn du ihn in dem Zustand tiefen Friedens erlebst?‹ Als Antwort kommt: ›Meinen Wert spüren ist ein völlig natürlicher Zustand.‹«*
- *»Jetzt frage ich den Zwischenschritt ›Geliebtwerden‹: ›Was verändert sich in deinem Erleben des Wunsches, geliebt zu werden,*

wenn du ihn bereits in einem tiefen Frieden erfährst?‹ Als Ant-
wort kommt: ›Geliebtwerden kommt von innen, ich brauche die-
ses Gefühl nicht von außen.‹«

- *»Ich frage das Zwischenergebnis ›Geborgenheit‹: ›Was verändert*
  sich und wie verändert die Erfahrung, tiefen Frieden zu erleben,
  deinen Wunsch nach Geborgenheit?‹ Als Antwort kommt: ›Ge-
  borgenheit kommt aus meinem tiefen Inneren, ich erlebe sie be-
  reits.‹«

- *»Nun frage ich die Sehnsucht an der Oberfläche, die Sehnsucht*
  nach einer Beziehung: ›Wie äußert sich dein Wunsch der Sehn-
  sucht nach einer Beziehung, wenn du diesen Zustand des tiefen
  Friedens erfährst?‹ Als Antwort kommt: ›Eine Beziehung ist mir
  willkommen, aber es ist für mich keine Bedingung mehr für mein
  Glück.‹«

Nach diesem Core-Zustand-Transformationsprozess erleben die meis-
ten, die ihn durchlaufen haben, einen Frieden und eine tiefe Aussöh-
nung mit sich selbst. Beachten Sie, dass die Sehnsucht an der Ober-
fläche nicht bekämpft wird. (Das könnte auch eine Verhaltensweise
sein, die Sie nicht an sich mögen, wie zum Beispiel rauchen, zu viel
essen, trinken oder Ähnliches.) Sie versuchen nicht, sich zu verän-
dern oder zu verbessern. Die Transformation geschieht dadurch, dass
Sie die tiefste Essenz Ihrer Sehnsucht wirklich erfahren, in diesem Fall
die Sehnsucht, tiefen Frieden zu erleben. Dieses Erleben der tiefsten
Sehnsucht verändert und transformiert automatisch und von innen
her die Sehnsucht oder die negative Verhaltensweise im Äußeren.

Falls es für Sie zu schwierig ist, diesen Prozess alleine durchzu-
führen, können Sie sich dazu auch an einen erfahrenen NLP-Thera-
peuten wenden oder das Buch von Connirae und Tamara Andreas
durcharbeiten, das sich ausschließlich mit diesem Prozess beschäf-
tigt.

Gönnen Sie sich, so oft wie möglich, das tiefe Ausruhen in einem
der Core-Zustände.

Gibt es einen Seelenpartner?
Oder: Haben wir einen Arche-Noah-Komplex?

»Wir lieben, weil wir Hälften suchen.« Peter Sloterdijk[142]

Kaum ein anderes Thema hat Dichter und Philosophen so bewegt wie die romantische Liebe zwischen zwei Menschen.

Die Sehnsucht nach dem »einen Menschen«, dem idealen anderen, dem Seelenpartner, ist bis heute ein aktuelles Thema. Die Sehnsucht oder die Suche nach einem geliebten Menschen, nach unserer »besseren Hälfte«, ist nicht allein ein Marketing-Trick der zeitgenössischen Medien.

Die Idee, dass es zur Natur des Menschen gehört, mit einem anderen Menschen zusammen zu sein, wurde bereits im Schöpfungsbericht der Bibel niedergeschrieben. So heißt es im Buch der Schöpfung: »Es ist nicht gut, dass der Mensch allein bleibt.« (Genesis 2,18)

In der griechischen Philosophie beschreibt Plato die Vorstellung, dass wir alle einmal aus zwei Hälften bestanden haben (Frau-Mann, Mann-Mann, Frau-Frau), die auseinander gerissen wurden, und seitdem sind wir immer auf der Suche nach der anderen Hälfte.

Auch in der postmodernen Philosophie wird das Thema der Ergänzung durch den »anderen« wieder aufgegriffen. Der Philosoph Peter Sloterdijk bezeichnet die Suche nach der »anderen Hälfte« ähnlich wie Plato als das bestimmende Lebensthema für den Menschen. Nach Sloterdijk sind Menschen von ihrem Wesen her zur Suche nach dem anderen »gezwungen«. Er begründet die Sehnsucht und Suche des Menschen nach der »anderen Hälfte« mit der vorgeburtlichen Einheit von Mutter und Fötus im Mutterleib. Durch die biologische Geburt, dem Ende dieser Einheit durch die Durchschneidung der Nabelschnur, fühle sich der Mensch auch emotional und existenziell für immer als getrenntes Wesen. Deshalb sei er für den Rest seines Lebens getrieben, die ursprüngliche Einheit wiederherzustellen.

Können wir »allein« also nicht glücklich werden?

Leben wir von Beginn an mit dem vagen Wissen, dass wir ohne den anderen unvollständig sind? Haben wir eine Art »Arche-Noah-Komplex«, durch den wir uns nur als Paar, Hand in Hand gehend, als vollständig erleben können? Ist also unsere Sehnsucht nach einem Partner etwas ganz Natürliches, etwas dem Menschen Angeborenes?

Die moderne Psychologie und Verhaltensforschung beschreibt die Liebessehnsucht des Menschen ähnlich wie die Philosophen, nur etwas nüchterner. Der Drang des Menschen nach Anschluss an andere Artgenossen zählt biologisch gesehen zur Grundausstattung der menschlichen Natur. Der Mensch ist ein Gemeinschaftswesen, schon weil er allein nicht überleben könnte.[143] Es ist insofern also nicht »natürlich«, dass der Mensch allein lebt. Auch in emotionaler Hinsicht gibt es einen menschlichen Instinkt zur Hinwendung, zum Anschluss an andere Menschen. Über alle Kulturen hinweg ist Menschen wohl das Bedürfnis nach Kontakt, nach Zärtlichkeit, nach Austausch und Bestätigung angeboren.

Mit diesem »Zuneigungs-Instinkt« ist allerdings nicht die Suche nach der Paarbeziehung oder Ehe im Sinne der westlichen modernen Kultur gemeint, stellt die Psychoanalytikerin Eva Jaeggi klar, die sich unter anderem auch mit der Psychologie unterschiedlicher Kulturen befasst hat. Einen »Seelenpartner« zu suchen oder eine hauptsächlich auf romantischen Gefühlen beruhende Beziehung einzugehen ist ein »Luxus« der neueren Geschichte. Denn erst seit mehr Menschen wirtschaftlich unabhängig leben, können sie auch frei in der Partnerwahl sein. Dem Phänomen des Verliebens liegen jedoch viele Motive zu Grunde, nicht nur ökonomische oder biologische Faktoren. Es ist eine grundlegende Sehnsucht nach einer tiefen Verbindung mit dem Leben selbst.

Von der Sehnsucht des
Verliebtseins

»Wenn wir verliebt sind, rühren wir an Augenblicke reiner Gegenwart – manche nennen sie Ewigkeit.« Jacob Needleman[144]

Mit einem Schlag ist es Frühling! Plötzlich liegt es in der Luft, man kann es riechen und man kann es sehen. Die ersten weißen Blüten brechen vorwitzig aus schlammigen Beeten und frieren im nächsten Nachtfrost. Wir selbst ziehen uns leichtsinnig an und fangen uns die erste Frühjahrserkältung ein.

Im Frühling spielt das Wetter verrückt, die Pflanzen und wir auch. Dann kommt vielleicht auch unsere Sehnsucht wieder durch, die Sehnsucht nach »dem Einen«, »der Einen«, »der großen Liebe«, unserem »Seelenpartner«.

Manche von uns verbieten sich allerdings diese Sehnsüchte schnell wieder. Es ist kindisch und unreif, das Glück in der romantischen Liebe zu suchen, das wissen wir spätestens, seit wir unsere Jugendliebe hinter uns gelassen haben. Mit einem wissenden, eisigen Lächeln frieren wir die Blüten der Sehnsucht schnell wieder von unserem Lebensbaum hinunter. Übrig bleiben nur Eisblumen.

Vor dem »Blitzschlag« der romantischen Liebesgefühle aber ist niemand gefeit. Das Verliebtsein macht uns alle gleich. Es erwischt junge und alte Menschen, den Weisen genauso wie den Narren, schreibt der Philosoph Jacob Needleman. Und immer ist damit ein Gefühl des Aufgehobenseins, ein scheinbares Ende des Alleinseins und der Einsamkeit verbunden.

Verlieben, das ist eine Bewegung weg vom Alleinsein hin zu jemand anderem. Mit diesem anderen erleben wir das typische Hochgefühl des Verliebtseins. Auch Selbstzweifel und Lebensängste schwinden, wenn wir verliebt sind.

Von der Sehnsucht, wieder einmal richtig verliebt zu sein,

erzählten mir fast alle, die gerade allein sind. Aber auch Paare, die in einer langjährigen Beziehung leben, möchten wieder den Anfang des Zaubers ihrer Beziehung erleben.

Was steckt hinter dieser Sehnsucht des Verliebens – und ist sie wirklich kindisch und unreif, wie ihre Kritiker behaupten? Die Frage ist wohl eher, ob unsere Sehnsucht, nach dem »Ende des Alleinseins«, nach Heilung, in der romantischen Liebe überhaupt richtig aufgehoben ist.

In seinem Essay über die Liebe schreibt der Philosoph Jacob Needleman, dass wir zwischen verschiedenen Arten der Liebe unterscheiden sollten, um sie besser zu verstehen. Und dass wir darüber hinaus auch einen Unterschied machen sollten zwischen den Objekten unserer Sehnsucht, die sich immer wieder ändern, und dem, was dahinter steht und gemeint ist. Der Philosoph unterscheidet drei Arten von Liebe, die romantische, die transzendente und die vermittelnde Liebe. Sehnsucht ist die treibende Kraft vor allem in der romantischen und der transzendenten Liebe. Für Needleman gibt uns die irdische Liebeskraft, die romantische Liebe, kurzfristig einen Vorgeschmack der Freiheit von Angst und Egoismus. Die »transzendente« Liebe tritt in der grundlegenden spirituellen Sehnsucht des Menschen zu Tage, »im gesamten Dasein nach uns selbst zu suchen«.[145]

Die Verbindung zwischen der feurigen romantischen Liebe und der ätherischen transzendenten Liebe ist für Jacob Needleman die »vermittelnde« Liebe. Der Philosoph nennt die vermittelnde Liebe auch »beständige« Liebe und meint damit das Zusammenleben zweier Menschen als Paar. In der beständigen Liebe muss sich die romantische Liebe auf der Erde bewähren. Ziel der beständigen Liebe ist es, den Partner in seiner spirituellen Suche nach den wesentlichen Fragen des Lebens zu unterstützen. »Was soll denn die Liebe zwischen Menschen sein, wenn sie nicht auf dieser Frage beruht?«, fragt der Philosoph.

Die romantische Liebe ist für Jacob Needleman also keine Sinnestäuschung und kein bloßer Hormonrausch, sondern »ein Vorgeschmack dessen, wofür wir gedacht sind«.

Die Psychologie sieht Verliebtheit in einem wesentlich nüchterneren Licht. Besonders Vertreter der Psychoanalyse sehen in der Verliebtheit in erster Linie den Wunsch, die verlorene Einheit mit der Mutter wiederherzustellen. Verliebtheit ist demnach also der – immer wieder scheiternde – Versuch, zurück ins Paradies der Kindheit zu gelangen.

Auch Needleman räumt ein, dass Menschen die romantische Liebe größtenteils dazu benutzen, ihre eigenen Bedürfnisse zu befriedigen. Oft, so ist sich der Philosoph mit den Psychoanalytikern einig, suchen Menschen in ihrem Gegenüber nach materieller und emotionaler Sicherheit. Verliebtheit, so sagt er, sei häufig »mit absurden, pubertären oder neurotischen Elementen der Persönlichkeit vermischt«.

Aber so kindisch oder genetisch gesteuert die Hintergründe der romantischen Liebe auch sein mögen, das Erlebnis, einfach glückselig in der Gegenwart zu sein, ist nicht »kindisch« und auch nicht eingebildet. Für Jacob Needleman berühren sich in der romantischen Liebe – und sei es nur für Sekunden – irdische und himmlische Liebe. »Wenn wir verliebt sind, rühren wir an Augenblicke reiner Gegenwart – manche nennen sie Ewigkeit.« Dass diese Momente der Glückseligkeit mit einem anderen Menschen so vergänglich sind, dass sie eingetauscht werden gegen einen schalen Kompromiss, den wir dann lieblos »Beziehungskiste« oder »Lebensabschnittspartner« nennen, sei tragisch, so der Philosoph. Es führe zu einem gebrochenen Herzen des modernen Menschen, das er dann nur mühsam mit zynischen Worten über »die Liebe« abdecke.

Dass irdische und himmlische Liebe sich ähnlich anfühlen und aus der gleichen Quelle stammen, drücken die Mystiker aller Religionen vor allem in ihrer Lyrik aus. In den Dichtungen des Sufimeisters Rumi ebenso wie in der christlichen Mystik: Überall wird die Beziehung der Seele zur spirituellen Quelle als Liebesbeziehung dargestellt. Und auch in den Minneliedern der Ritterkultur war die romantische Liebe als Sinnbild für die Sehnsucht der Seele nach dem Ewigen gedacht.

Verliebt ins Leben

So sehr die Sehnsucht nach der Inspiration der Verliebtheit eine treibende Kraft auch im heutigen Leben sein kann, so sehr kann diese »Sehn-Suche« auch zur »Sehn-Sucht« werden. Flaut die Verliebtheit ab, wird der Partner ausgetauscht. So wie wir ein Ding, das nicht mehr seine Funktion erfüllt, gegen ein neues Modell austauschen.

Aber dem Alleinsein durch Verliebtheit entkommen zu wollen, das wird auf Dauer nicht funktionieren – außer für die Veranstalter von Single-Partys!

Und vielleicht ist es weniger »der andere«, nach dem wir uns sehnen, als das inspirierende Gefühl, das er in unser Leben bringt, wie eine neue Lebensmelodie.

Wesentlich beim Verlieben ist das neu aufbrechende, das euphorische Lebensgefühl. Als Verliebte können wir »Bäume ausreißen«. Alles geht leichter von der Hand. Verliebtsein beschwingt, es fühlt sich an, als könnten wir durchs Leben tanzen. Wir sind befreit von der Erdenschwere, wir sind unbeschwert, ja schwerelos.

Dieses beschwingte Lebensgefühl ist nicht nur für die Verliebten schön, sondern auch positiv ansteckend für ihre Umwelt.

Verliebtsein inspiriert, gibt Lebensfreude und Hoffnung. Diese positiven Gefühlszustände nennt die Psychotherapeutin Verena Kast »gehobene Emotionen«. Sie meint, dass der Wert der positiven Gefühle allgemein viel zu wenig beachtet wird.

Weder im Alltag noch in der Psychotherapie wird diesen schönen Gefühlen in der Regel sehr viel Aufmerksamkeit geschenkt. Oft stehen Probleme und die schweren Emotionen Trauer, Angst und Depression im Mittelpunkt der Aufmerksamkeit. Die freudigen Gefühle bestimmen aber das Wesen des Menschen genauso wie die schweren Stimmungen, betont Verena Kast. Weiter schreibt sie: »Wir müssen uns bewusst darüber werden, wie wichtig die gehobenen Emotionen für unser persönliches Leben, nicht weniger aber auch für das gemeinsame und das Leben der Gesellschaft sind.«[146]

Verliebtsein verbindet uns mit der Liebe in uns selbst, mit den heilenden Kräften unserer Seele.

Hinter der Sehnsucht nach dem »Verlieben« steckt nämlich auch das Bedürfnis, eine Begeisterung zu spüren, in der wir uns völlig ungeteilt fühlen. Wir sind »ganz« hingerissen von dem anderen Menschen, nicht nur »zum Teil«. Wir sind »bis über beide Ohren verliebt«, wir haben nicht mehr »den Kopf über Wasser«, wir sind also nicht mehr vernünftig – und auch nicht mehr zweifelnd, zögernd, abwartend und halbherzig. In diesem Sinne macht uns die Verliebtheit »heil«.

Verliebte Menschen können also ein lebendiges Beispiel für ein hoffnungsvolles Leben sein, das uns inspiriert. Ihr Beispiel nährt in uns die Hoffnung, dass es ein leichteres, ein erfüllteres Leben geben kann, das mit dem Zauber des Augenblicks in Berührung ist. Und dass wir diese Freude wiederum mit ihnen teilen können.

Gerade in Zeiten, die im eigenen Leben von Sehnsucht nach einer Beziehung oder Trauer über das Alleinsein geprägt sind, kann es allerdings sein, dass wir uns von glücklichen Menschen abwenden. »Ich kann es im Moment kaum aushalten, dass wieder Frühling ist und überall Pärchen Händchen haltend rumlaufen«, sagt Sabine, die seit drei Jahren allein ist. »Ich schaue gar nicht mehr hin, dann tut es nicht so weh«, meint sie und sieht dabei recht unglücklich aus.

Ein allgemeines psychologisches Gesetz besagt, dass Dinge, auf die wir unsere Aufmerksamkeit in der Außenwelt richten, auch in unserem eigenen Leben zunehmen und wachsen können. Unser eigenes Glück nimmt zu, wenn wir das Positive in unserer Umwelt wahrnehmen und dabei sowohl den anderen als auch uns selbst Glück wünschen. Vom Glück anderer wegzuschauen verstärkt eher das eigene Unglück. Und natürlich müssen Sie nicht erst warten, bis Sie verliebt sind, sondern können diese positiven Emotionen auch unabhängig davon kultivieren.

Die folgende Übung lädt ein, einmal bewusst den Scheinwerfer der Wahrnehmung auf die schönen Aspekte in Ihrer Umwelt zu richten und diese zu »segnen«. Damit ist einfach das innerliche Aussprechen eines positiven oder liebevollen Satzes gemeint. Diese Art des »Segnens« wird zum Beispiel in schamanischen Heilungsritualen als für das eigene Wohlbefinden und Glück besonders förderlich angesehen.[147]

Genießen Sie also die Frühlingsgefühle des Lebens um Sie herum!

Übung.

Segnen

Nutzen Sie in den kommenden Tagen Gelegenheiten, positive und schöne Dinge oder Ereignisse zu »segnen«. Wenn Ihnen der Begriff »segnen« zu mächtig erscheint, dann wählen Sie alternativ ein Verb aus der folgenden Liste aus:

Bewundern – bekräftigen – anerkennen – sich freuen über – schätzen

Segnen, schätzen oder bewundern können Sie alle materiellen oder immateriellen Werte um sich herum: Liebe und Freundschaft, Gesundheit, Glück, Wohlstand, Erfolg, Selbstvertrauen, geistiges Wachstum, inneren Frieden und vieles mehr.

Sprechen Sie als Segen innerlich einen Satz wie:
- *Ich freue mich über die Schönheit dieses Menschen.*
- *Ich freue mich (mit diesen Menschen) über ihren Wohlstand.*
- *Ich bewundere die Stärke dieses Baumes.*
- *Ich freue mich über die Lebendigkeit dieses Kindes.*
- *Ich schätze die Ruhe dieses Ortes.*
- *…*

Mit der abschließenden Meditation können Sie noch einen Schritt weiter gehen und einmal bewusst liebende Gefühle heilend auf sich selbst lenken.

Meditation.

Den Segen der Liebe erleben

Rufen Sie sich einen Moment in Erinnerung, in dem Sie sich selbst ganz liebend gefühlt haben. Manche von uns erleben dieses Gefühl besonders, wenn sie ein Kind anschauen oder auch ein eindrucksvolles Erlebnis in der Natur haben, zum Beispiel einen Sonnenuntergang am Meer betrachten oder einen Berggipfel bei einer Wanderung. Es ist egal, um welches Erlebnis es sich handelt, sie sollten sich nur möglichst lebhaft in Erinnerung rufen können, wie Ihnen das Herz aufgegangen ist und Sie sich liebend gefühlt haben. Wenn Sie die Übung »Sehnsüchten in die Tiefe folgen« (S. 229) gemacht haben, können Sie auch einen der dort erlebten Core-Zustände nehmen, um die folgende Meditation durchzuführen.

- *Fokussieren Sie sich auf eine Situation, in der Sie Liebe empfunden haben.*
- *Versenken Sie sich nun ganz in diesen Zustand, sich liebend zu fühlen, und beachten Sie auch, wie sich dieser Zustand körperlich anfühlt. Viele Menschen erleben zum Beispiel ein Gefühl der Weite und der Wärme in ihrem Brustkorb oder ein Strahlen in der Augenregion.*

- *Wenn Sie sich tief in das Gefühl versenkt haben, dann stellen Sie sich vor, Sie säßen sich selbst auf einem Kissen gegenüber, so dass Sie auf sich selbst wie ein Spiegelbild blicken. Jetzt lassen Sie das Gefühl der Liebe, das Sie in Ihrem Herzen empfinden, auf das Bild von sich ausstrahlen. Richten Sie also das Gefühl der Liebe auf sich selbst.*

- *Eine fortgeschrittene Variante dieser Meditation ist, dass Sie Ihr Gefühl der Liebe auf eine andere vorgestellte Person richten, zum Beispiel einen Freund, eine Freundin, der es zurzeit nicht gut geht. In einem weiteren Schritt richten Sie Liebe auf eine Person, mit der Sie sich nicht so gut verstehen. Dieser Schritt erfordert jedoch meistens sehr viel Großzügigkeit, und Sie müssen schauen, ob Sie das Gefühl, liebend zu sein und Ihr Herz geöffnet zu lassen, dafür aufrechterhalten können.*

Die Übungen, Liebe auszusenden und den Segen der Liebe zu erleben, sind sehr machtvolle Übungen, auch wenn Sie sie nur in der Vorstellung praktizieren. Sie können das Gefühl der Liebe auf alles ausstrahlen, das Ihnen in den Sinn kommt. Der beste Ausgangspunkt für die Meditation, den Segen der Liebe zu erleben, sind jedoch immer zuerst Sie selbst.

Allein sein können oder allein sein müssen?

Warum spüren Menschen einerseits so viel Sehnsucht nach Nähe und bleiben dennoch lange Zeit allein? »Liebe kann auch Angst machen, das musste ich erst lernen«, sagt Regina, eine 45-jährige Frau, die nach mehreren Beziehungen drei Jahre allein lebte, bevor sie mit ihrem jetzigen Mann eine neue Bindung einging.

Die drei Jahre ihres Single-Lebens nutzte Regina intensiv, um zu verstehen, was sie selbst zu ihrem Alleinsein beigetragen hatte. »Ich habe erkannt, dass ich es selbst bin, die das Alleinsein herstellt. Und diese Erkenntnis hat mich total befreit. Denn von diesem Augenblick an war ich ja auch frei, eine neue Entscheidung zu treffen, eine Entscheidung für Nähe. Und erst als ich diese Entscheidung getroffen hatte, konnte ich nach einem Partner Ausschau halten, der ›in der Nähe‹ war. Vorher hatte ich immer auf jemand Unbekannten gewartet, der aus der Ferne in mein Leben treten würde. Meinen jetzigen Mann, Rainer, der als guter Freund schon ganz in meiner Nähe war, den habe ich überhaupt nicht als Mann wahrgenommen.«

Alleinsein kann wie ein Schutzpanzer über unserer Seele liegen. Nähe kann Angst machen. Die Psychoanalytikerin Esther Staewen-Schenkel erklärt, dass sich durch unglückliche Erlebnisse in der frühen Kindheit Sehnsucht nach Nähe und Schmerz ganz eng verbinden können. Jedes Kind benötigt ein bestimmtes Maß an liebevoller Zuneigung, um zu überleben und um Vertrauen in die Welt und in sich selbst zu entwickeln. Manche Kinder erleben aber sehr früh, dass es nur sehr selten eine Antwort auf ihr Bedürfnis nach Nähe gibt. »Das bewirkt ganz konkret, dass der Körper des kleinen Kindes reagiert, um die Enttäuschung zu verarbeiten«, so die Analytikerin. »Menschen, ob als Kinder oder später als Erwachsene, kontrollieren automatisch ihre Gefühle, indem sie die Muskeln in der Brustregion, im Zwerchfell und im Bauchraum anspannen, so dass sich die Atmung verflacht. Wenn der Atem flacher geht, sind wir ein Stück weit abgeschnitten von unseren Gefühlen, also auch von unserem seelischen Schmerz.« So entsteht mit der Zeit ein automatisches Körpermuster, auf schmerzhafte Erfahrungen zu reagieren.[148]

Auch für »schöne« Gefühle gibt es solche Körpermuster. Sehnsucht zu haben, so betont Esther Staewen-Schenkel, bedeutet im positiven Sinne, dass wir einmal eine schöne Erfahrung der Nähe hatten, nach der wir uns jetzt sehnen. Wer niemals eine solche Erfahrung hatte, dem bleibt nicht einmal mehr die Sehnsucht danach.

Wenn wir von der »Kunst des Alleinseins« sprechen, könnte man meinen, dass diese Kunst beherrscht, wer von sich sagt: »Ich komme gut allein zurecht. Ich suche nicht nach jemandem, mit dem ich mein Leben teilen muss.«

Und tatsächlich kann es sein, dass jemand mit sich und dem Alleinsein, dem Leben ohne Partner, völlig im Reinen ist. Als ich mit der Zen-Meisterin Joan Halifax sprach, strahlte ihre Stimme genau diese Ruhe und Festigkeit aus. Sie erklärte, dass ihr Leben zurzeit vollkommen erfüllt sei. Ohne Partner zu sein, sei für sie eine ganz bewusste Wahl, damit sie sich völlig den Belangen ihrer Arbeit und ihrer Gemeinschaft widmen könne. »Ich habe eine Ehe gelebt und einige lange Beziehungen gehabt«, resümierte die Endfünfzigerin ihren bisherigen Lebensweg. »Im Moment bin ich weder in der Lage noch bereit, die Energie aufzubringen, die eine enge Beziehung erfordert. Meine ganze Kraft fließt in meine Arbeit, und durch die vielen Kontakte bei dieser Arbeit bin ich ehrlich gesagt sehr froh, so oft wie möglich ganz allein zu sein.«

In anderen Gesprächen hörte ich fast dieselben Worte, doch in einem ganz anderen Tonfall, voller Zorn und Trotz. »Ich regle alles allein«, sagte mir eine allein erziehende Mutter, die außerdem voll berufstätig war. In ihrer Stimme schwang der Stolz einer starken Frau mit, die »niemanden« braucht, schon gar keinen Mann, auch nicht den Vater ihres Kindes. Von einem Mann hörte ich am Rande eines Meditationsseminars einmal seine »Absage« an die gesamte Frauenwelt: »Ich brauche keine Liebesbeziehungen mehr. Das sind doch alles nur Illusionen, romantische Liebe und all der Kram.«

Alleinsein kann notwendig sein, wenn eine Beziehung schmerzhaft oder quälend zu Ende gegangen ist und man danach einen Partner so dringend benötigt wie ein Klavier am Bein! Es kann wichtig sein, sich dem Leben wieder allein zu stellen, allein und frei!

Wie sehr wir dennoch andere Menschen brauchen, wie angewiesen wir auf Austausch und Unterstützung sind, sei es in Beziehungen, Freundschaften oder in der Familie, davon will dieser zornige Stolz aber nichts wissen.

Das ist so, als wenn eine Pflanze im Frühjahr trotzig behauptet, dass es den Herbst und Winter gar nicht mehr gebe. Im Gegensatz zur Sehnsucht, die uns deutlich macht, was uns fehlt und wo wir uns bedürftig fühlen, spiegelt uns der Stolz vor, dass wir über unsere Bedürfnisse und unsere Verletzlichkeit triumphiert haben.

Es ist keinesfalls einfach, sich einzugestehen, dass man nicht etwa aus wirklicher Stärke, sondern aus Schmerz allein ist. Der Sehnsüchtige fühlt sich verletzlich, die Stolze dagegen »stark«, jedenfalls an der Oberfläche. Der innere Schmerz, die Verlassenheit, Gekränktheit, die Selbstzweifel, all das bleibt vor anderen Menschen verborgen und manchmal auch vor uns selbst. Denn sich diesen schwachen Gefühlen auszusetzen würde das schmerzhafte Eingeständnis mit sich bringen, dass wir nicht alles im Griff haben, dass wir hilfsbedürftig sind und dass wir Sehnsucht nach Nähe haben.

Bleibt der Stolz vorherrschend, müssen die verborgenen zarten Gefühle von einer immer härteren Schale in Schach gehalten werden. Man erkennt die Schale an der Härte des Tonfalls, an den zynischen Sprüchen über »die Liebe« und den Zustand »der Welt«. Andere Menschen werden in Worten pauschal abgekanzelt, »die Männer/die Frauen/die Gesellschaft ...«

Das stolze Lebensgefühl an der Oberfläche tötet die zarten Impulse der eigenen Lebendigkeit, die aus dem verletzlichen Inneren kommen und die uns mit anderen verbinden. Denn nur wer selbst verletzlich sein kann, lädt auch andere ein, ihre Gefühle zu zeigen. In der Gegenwart einer harten, glatten Fassade fangen andere Menschen an, zu frösteln oder sich zu schützen. Manchmal ermuntern »die Stolzen« ihre Mitmenschen auch, sich zu offenbaren, und sie hören dann sogar mitfühlend zu. Doch das ist die Haltung eines professionellen Therapeuten, nicht der Austausch unter Freundinnen, die gegenseitig ihre Herzen öffnen.

Und so wird es langsam immer ein wenig kälter im Leben der »stolzen« Alleinlebenden. Ein bisschen Wärme geben eventuell beruflicher Erfolg, Kinder oder Bestätigung in der Freizeit. Auch das Engagement in wohltätigen Organisationen oder religiösen Gruppen kann dazu dienen, dem eigenen Leben mehr Wärme zu geben. Aber nicht selten braucht es dazu künstliche Hilfsmittel wie Alkohol und andere »Weichzeichner« der emotionalen Realität.

So wird aus der Fähigkeit, allein sein zu können, aus der Freiheit, das Leben allein zu gestalten, eine »einsame Freiheit«, wie es der Psychoanalytiker Wolfgang Schmidbauer, nennt.[149]

Birte, eine allein erziehende Mutter, bekam einmal eine Postkarte geschenkt, auf der stand: »Hilfe! Ich werde langsam zu dem Mann, den ich immer heiraten wollte.«

Geschichte.

Christina: »Das mit den Beziehungen habe ich aufgegeben«

»Irgendwann hatte Christina aufgegeben zu vertrauen, dass das Leben auch anders als ›hart‹ sein könnte. Der Schmerz war zu groß für sie gewesen. *Welcher* Schmerz, das hätte sie selbst nicht mehr sagen können: der Schmerz über den endlosen Streit ihrer Eltern, als sie noch ein Kind war? Der Schmerz über ihre eigene gescheiterte Ehe? Der Schmerz über ihr Alleinsein und ihr Trinken? Es war jedenfalls zu viel gewesen. Alle anderen um Christina herum konnten es sehen und fühlen. Christina hatte sich eine raue Borke zugelegt, um den zarten inneren Stamm zu schützen. Eine Borke, an der sich alle Menschen, die Christina nahe kamen, rieben, hängen blieben und hässliche kleine Schürfwunden davontrugen. So ist das Leben eben, sagte Christina dann, und sie lachte wie ein Kind, das erfolgreich sein eigenes teures Spielzeug kaputt gemacht hat, um es den Eltern heimzuzahlen. Christinas Welt wurde eine immer einsamere Welt. Das Meditationskissen wurde ihre ›Zuflucht‹. ›Mein Lehrer ist der einzige Mensch, dem ich wirklich vertraue‹, sagte sie, aber dieser ›einzige Mensch‹ war lange schon tot und lebte nur noch in ihren Erinnerungen. Christina hatte aufgegeben, noch weiter zu vertrauen und zu hoffen. Manchmal, ganz unerwartet, lachte Christina aus voller Kehle und das war, als wenn zarte grüne Triebe aus ihren knorrigen Ästen sprießen würden. Dann bekamen die Menschen um Christina herum ein Gefühl dafür, wer Christina war, bevor sie aufgegeben hatte.«

Es gibt ein einfaches Kriterium dafür, ob Sie stolz und hart sind oder ob Sie wirklich einfach zufrieden sind mit dem Alleinsein, mit ihren Beziehungen zu Menschen:

Schauen Sie, wie viel Liebe sie empfinden, für sich selbst und für andere Menschen.

Wie viel Humor können Sie aufbringen, für sich, andere und den chaotischen Zustand der Welt im Allgemeinen? Damit ist kein »positives Denken« oder ein zwangsverordneter Daueroptimismus gemeint. Wenn Sie sich einmal einige der weisen Frauen und Männer dieser Welt anschauen – von Ihrer Bäckersfrau bis zum Dalai Lama –, dann wird Ihnen eins auffallen: Sie alle sind tatkräftig und lachen viel!

Übung.

Selbsterforschung: Allein und frei oder stolz und einsam?

Erforschen Sie sich für einen kurzen Moment ehrlich und liebevoll und tragen sie zusammen:

- *An wie vielen Menschen haben Sie etwas auszusetzen, zu kritteln, zu bemängeln? Wie kritisch sind Sie mit sich selbst? Wie spiegelt sich diese Kritik in Ihren Gesichtszügen, Ihrer Stimme, Ihren Gesten?*

- *Wie oft kommt es vor, dass Sie über ganze Gruppen von Menschen negative Pauschalurteile abgeben, zum Beispiel über »die Männer«, »die Frauen«, »die Deutschen«, »die Politiker« ...? Wie oft verziehen Sie abschätzig und abwertend den Mund, wenn Sie über Menschen reden?*

- *Welche Rückmeldungen bekommen Sie von Freunden und auch von Menschen, die Ihnen kritisch gegenüberstehen? Nehmen Hinweise zu, dass Sie gereizt, hart, aggressiv oder unglücklich wirken?*

- *Begleiten Sie sich einmal selbst durch den Tag, als ob ein Freund oder eine Freundin Ihnen zuhören und zusehen würde. Was bemerken Sie? Halten Sie drei Eindrücke am Abend schriftlich fest. Tun Sie dies eine Woche lang.*

- *Wie viele der Vorwürfe gegen andere erheben Sie auch gegen sich selbst? Wie oft sprechen Sie kritisch und fordernd mit sich?*

Kritik an anderen und Strenge mit uns selbst stehen in engem Zusammenhang. In den schamanischen Heilungstraditionen geht man zum Beispiel davon aus, dass unser Unterbewusstsein und unser Körper nicht unterscheiden können zwischen Kritik an anderen oder an uns selbst. Jedes Mal, wenn wir Kritik üben, sagt der Hawaiianische Heiler Dr. Serge King, dann baut sich in unserem Körper Spannung auf, und wir schwächen uns selbst. Auch in der westlichen Psychotherapie findet diese Sichtweise zunehmend Bestätigung. Die Psychologin Ursula Nuber meint in ihrem Buch *Zehn Gebote für starke*

Frauen: »Wenn wir selbst unsere größten Kritiker sind und uns ständig infrage stellen, dann brauchen wir uns nicht zu wundern, dass es uns nicht allzu gut geht. Viele so genannte Zeitkrankheiten wie Angststörungen und Depressionen sind zu einem großen Teil mit verursacht durch uns selbst.«[150]

Selbstwertprobleme, Erschöpfung und allgemeine Selbstzweifel werden nicht durch immer mehr Anforderungen an uns selbst kuriert, sondern im Gegenteil durch Großzügigkeit und Selbstliebe. Diese weichen Qualitäten ins Leben einfließen zu lassen kann aber gerade jenen Menschen schwer fallen, für die Stärke ein absoluter Wert und Maßstab in ihrem Leben geworden ist. Der folgende »Exkurs für stolze Frauen« beschäftigt sich mit diesem Dilemma.

Exkurs für stolze Frauen: Die verborgene Seite der stolzen Frau

Ulrike, die mit 30 noch mal ein Studium aufgenommen hat, das sie sich durch Arbeit selbst finanziert, reagiert absolut empört auf alle Frauen, die sich in ihrem Alter das Studium noch von den Eltern finanzieren lassen. Dieser verachtenswert abhängige Zustand wird in ihren Augen nur noch von jenen Frauen übertroffen, die sich die ganze Sache von ihrem *Mann* finanzieren lassen und die sich natürlich auch später keine Sorgen darüber machen müssen, ob sie mit ihrem Studienabschluss jemals Geld für ihren Lebensunterhalt verdienen werden. Niemals würde es Ulrike in den Sinn kommen, dass es in ihr selbst das dringende Bedürfnis gibt, unterstützt zu werden und sorgenfrei »ausgehalten« zu sein. »Undenkbar, so eine Abhängigkeit«, schnaubt Ulrike verächtlich. Sie ist allein, stark – und oft erschöpft.

Ein Pionier der Tiefenpsychologie, Carl Gustav Jung, nennt solche abgelehnten, unbewussten Anteile einer Person den »Schatten«, weil er für die Person selbst nicht sichtbar ist,

bis er »beleuchtet«, das heißt bewusst angeschaut und angenommen wird. Schattenanteile sind unterdrückte Aspekte der
Persönlichkeit, die inakzeptabel sind aus der Sicht des »Ich«,
also des Teils unserer Persönlichkeit, mit dem wir unser Leben
willentlich und bewusst lenken.

Oft äußert sich der Schatten dadurch, dass man die eigenen Schattenanteile bei anderen Personen bemerkt und dort
heftig kritisiert oder bekämpft. Diesen Vorgang nennt die Tiefenpsychologie treffend »Projektion«, weil wir eigene Gefühle
und Zustände wie mit einem inneren Filmprojektor auf andere Menschen werfen, die uns quasi als Leinwand dienen.

Auf der »Leinwand« anderer Menschen können wir unsere
abgelehnten inneren Schattenanteile mit sicherem Abstand
im Außen kritisieren.

Für eine Frau, die sich in einer »stolzen« Phase befindet,
sind Gefühle der Schwäche, Wünsche nach Versorgtwerden
und Sehnsucht nach einem Mann Zustände, die sie bewusst
mehr oder weniger heftig ablehnt.

Die jungianische Therapeutin Maja Storch meint, dass im
Herzen jeder »starken Frau« ein solches schwaches »Schatten-
Mädchen« wohnt, das sich nach Unterstützung und Beziehung – auch zu einem Mann – sehnt. Doch sobald die starke
Frau diese inakzeptablen Bedürfnisse spürt, wird sie verhindern, dass diese inneren, weichen Gefühle nach außen strömen. Das Problem der starken Frau ist nicht, dass sie stark
sein kann, sondern dass sie nicht schwach sein darf. Der Panzer gegen die innere Weichheit verhindert dann, dass »stolze
Frauen« überhaupt tiefe Beziehungen eingehen. Denn Beziehungen bergen im Erleben der stolzen Frau generell die Gefahr, die Kontrolle über das eigene Leben zu verlieren und das
Steuerrad des Lebens an das »schwache Mädchen« abgeben zu
müssen. Das aber muss nicht so sein, denn es gibt den Weg
der Integration des Schattens. Der Weg der starken Frau vom
schwachen inneren Schatten-Mädchen zur reifen Frau wird

für die Therapeutin Maja Storch besonders in dem Märchen »Das Mädchen ohne Hände« dargestellt.[151] In diesem Märchen lässt sich ein Mädchen von seinem Vater die Hände abhacken, weil dieser eine Wette mit dem Teufel verloren hat. Die folgsame Vater-Tochter wird dadurch völlig hilflos und geht einsam in die Welt, bis ein Königssohn ihr »silberne« Hände anfertigen lässt. Das aber ist noch nicht das Ende des Märchens, denn das Mädchen ist weiter abhängig. Erst in einer erneuten Zeit der Einsamkeit, die sieben Jahre dauert, wird sie endgültig erwachsen und ihr wachsen auch wieder eigene, gesunde Hände. Dann erst heiratet sie den Königssohn ein zweites Mal – diesmal als erwachsene Frau – die Integration des Schattens ist gelungen.

Tatsächlich enthält dieses Märchen vom »Mädchen ohne Hände« grausame Bilder der Hilflosigkeit, gegen die jede stolze, selbstständige Frau zu Recht rebelliert. Doch das Märchen zeigt auch, wie das schwache, verletzte Mädchen zu einer glücklichen und starken Frau heranwachsen kann (die natürlich auch wählen könnte, allein zu bleiben). Denn darum geht es im Märchen wie im Leben, dass die wertvollen Quellen der Lebendigkeit ins Leben fließen können, ohne dass der Schatten einseitig die Oberhand gewinnt.

Den Schatten der eigenen Schwäche anzuschauen, anzunehmen und ins Leben fließen zu lassen ist eine Aufgabe, die oft wie im Märchen mehrere Jahre dauert.

Der Grundkonflikt der stolzen Frau oder der starken Frau, wie die Therapeutin Maja Storch sie nennt, ist der innere Kampf zwischen zwei Bedürfnissen: dem Willen zur Freiheit, zur Autonomie und dem Wunsch nach Geborgenheit und Schutz. Natürlich ist es für alle Menschen eine Aufgabe, diese beiden grundlegenden und oft gegensätzlichen Bestrebungen in Einklang zu bringen. Bei stolzen Frauen, die ihr Alleinsein trotzig behaupten und Beziehungen zu Männern höchstens mit »Lovern« führen, ist der Kampf jedoch einseitig ausgegangen. Gewonnen haben Stärke, Autonomie und Kampfgeist, oft um einen hohen Preis. Die zarten Gefühle, die Wünsche nach Geborgenheit und Schutz werden in die innere Wüste geschickt, wo sie verdursten. Deshalb vertrocknet aber auch die stolze Frau an der Oberfläche, verliert oft ihren Humor, ihre Großzügigkeit und Weichheit.

Wie gelingt die Wandlung von der einsamen, stolzen Frau zur selbstständigen, zufriedenen und liebenden Frau, die allein bleiben kann oder sich bindet?

Maja Storch benennt in ihrer Interpretation des Märchens drei Themen, denen sich das verletzte Mädchen auf dem Weg zur Frau stellen muss.

– Die Frau muss sich ihre inneren schwachen Seiten, ihre Sehnsucht und den Wunsch nach Hilfe innerlich eingestehen und nach außen auch zeigen können.
– Die Frau muss Kontakt zu positiven Bildern des Weiblichen entwickeln.
– Die Frau muss lernen, ihre wirklichen Bedürfnisse zu spüren und umzusetzen, auch wenn sie damit gegen bisherige Regeln und Normen in ihrem eigenen Inneren verstößt. Damit ist zum Beispiel die Anforderung gemeint, allein und immer stark zu sein.

Im Märchen wird als Hilfsmittel auf dem Weg das Alleinsein, die »Einsamkeit im Wald«, genannt, die das Mädchen in der Gegenwart eines »Engels« verbringt. Hier geht es nicht um das trotzige Alleinsein, das die stolze Frau bisher im äußeren Leben gelebt hat. Gemeint ist die Bereitschaft, sich in Zeiten des Alleinseins dem inneren Schatten, den Gefühlen der Verletzlichkeit, der Zartheit und Sehnsucht zu stellen, die vorher verdeckt waren. Hoffen darf man dabei auf hilfreiche, innere Kräfte, den »Engel«.

Gelingt die Begegnung mit den Wunden der Vergangenheit und der Sehnsucht der Gegenwart, so erzählt es das Märchen, wächst aus der Zeit des Alleinseins ein reiches Leben.

Ein Leben in Fülle, das ist der Lohn, wenn es gelingt, die ins Innere verbannten Schattenanteile unserer Seele an die Oberfläche unseres Lebens einzuladen. Dann bereichern sie unser Leben mit bisher unbekannten, süß duftenden Blüten, statt im Untergrund unserer Seele »zu verwildern«, wie es die Therapeutin und spirituelle Lehrerin Frances Vaughan nennt.[152]

Die abschließende Übung lädt Sie ein, sich alle Facetten Ihrer inneren Empfindungen einmal spielerisch bewusst zu machen. In der Kommunikations-Psychologie nutzt man die Vorstellungskraft, um unsere verschiedenen inneren Stimmen wie einzelne Personen auf eine innere Bühne zu holen und mit ihnen Kontakt aufzunehmen.[153]

Übung.

Meine Spieler des Alleinseins auf der inneren Bühne

Bereiten Sie sich dazu vor, indem Sie für 20–30 Minuten ungestörte Zeit einrichten.

Legen Sie Schreibzeug und einen Block bereit.

Lesen Sie die ersten Absätze der Anleitung und schließen Sie dann zunächst die Augen, um Ihre »innere Bühne« zu sehen. Es macht nichts, wenn Sie die Bilder nicht so klar sehen wie in einem Film. Manchmal erlebt man die inneren Bilder auch eher als Gefühlsqualitäten, zu denen hin und wieder ein Bild auftaucht.

* *Erinnern Sie sich jetzt an eine Situation, in der Sie das letzte Mal etwas in Bezug auf Ihr Alleinsein erlebt haben. Vielleicht haben Sie darüber mit anderen gesprochen, entweder mit viel Stolz oder mit einiger Bitterkeit. Oder Sie haben das Alleinleben oder die Beziehung von jemand anderem kommentiert. Es sollte eine Situation sein, an die Sie sich erinnern können, weil Sie ein intensives Gefühl dabei hatten.*

  Machen Sie sich Ihre Reaktionen und Gefühle bewusst, als wür-

den Sie sich von außen mit einer Kamera beobachten, und nehmen Sie Ihren eigenen Tonfall wahr, Ihre Gestik und Mimik.

• Richten Sie jetzt den »Scheinwerfer« Ihrer Aufmerksamkeit nach innen. Wer spricht? Wie sieht diese innere Person aus, welchen Namen würden Sie Ihr geben, zum Beispiel »die stolze Single-Frau« oder »der einsame Wolf«. Lassen Sie nun nach und nach andere innere Stimmen zu diesem Thema und zu Ihrer Situation des Alleinseins zu Wort kommen. Identifizieren Sie die Rollen und geben Sie ihnen Namen. Würdigen Sie jede einzelne innere Person, wie man einen gefeierten Schauspieler bei seinem ersten Auftritt auf der Bühne mit einem Szenenapplaus oder mit besonders viel Aufmerksamkeit begrüßt. Wählen Sie dann nacheinander jeweils eine Figur aus, mit der Sie sich beschäftigen wollen.

• Nehmen Sie als Erstes eine typische Körperhaltung ein, die die Figur besonders gut darstellt, zum Beispiel ein erhobenes Kinn und in die Hüften gestemmte Hände für die »stolze Single-Frau«, ein grimmiges Gesicht für den »einsamen Wolf«. Je mehr Sie den Charakter der Figur übertreiben, umso deutlicher wird diese Figur. Und umso mehr wird Ihnen die Übung Spaß machen!

• Dann beginnen Sie mit der Befragung der Figur, die Sie in der Pose gerade darstellen:
  – Liebe/r … .(Name der inneren Figur) – Wann bist du in meinem Leben zum ersten Mal aufgetaucht?
  – Liebe/r … Von wem hast du deinen Stil gelernt? (Von jemand aus der Familie oder aus dem weiteren Umfeld?)
  – Liebe/r … Was ist dir am wichtigsten?
  – Liebe/r … Wovor hast du am meisten Angst?
  – Liebe/r … Danke, dass du dich mir gezeigt hast!

Gehen Sie dann ganz formal aus der Rolle heraus und bewegen Sie sich ein wenig, indem Sie vielleicht einfach einige Schritte im Raum herumgehen.

Wenn Sie bereit sind, gehen Sie in die nächste Rolle.

• Seien Sie auch besonders aufmerksam für stille Figuren, die am

Rande stehen und sich zunächst nicht so in den Vordergrund spielen. Sie können auch eine Einladung aussprechen, für alle Figuren, die zart und schutzlos sind. Schauen Sie besonders nach inneren Figuren, die das Gegenteil Ihrer starken, stolzen Seite darstellen. Wer ist die Gegenspielerin der »stolzen Single-Frau«? Frau »Verlass-mich-nicht«? Wer ist der Mitspieler des »einsamen Wolfs« – zum Beispiel der »dumme August«, der alles für eine Frau tut, auch dann, wenn sie ihn nur ausnutzt?

Diese Übung erfordert etwas Geduld, ist aber sehr lohnenswert und kann Ihnen mit viel Spaß Erkenntnisse über bisher wenig bewusste Anteile von Ihnen bringen. Es mag sinnvoll sein, diese Übung im Abstand von einigen Wochen zu wiederholen und jeweils aktuelle innere Stimmen einzuladen, sich zu zeigen.

Das Alleinsein
»sein-lassen« können

Manchmal ist es einfacher, die Sehnsucht nach dem Ende des Alleinseins zu leugnen als sich ihrem Schmerz zu stellen.

Etwas Unangenehmes in unserem Leben abzulehnen (in diesem Fall: die unerfüllte Sehnsucht nach einer Beziehung, nach dem Ende des Alleinseins), ist ein weit verbreiteter Versuch, mit Gefühlen umzugehen.

Es kann sein, dass Ihnen selbst bereits bewusst ist, dass Ihr Stolz über das Alleinsein immer öfter in Bitterkeit umschlägt. Dass sie es als ein ungerechtes Schicksal empfinden, allein zu sein und allein zu bleiben (obwohl Sie doch so viel an sich gearbeitet haben und so viel spirituelle Weisheit gesammelt haben!). In diesem Fall sind Sie aber bereits auf dem Weg der Besserung. Der Schmerz zeigt Ihnen, dass Ihr Panzer einen Riss bekommen hat und dass Gefühle an die Oberfläche kommen. Vielleicht sind es sehr frühe Gefühle, aus der Zeit, als Sie noch ein sehr kleines Kind waren. Vielleicht ist Ihre jetzige

Lebenssituation nur ein Anlass für diese Gefühle, sich zu zeigen. Und vielleicht ist ihr Alleinsein sogar endlich die Chance für diese Gefühle, an die Oberfläche Ihres Bewusstseins zu strömen, um dort liebevoll in Empfang genommen zu werden. Tun Sie dies, empfangen Sie Ihren Schmerz liebevoll. Weinen Sie die Tränen, die in Ihrer Kehle brennen, über die Einsamkeit des Singles, der keine Kinder hat, oder über die Härte des Alltags als allein erziehender Elternteil.

Holen Sie Ihre alten und neuen Alleinseins-Gefühle ab, wie man Reisende nach einer langen, anstrengenden Fahrt abholt: mit einem warmen Tee, dem Angebot, heiß zu duschen und dann sofort in ein warmes Bett zu steigen.

Alle tiefen Gefühle haben eine Verwurzelung im Körper. Therapeuten sprechen auch vom so genannten Körpergedächtnis.[154] Deshalb gibt es kein besseres Mittel, den beginnenden Prozess der emotionalen Heilung zu fördern, als Kontakt mit Ihrem Körper aufzunehmen, je sanfter umso besser.

Sie können das auch mit professioneller Unterstützung tun. Einige körpertherapeutische Verfahren eignen sich besonders dazu, zum Beispiel die sanfte und spielerische Art der Feldenkrais-Methode oder einige Formen von Massage.[155]

Doch auch »Hausmittel« helfen wunderbar, vor allem Wärme, Wasser, Ruhen und sanfte Bewegung.

Möglicherweise erscheint Ihnen der Hinweis, Ihren Körper sanft zu bewegen, läppisch. Mir ging es jedenfalls so, als eine Therapeutin mir einmal empfahl, mit Luftballons zu spielen. Ich fand das einen lächerlichen, ja empörenden Vorschlag! Was sollte das nur bewirken? Schließlich war ich eine erwachsene Frau!

Doch gerade in den sanften, spielerischen Bewegungen Ihres Körpers finden Sie das, was psychologische und spirituelle Traditionen das »Herz« nennen.

Mit einfachen Entspannungsübungen und Körperspielen beginnen Sie eine Reise in Ihren Körper, in Ihr Herz. Diese Reise führt Sie vielleicht über einen Berg des Schmerzes und durch ein Meer der Tränen. Aber das sind Tränen, die köstlich erfrischen. Am Ende einer solchen kurzen Reise in Ihren Körper, Ihr Herz, werden Sie sich wieder weicher, erreichbarer fühlen. Ihre Tränen machen die Rinde Ihres Herzens wieder weich und flexibel. Neben dem Schmerz über das »ungerechte« Alleinsein wird jetzt der Blick wieder klar für die Freuden des Alleinseins.

Übung.
In Bewegung die Zartheit erkunden

Sorgen Sie dafür, dass Sie für 20 bis 30 Minuten ungestört in einem Raum sind, in dem Sie außerdem Musik abspielen können. Wählen Sie eine Musik aus, die sanft und zart ist, und die Sie gerne mögen. Am Ende habe ich einige konkrete Musikvorschläge aufgeführt, die sich meiner Meinung nach für diese Übung sehr eignen.

- *Setzen Sie sich dann auf einen Stuhl bequem hin oder stellen Sie sich frei im Raum auf. Schließen Sie die Augen und spüren Sie durch Ihren Körper.*
- *Gehen Sie von Ihren Fußsohlen nach oben durch Ihren Körper. Spüren Sie zunächst das Gewicht auf dem Boden, spüren Sie, wie die Erde Sie trägt.*
  Fühlen Sie dann Ihre Kniegelenke und sorgen Sie dafür, dass die Kniegelenke weich und nicht eingerastet sind.
- *Gehen Sie dann mit Ihrer Aufmerksamkeit zu Ihrem Becken und erleben Sie Ihr Becken dreidimensional wie eine große Schale. Spüren Sie dabei Ihren Bauch vorne, Ihre Hüften an den Seiten und den hinteren Teil des Beckens am unteren Rücken.*
- *Gehen Sie dann in Gedanken Ihre Wirbelsäule aufwärts bis zum Nacken und zum Kopf und spüren Sie auch hierbei das Volumen Ihres Oberkörpers. Fühlen Sie den Raum vor Ihrer Wirbelsäule*

zum Bauch hin und spüren Sie den hinteren Teil des Rückens mit den Dornfortsätzen, bis Sie beim Kopf angekommen sind.

- *Bewegen Sie sanft den Kopf hin und her, als wenn er ein Luftballon und die Wirbelsäule die Schnur wäre, auf der dieser Luftballon sanft tanzen kann. Wenn Sie den Kopf sanft hin und her bewegt haben, dann lassen Sie ihn schließlich in einer mittleren entspannten Position zur Ruhe kommen.*
- *Bewegen Sie Ihre Schultern und die Arme wie Flügel ganz leicht und lassen Sie sie dann wieder zur Ruhe kommen.*
- *Stellen Sie nun die von Ihnen ausgewählte Musik an und bewegen Sie Ihren Körper langsam zu der Musik am Platz oder durch den Raum, lassen Sie die Arme sich sanft zu den Seiten bewegen, nach vorne und um Ihren Körper.*

Als Variante können Sie sich auch vorstellen, dass Sie sich in angenehm warmem Wasser bewegen. Oder stellen Sie sich vor, dass sich Ihr gesamter Körper vom Kopf bis zu den Füßen mit Wasser füllt, und zwar mit angenehm warmem Meerwasser. Gestalten Sie diese Vorstellung so angenehm wie möglich, so dass sich Ihr Körper wohlig und geschmeidig anfühlt.

Diese Übung kann Sie in eine meditative und ruhige Stimmung versetzen. Musikvorschläge wären dafür zum Beispiel:

»Fragile« von Sting, der »Winter« aus den Vier Jahreszeiten von Vivaldi oder »Fields of Barley« in der Fassung von Eva Cassidy und »In the Blood of Eden« von Peter Gabriel.

Die Sehnsucht annehmen –
die Flucht vor dem Alleinsein aufgeben

Die Sehnsucht nach einer Liebe, einem Partner, einem Gegenüber, mit dem wir unser Leben teilen können, liegt tief in der Seele des Menschen verankert. Als Menschen sind wir Beziehungswesen. Das können wir nicht einfach wegdiskutieren oder wegmeditieren.

Hat Ihnen schon mal jemand gesagt, Sie dürften nicht nach der Liebe suchen, sondern Sie müssten »einfach« loslassen und abwarten. Um ganz ehrlich zu sein, habe ich selbst in Zeiten der Sehnsucht diesen gut gemeinten Ratschlag immer gehasst. Ich war doch sehnsüchtig! Das durfte ich scheinbar nicht sein, zumindest wenn es nach den Ratschlägen der anderen ging.

Unerfüllte Sehnsucht kann schmerzlich sein, sie kann uns umtreiben, sie kann uns die Lebensfreude gründlich vermiesen. Unerfüllte Sehnsucht verhindert, dass wir das Alleinsein genießen können.

Nicht immer ist es leicht, sich dem Schmerz der Sehnsucht zu stellen. Manchmal ist es leichter, sich die süßen, unerreichbaren Trauben einer Beziehung sauer zu reden.

Ein anderer Weg mit Sehnsucht umzugehen besteht darin, erst einmal anzunehmen, dass mein Leben ist, wie es ist. Es gibt da eine Sehnsucht nach einem Partner in mir oder einen Zweifel, dass ich mein Alleinsein jemals beenden kann.

Im zweiten Schritt kann man, wie ein Detektiv, die tiefere Absicht in der Sehnsucht aufspüren. Was würde sich in unserem Leben verändern, wenn der ersehnte Partner erst da ist? Was genau erfüllt sich dadurch für mich?

Im dritten Schritt dann kann man nach Wegen in seinem Leben suchen, diese tiefere Sehnsucht zu erfüllen. Manchmal wird das etwas ganz anderes sein, als eine Beziehung einzugehen. Denn manchmal ändert sich bei dieser Art der Erkundung auch der ursprüngliche Wunsch (gehen Sie eventuell noch einmal zu der Übung »Sehnsüchten in die Tiefe folgen« S. 229).

Um die eigene Sehnsucht nach dem Ende des Alleinseins zu erforschen, braucht es lediglich etwas Freundlichkeit sich selbst gegenüber und ein wenig detektivisches Gespür. Manchmal kann es hilfreich sein, wenn man sich bei den ersten Erkundungen Unterstützung holt, zum Beispiel bei einer Freundin oder Therapeutin.

Wenn die Suche nach einem »Seelenpartner« zum Selbstzweck wird, wenn ein Großteil unserer Energie in Fantasien fließt, wie der Partner zu sein hat, wie unser Leben sein wird, wenn erst diese Partnerin da ist, dann ist es vermutlich Zeit, STOPP zu sagen. (Das kann man ja auch freundlich tun oder mit einem Lachen!)

Denn sonst führt die Sehnsucht nach dem »Ende des Alleinseins« weg aus dem gegenwärtigen Moment, weg von unserer »Verabredung mit dem Leben«.

Hin und wieder, wenn ich merke, dass ich eigensinnig und bockig wie ein störrischer Maulesel ein Gefühl nicht »haben« will oder mich vor einer ungeliebten Aufgabe drücken will, dann denke ich an den Ausspruch der amerikanischen Lehrerin und Autorin Iyanla Vanzant: »Das Leben ist ein Akt des Glaubens und der Hingabe, Kämpfe sind nur eine zusätzliche Option.«[156]

Was uns das Alleinsein geben kann

Der tiefere Sinn der Sehnsucht, dass die Einsamkeit aufhören möge, erfüllt sich, wenn man im ersten Schritt bereit ist, endlich anzukommen – im Alleinsein.

Martin, der sich mit Anfang 40 entschlossen hatte, nach dem Ende einer Beziehung erst einmal allein zu bleiben, beschreibt es so: »Ich habe die Zeit des Alleinseins als Zeit der Fülle erlebt und das, obwohl ich natürlich öfter Sehnsucht nach einer Beziehung hatte, besonders nach der Geborgenheit und Zärtlichkeit, die man da erlebt.« »Aber«, fährt er fort, »ich wusste auch intuitiv, dass ich nur zu mir selbst finde, wenn ich jede Ablenkung von außen eine Zeit lang bewusst ausschließe. In diesen zweieinhalb Jahren des Alleinseins bin ich wirklich angekommen in etwas, das ich den ›Ich-Raum‹ nenne. Und dieser ›Ich-Raum‹ ist großzügig und verbunden mit der gesamten Existenz. Das hat nichts mit Egoismus zu tun.« Martin fand in einer stillen Meditation in seinem Inneren den Satz: »Du bist immer zu Hause. Du bist nie allein – und das war schon immer so.«

Wer in diesem Raum der inneren Fülle angekommen ist oder immer wieder ankommt, der kann sich aus diesem belebten Zentrum heraus mit anderen verbinden, ohne sich zu verlieren.

Für eine abschließende Meditation über den »Ich-Raum« und wie Sie sich darin fühlen, können Sie sich noch einmal in die Worte von T. S. Eliot vertiefen:

Meditation.

Allein und frei – ankommen

Und das Ende unseres Kundschaftens
Wird es sein, am Ausgangspunkt anzukommen
Und den Ort zum ersten Mal zu erkennen.
T. S. Eliot[157]

- *Begeben Sie sich an einen ruhigen Ort, an dem Sie sich wohl fühlen.*
- *Schließen Sie die Augen oder lassen Sie sie leicht geöffnet, so wie Sie sich wohl fühlen.*
- *Lassen Sie die Worte des Gedichts in sich klingen und achten Sie auf Gedanken, Gefühle oder Körperempfindungen.*
- *Beenden Sie die Meditation mit einigen Notizen zu dem, was Ihnen wichtig ist.*

Anhang

Entspannungsmethoden

1. Atem-Entspannung

Diese erste Atem-Beruhigungsübung kann Sie schnell zu mehr Klarheit und Ruhe führen. Bei der Übung atmet man abwechselnd durch das rechte und linke Nasenloch, indem man das jeweils andere Nasenloch mit Daumen und kleinem Finger verschließt. Das geschieht folgendermaßen:

- Strecken Sie den Daumen und den kleinen Finger der rechten Hand ab und beugen Sie Zeigefinger, Mittelfinger und Ringfinger in den Handballen.
- Atmen Sie jetzt durch beide Nasenlöcher ein und verschließen Sie beim Ausatmen mit dem Daumen das rechte Nasenloch, atmen Sie also durch das linke Nasenloch aus. Atmen Sie dann auch durch das linke Nasenloch wieder ein, verschließen Sie dann das linke Nasenloch mit dem kleinen Finger und atmen Sie durch das rechte aus.
- Atmen Sie nun durch das rechte Nasenloch wieder ein, verschließen es mit dem Daumen und atmen Sie durch das linke Nasenloch aus, und so fort. Führen Sie diese Wechselatmung etwa zwei bis drei Atemzyklen durch, und atmen Sie dann durch beide Nasenlöcher aus.
  Diese einfache Atemmeditation versetzt Sie gewöhnlich in einen ruhigen Zustand. Es reicht, wenn Sie einfach fünf bis zehn Minuten in diesem Zustand verweilen und danach ihre Gedanken ruhig beobachten und fließen lassen. Solche Ausklangsphasen nach den Übungen können Ihnen helfen, die Eindrücke, die die Übungen hinterlassen haben, besser wahrzunehmen.

2. Aktive Entspannung[158]

Wenn Sie sich innerlich sehr unruhig fühlen, möchten Sie vielleicht eher eine aktive Form der Entspannung wählen.

Stellen Sie sich dazu hin und schütteln Sie nacheinander Ihre Körperteile durch:

- Stellen Sie sich hüftbreit hin und lassen Sie Ihre Arme am Körper locker hängen. Dann schütteln Sie Ihre Hände rhythmisch nach außen hin aus und führen während dieses Schüttelns Ihre beiden Arme seitlich hoch, bis sie sich schließlich über Ihrem Kopf treffen. Während der ganzen Zeit schütteln Sie Ihre Hände nach außen. Dann senken Sie, während Sie weiterhin Ihre Hände schütteln, die Arme wieder nach unten im Halbkreis, bis sie wieder neben Ihrem Körper hängen und beenden das Schütteln der Hände.
- Verlagern Sie jetzt Ihr gesamtes Gewicht auf das rechte Bein und heben Sie das linke leicht seitlich ab. Schütteln Sie nun den Fuß und das Bein und führen den Fuß im Halbkreis erst nach vorne, dann wieder zur Seite, nach hinten, wieder zur Seite. Dann nehmen Sie das linke Bein schließlich wieder in die Mitte und verlagern Ihr Gewicht darauf.
- Wiederholen Sie die Übung mit dem rechten Fuß.
- Stellen Sie sich jetzt etwas weiter als hüftbreit auf beide Beine, beugen Sie den Oberkörper etwas vor und stützen Sie sich eventuell mit den Armen auf den Oberschenkeln leicht ab, schütteln Sie nun Ihre beiden Schultern in Ihrem eigenen Rhythmus hin und her. Seien Sie dabei so lebhaft, wie es Ihnen möglich ist, Ihr Kopf wird sich vermutlich ebenso mitbewegen.
- Nun führen Sie das Schütteln der Körperteile zusammen durch.
- Beginnen Sie erst mit den Händen und den Armen, dann mit den Schultern, lassen Sie dann Ihren Kopf mitschlenkern, und wenn Sie können, wippen Sie auch noch mit den Beinen, und springen Sie vielleicht sogar in dieser Bewegung auch noch etwas in die Luft. Vermutlich müssen Sie dann anfangen zu lachen, und das ist der beste Weg zur Entspannung.
- Bleiben Sie dann einen Moment ruhig stehen und lassen Sie die Vibrationen, die das Schütteln in Ihrem Körper hinterlassen hat, langsam abebben und zur Ruhe kommen.

3. Meditation. Einfach den Atem spüren

- Setzen Sie sich in einer aufrechten, aber für Sie bequemen Haltung hin. Eventuell müssen Sie Ihr Becken abstützen, indem Sie sich auf ein Kissen setzen, das hinten etwas höher als vorn ist.
- Schließen Sie zunächst die Augen (es sei denn, Ihnen wird dabei schwindlig, dann öffnen Sie die Augen bitte). Eine Zwischenform ist, den Blick etwa einen Meter vor sich auf den Boden zu senken.

- Jetzt richten Sie Ihre Aufmerksamkeit auf Ihren Atem, ohne ihn dabei zu verändern. Spüren Sie, wie Ihr Atem an den Nasenflügeln eintritt, wie sich Ihr Brustkorb, vielleicht auch Ihre Bauchdecke etwas hebt, beobachten Sie die kleine Pause am Ende des Einatmens und lassen Sie den Atem wieder natürlich ausfließen. Beobachten Sie dabei, wie sich die Bauchdecke und der Brustkorb senken und die Luft an den Nasenflügeln ausstreicht.
- Wenn Sie diese Atembeobachtung einige Male getan haben, dann fangen Sie an, die Atemzüge zu zählen: Einatmen – eins, und Ausatmen gehört auch noch zum ersten Atemzug. Nächstes Einatmen – zwei, Ausatmen, zwei. Einatmen – drei, Ausatmen, »oh, bei welcher Zahl war ich gerade?« Wenn Ihnen solche Gedanken in den Kopf kommen, fangen Sie wieder von vorne an. Nächstes Einatmen – eins, und Ausatmen eins … Zählen Sie fünf Atemzüge.
- Danach betonen Sie in Ihrer Aufmerksamkeit das *Ausatmen* durch Ihr Zählen. Üben Sie, solange Sie aufmerksam bleiben können.

Die Übungen im Überblick

Anmerkungen

1 Shambhala Sun. Body and Mind. o. J.
2 Das Original steht heute in einem amerikanischen Museum.
3 Die Titelzeile »Klarheit, Kühnheit, Klugheit« verdanke ich der Berliner Psychotherapeutin und Beraterin Monika Löhlein-Heidt. Ich danke für das Zitat für diese Meditation.
4 Annette Kaiser. *Der Weg hat keinen Namen. Leben und Visionen einer Sufi-Lehrerin*
5 Jessica Wilker. *Das Einmaleins der Achtsamkeit*
6 John Selby. *Die Kunst, allein zu sein*
7 Mihaly Czikszentmihalyi. *Lebe gut!*
8 Die Übung erfolgt in Anlehnung an das Buch von Desiree Rombach. *Alle Wege führen zu Dir. Landschaften der Liebe*
9 Gay und Kathlyn Hendricks. *Liebe macht stark*
10 Ursula Nuber. *Zehn Gebote für gelassene Frauen*
11 Ursula Wirtz, Jörg Zöbeli. *Hunger nach Sinn*
12 Aus: »Was die Singles wollen«, Focus, 13/2002, S. 60–68
13 Zum Beispiel: Eva Wlodarek. *Den richtigen Mann finden*; Regina Tamkus www.erosundpsyche.net
14 In: Katharina Zimmer. *Die Kunst allein zu leben*, S. 121 ff.
15 Zitiert aus: Katharina Zimmer. a. a. O., S. 20
16 Eva Wlodarek. a. a. O.
17 Daniel Goleman. *Die heilende Kraft der Emotionen*
18 Debbie Ford. *Das Geheimnis des Schattens*, S. 56 f.
19 Eva Jaeggi. *Ich sag' mir selber Guten Morgen. Single – eine moderne Lebensform*; »Solistinnen«, Rundfunkfeature, DLR-Berlin, 26. 10. 2001, Ursula Wagner
20 Zum Beispiel Focus 13/2002 S. 60–68
21 »Solistinnen« a. a. O.
22 Aus: Focus 13/2002, a. a. O.
23 Untersuchung von Franz J. Neyer in Berlin 1995–1999 zitiert nach: Psychologie Heute Compact. Der Alltag der Liebe. Heft 7/2002, S. 25
24 Debbie Ford. a. a. O., S. 87
25 Aus: Stern 11/2002, 48–52
26 Interview mit Sylvia Wetzel, Frühjahr 2002
27 Weitere Anregungen zur Arbeit mit inneren Bildern bei der Partner-

suche finden Sie in dem Buch *Ich lasse mich finden* von Daan van Kampenhout, Heidelberg: Carl-Auer-Systeme Verlag, 2003

28 Ausführlich zur Arbeit mit unbewussten Verpflichtungen: Gay und Kathlyn Hendricks. *Liebe macht stark*, a. a. O., sowie das »Foundation Training«; Kontakt über Esther Staewen-Schenkel, estaewen@gmx.de

29 Angelehnt an eine Übung aus: *Wieviel Frösche muß ich küssen* von Barbara de Angelis, München: Heyne Verlag, 6. Auflage, 1996, S. 67

30 Die Grundidee dieser Übung geht auf Iyanla Vanzant zurück; die Formulierung zum Alleinsein verdanke ich Marie Mannschatz, siehe auch Marie Mannschatz. *Lieben und Loslassen*

31 Iyanla Vanzant. *Bis heute!*

32 Das Familienaufstellen nach Bert Hellinger ist in den letzten Jahren einerseits sehr populär geworden, andererseits auch sehr kritisiert worden. Ich persönlich empfehle, nur zu Aufstellern zu gehen, die in zumindest einem weiteren psychotherapeutischen Verfahren und im Familienaufstellen fundiert ausgebildet sind. Der Verband der systemischen Familienaufsteller empfiehlt Aufsteller mit ausreichender Ausbildung; siehe Adressen im Anhang.

33 Siehe Anhang S. 279

34 Marie Mannschatz. *Lieben und loslassen* S. 75

35 Seit den Forschungen von Daniel Stern spricht man auch vom »kompetenten Säugling«. Siehe *Tagebuch eines Babys*

36 »Ganz bei sich sein« von Heiko Ernst in: Psychologie heute. September 2003, S. 20–27

37 »Ganz bei sich sein«, a. a. O.

38 Jean Liedloff. *Auf der Suche nach dem verlorenen Glück*

39 Die Wissenschaftsjournalistin Katharina Zimmer fasst die Ergebnisse der Entwicklungspsychologie über die Entwicklung des Kleinkindes in diesen drei Phasen zusammen. In: Katharina Zimmer. *Die Kunst allein zu leben*, a. a. O.

40 Diesen Ausdruck verwendet Katharina Zimmer, a. a. O., S. 66

41 Gertrud Höhler. *Spielregeln des Glücks*, S.87

42 Die Anregungen zu dieser Meditation stammen unter anderem von Robert Schleip. *Der aufrechte Mensch. Übungen für eine gelöste Körperhaltung und einen natürlichen Gang* sowie aus dem Buch von Marie Mannschatz. *Lieben und loslassen*, a. a. O.

43 Siehe zum Beispiel Stefan Klein. *Die Glücksformel*

44 Mihaly Czikszentmihalyi. *Flow*

45 Diese und ähnliche Übungen stammen unter anderem aus dem »Foundation Training« von Gay und Kathlyn Hendricks.

46 Zitiert nach: Psychologie heute Compact. Der Alltag der Liebe. S. 68

47 »Veränderungen im Körper- und Selbsterleben bei essgestörten Frauen

nach stationärer Psychotherapie« Ursula Wagner. 1999. Unveröffentlichte Diplomarbeit, TU Berlin.

48 Für Frauen, die generell mehr Oxytocin produzieren als Männer, ist der Fall noch etwas anders gelagert – siehe dazu zum Beispiel Katharina Zimmer, a. a. O., S. 72 ff.

49 Mihaly Czikszentmihalyi. *Lebe gut!*

50 Die Wiederentdeckung der Askese. In: Psychologie heute Compact. Der Alltag der Liebe, S. 68–73

51 Quelle: Stern 11/2002 S. 52

52 Studie von Prof. Steven Reiss und Susan Havercamp, Ohio State University, in: Psychologie heute Compact, a. a. O., S. 72

53 In Psychologie heute Compact, a. a. O., S. 68–73

54 Gertrud Höhler, a. a. O., S. 105, S. 115, S. 111

55 Dieser relativ neue Zweig der Psychologie/Biologie nennt sich »Chronobiologie«. Quelle: »Einsamkeit«, GEO 10/2002, S. 37

56 Zitiert nach: Katharina Zimmer, a. a. O., S. 121

57 Das Schwarzwaldhaus. Die Boros – Leben wie vor 100 Jahren. Fernsehdokumentarfilm

58 »Das Ende der Ewigkeit …« Rundfunkfeature WDR, 24. 3. 2002 Ursula Wagner

59 Die vermutlich beeindruckendste Variante dieser Schmerztoleranz als Beweis spiritueller Hingabe ist die hinduistische »Armhochhalter«-Sekte in Indien. Durch monatelanges, ja jahreslanges Hochhalten des rechten Armes kommt es zum Absterben und Verknöchern des gesamten Gliedmaßes, so dass die Vertreter nur noch sehr eingeschränkt bewegungsfähig sind und bleiben und in der Zeit bis zum Absterben des Arms große körperliche Schmerzen erdulden.

60 Anna E. Röcker. *Spiritualität des Körpers*. München: Integral Verlag. 2002. Aus: Neue Esotera, 8/2002, S. 40–43

61 Die folgenden Aussagen stammen aus einem Telefoninterview mit Joan Halifax 2002.

62 Anregungen für Frauen finden Sie z. B. bei Vinod Verma. *Kamasutra für Frauen*. München: Econ Verlag, 2001. Vor allem für lesbische Frauen: Christa Schulte. *Tantra für Genießerinnen*. Berlin: Krug & Schadenberg, 2001

63 Stern, 11/2002, S. 52

64 Anke Kuckuck, Clara Luckmann. *Mütter, Lust und Sexualität*«, Reinbek bei Hamburg: Rowohlt, 1997. Aus: Gerlinde Unverzagt. »Die veränderte Lust der Mütter«, in Psychologie heute Compact, S. 74–76

65 Gerlinde Unverzagt, a. a. O., S. 76

66 Stern 11/2002, S. 52

67 Diese Übung wird auch als standardisierter psychologischer Körperbildtest angewandt.

68 Zitiert nach: Christel Herzhauser. a. a. O., S. 28

69 In: Mihaly Czikszentmihalyi. *Lebe gut!* a. a. O., S. 119

70 John Selby. *Die Kunst, allein zu sein,* a. a. O.

71 Vortrag in der TU Berlin, 2002

72 Diese Anregung stammt von Esther Staewen-Schenkel, die einen solchen Stein selbst einmal geschenkt bekam und ihn sehr nützlich findet.

73 Seneca. Zitiert nach: Marion und Werner Küstenmacher. *Energie und Kraft durch Mandalas*

74 Pierre Stutz, in: Herzhauser, a. a. O., S. 24

75 In: »Einsamkeit«, GEO, 10/2002, S. 36

76 Howard Gardner. *Kreative Intelligenz,* S. 95

77 Wenn Sie sich besonders für weibliche Formen der Kreativität und weibliche Aspekte des Alleinseins interessieren, empfehle ich Ihnen das sehr anregende Buch der jungianischen Analytikerin Jean Shinoda Bolan *Göttinnen in jeder Frau.* Auf Basis der griechischen Mythologie finden Sie hier Beschreibungen von weiblichen Mustern, so genannten Archetypen, der weiblichen Autonomie, Stärke und Kreativität. Diese Typologie erweitert das oben angegebene Schema noch einmal um einige Facetten. Jean Shinoda Bolan. *Göttinnen in jeder Frau.* Basel: Sphinx Verlag,1986

78 Sylvia Boorstein. *Retreat – Zeit für mich. Das Dreitageprogramm*

79 Als »verrückte Heilige« oder Vertreter der »verrückten Weisheit« werden in der tibetisch-buddhistischen Tradition Lehrer und Heilige bezeichnet, die unorthodox und zum Teil außerhalb des moralischen Kodex gelebt haben.

80 Die aus England stammende buddhistische Nonne Tenzin Palmo hat zusammen mit einer Journalistin über eine solche eremitische Zeit einen beeindruckenden Bericht verfasst. Vicky Mackenzies. *Das Licht, das keinen Schatten wirft.* München: O. W. Barth, 2001

81 Paulo Coelho. *Auf dem Jakobsweg.* Zürich: Diogenes, 1999.

82 Kontakt zu Minka Hauschild und Reiseunternehmen. Siehe Adressen im Anhang.

83 Die Forschungsstudie wurde vom Institute for Mind and Biology der University of Chicago, USA, durchgeführt und ausführlich in einem Artikel von Ines Possemeyer zur Einsamkeitsforschung beschrieben, in: GEO, 10/2002, S. 20–46

84 Zitiert aus: GEO, 10/2002, S. 32

85 Freddy Derwahl, *Eremiten. Die Abenteuer der Einsamkeit*

86 Zitiert nach: Freddy Derwahl, a. a. O., S. 206

87 Daniel Hell. *Die Sprache der Seele verstehen. Die Wüstenväter als Therapeuten*

88 Daniel Hell, a. a. O., S. 14

89 Daniel Hell, ebenda

90 Freddy Derwahl, a. a. O., S. 207

91 Freddy Derwahl, a. a. O., S. 209

92 Ebenda

93 Aus: *Wo die Wüste erblüht*, Hrsg. Norbert Weis, S.14 f.

94 Ebenda

95 Ebenda

96 Daniel Hell, a. a. O., S. 23

97 Das folgende kurze Porträt von Dominica Frericks ist nach Vorlage eines Fernsehfilms entstanden, eine der seltenen Gelegenheiten, zu denen sich Dominica Frericks öffentlich geäußert hat.
Autoren: Florian Knöppler und Michael Schulz (WDR); Ich danke Ramona Robben für den Hinweis.

98 David Steindl-Rast, *Staunen und Dankbarkeit,* S. 89. Freiburg: Herder, 1996

99 David Steindl-Rast, a. a. O.

100 Zitiert nach: Steindl-Rast, a. a. O., S. 124

101 Frances Vaughan, a. a. O., S. 19 f.

102 Damit sind generelle »Herausforderungen« gemeint. Die Thematik von Sekten ist damit nicht angesprochen. Sektiererische Vereinigungen sind von ihrer Grundstruktur her ungesund. Meditation ist es nur unter gewissen Bedingungen. Siehe dazu auch Wilber K., Ecker, B., Anthony, D. *Meister, Gurus, Menschenfänger*

103 Ken Wilber. *Integrale Psychologie*

104 Die modifizierende Wirkung sozialer Erwünschtheit in der psychologischen Selbstbeschreibung Praktizierender spiritueller Techniken. Theo Fehr, in: Report Psychologie 27, 1/2002, S. 22–30

105 Für Frauen, die nur mit weiblichen Lehrern lernen wollen, gibt es im buddhistischen Umfeld gute Möglichkeiten, auch für lesbisch lebende Frauen. Siehe Adressen im Anhang.

106 Stephen Batchelor. *Mit anderen allein*

107 Meister Eckhard (Christlicher Mystiker des 14. Jhd.). aus: Geistliche Lesung für den Tag und die Woche, S. 44f.

108 »Das Ende der Ewigkeit – Ordensfrauen berichten über ihren Austritt aus dem Kloster« – Radiofeature in der Reihe »Lebenszeichen«, WDR 3, 24. 3. 2002, von der Autorin

109 Joan Tollifson. *Im Auge des Taifuns*

110 Willigis Jäger. *Geh den inneren Weg*

111 »Einsamkeit«, in: GEO, 10/2001, S. 20–46. Die folgende Zahlen

und Zitate stammen, sofern nicht anders gekennzeichnet, aus diesem Artikel.

112 Zitiert nach: Christel Herzhauser, a. a. O., S. 20

113 GEO, 10/2001, S. 41

114 Ebenda, S. 42

115 »Einsamkeit – das große Tabu«, Brigitte Dossier in: Brigitte 24/2001 S. 115–126

116 Zitiert nach GEO, a. a. O., S. 30

117 Jessica Wilker. *Das Einmaleins der Gelassenheit*

118 Siehe auch Daniel Goleman, a. a. O.

119 Alameda-County-Studie zitiert nach GEO, 10/2001, S. 42

120 Ein Selbsthilfeprogramm für Menschen, mit einer so genannten »Sozialphobie« ist im Buch von Katharina Zimmer beschrieben. (Siehe Literaturverzeichnis) Für schüchterne Menschen sei das Buch von Eva Wlodarek empfohlen *Jetzt geh ich's an – Besseren Kontakt zu sich und anderen finden*. Frankfurt/M.: Fischer Verlag

121 Aus: »Finding Joy amid the pain«. Shambhala Sun, July 2000, S. 62, diese und alle folgenden Übersetzungen von der Autorin

122 Ebenda, S. 63

123 Ebenda, S. 64

124 Ebenda, S. 65

125 Ebenda, S. 64

126 Aus: Marie Mannschatz, a. a. O.

127 »Viele Wege führen aus der Sackgasse«. Andrea Auth, Siegried Preiser & Sigrid Buttkewitz. Report Psychologie, 28, 10/2003, S. 584–591

128 Diese Übung folgt der Anleitung in Ken Wilbers Buch *Wege zum Selbst*, S. 170.
Ich empfehle Personen, die in psychiatrischer Behandlung sind oder Psychopharmaka nehmen, dringend nur die Vorbereitung der Übung zu machen und den Rest nicht durchzuführen, da sie bei bestimmten Krankheitsbildern zu Symptomverschlimmerung führen könnte.

129 Anselm Grün und Ramona Robben. *Gescheitert? Deine Chance!*

130 Ebenda

131 »Die Kunst richtig zu scheitern«, Ursula Nuber in: Psychologie heute. Januar 2004, S. 20–24

132 »Weil im Leben nichts bleibt, wie es ist«, Heiko Ernst in: Psychologie heute Compact, Wendepunkte, S. 20–23

133 Elisabeth Kübler-Ross, David Kessler. *Warum das Leben kostbar ist*

134 Marie Mannschatz, a. a. O.

135 Elisabeth Kübler-Ross. David Kessler, a. a. O.

136 »Entscheidung für das Leben – weiterleben nach einer Hiobsbotschaft«. Rundfunktfeature SWR 2, 1. 11. 2003, Glaubensfragen

137 Ernst Eduard Boesch. *Sehnsucht*

138 »Wenn du ein Schiff bauen willst,
so trommle nicht Leute zusammen,
um Holz zu beschaffen, Werkzeuge vorzubereiten,
Aufgaben zu vergeben und die Arbeit einzuteilen,
sondern lehre sie die Sehnsucht nach dem weiten endlosen Meer.«
Antoine de Saint-Éxupery

139 Studie von Prof. Steven Reiss und Susan Havercamp, Ohio State University, in: Psychologie heute Compact. Der Alltag der Liebe, S. 72 (Kasten) – im Kapitel »Enthaltsamkeit: Mangel oder Chance« wird auf die wechselnde Bedeutung der Sexualität aus dieser Untersuchung hingewiesen.

140 Thich Nhat Hanh. *Unsere Verabredung mit dem Leben.* Berlin: Theseus, Neuausgabe 2004

141 Connirae und Tamara Andreas. *Core Transformation*

142 Zitiert nach: »Sphärenklänge gegen das Individuum«. Rezension von Gert Lange, Tagesspiegel Berlin, 1. 12. 1998

143 Mehr über die biologischen Grundlagen der menschlichen Entwicklung in dem Kapitel »Wie der Körper das Alleinsein lernt«

144 Jacob Needleman. *Das kleine Buch der großen Liebe,* S. 40

145 Ebenda, S. 33

146 Verena Kast. *Freude, Inspiration, Hoffnung*

147 Serge K. King. *Instant Healing. Jetzt*

148 Mehr zu den Biologischen Grundlagen des Alleinseins im Kapitel »Wie der Körper das Alleinsein lernt«

149 Wolfgang Schmidbauer. *Die Angst vor Nähe.* Reinbek bei Hamburg: Rowohlt, 1998

150 Ursula Nuber. *Zehn Gebote für starke Frauen,* S. 120 f.

151 Maja Storch. *Die Sehnsucht der starken Frau nach dem starken Mann,* S. 52 ff.

152 Frances Vaughan. *Shadows of the Sacred. Quest Book*

153 Friedemann Schulz von Thun. *Miteinander reden 3. Das innere Team.* Reinbek bei Hamburg: Rowohlt, 1998

154 Siehe auch: Katharina Zimmer. a. a. O., S. 148 ff.

155 Adressen von Feldenkrais-Therapeuten siehe Anhang

156 »Life is an act of faith, struggle is optional«; Iyanla Vanzant. *Und meine Seele öffnete sich*

157 Zitiert nach: Steindl-Rast, a. a. O., S. 124

158 In Anlehnung an John Selby. *Einander finden*

274 *Anhang*

Literaturverzeichnis

Andreas, Connirae und Tamara. Core Transformation. Paderborn: Junfermann, 1995

Batchelor, Stephen. Mit anderen allein. Zürich und München: Theseus, 1992
Boesch, Ernst Eduard. Sehnsucht. Bern, Göttingen, Toronto, Seattle: Hans Huber, 1998
Boorstein, Sylvia. Retreat – Zeit für mich. Das Dreitageprogramm. Freiburg i. Br.: Herder, 2000

Czikszentmihalyi, Mihaly. Lebe gut! Stuttgart: Klett-Cotta, 3. Auflage 1999
Czikszentmihalyi, Mihaly. Flow. Stuttgart: Klett Cotta, 1999

Derwahl, Freddy. Eremiten. Die Abenteuer der Einsamkeit. München: Pattloch, 2000

Ford, Debbie. Das Geheimnis des Schattens. München: Goldmann, 2003

Gardner, Howard. Kreative Intelligenz. Frankfurt, New York: Campus Verlag, 2. Auflage 1999
Goleman, Daniel. Die heilende Kraft der Emotionen. München: Goldmann, 1999
Grün, Anselm; Robben, Ramona. Gescheitert? Deine Chance! Münsterschwarzach: Vier-Türme-Verlag, 2003

Hell, Daniel. Die Sprache der Seele verstehen. Die Wüstenväter als Therapeuten. Freiburg i. Br.: Herder, 2. Auflage 2002
Hendricks, Gay und Kathlyn. Liebe macht stark. München: Mosaik, 1992
Herzhauser, Christel. Zeit nur für mich. Vom Glück des Alleinseins. Freiburg i.Br.: Herder, 2002
Höhler, Gertrud. Spielregeln des Glücks. München: Econ, 3. Neuauflage 2001

Jäger, Willigis. Geh den inneren Weg. Freiburg i. Br.: Herder, 2000
Jaeggi, Eva. Ich sag mir selber Guten Morgen. Single – eine moderne Lebensform. München: Piper, 1999

Kast, Verena. Freude, Inspiration, Hoffnung. Olten und Freiburg i. Br.: Walter Verlag, 1991

Kaiser, Annette. Der Weg hat keinen Namen. Leben und Visionen einer Sufi-Lehrerin. Berlin: Theseus, 2003

King, Serge Kahili. Instant Healing. Stuttgart: Lüchow, 2003

Klein, Stefan. Die Glücksformel. Reinbek bei Hamburg: Rowohlt, 10. Auflage 2002

Kübler-Ross, Elisabeth; Kessler, David. Warum das Leben kostbar ist. Stuttgart: Kreuz, 2003

Küstenmacher, Marion und Werner. Energie und Kraft durch Mandalas. München: Ludwig, 2002

Liedloff, Jean. Auf der Suche nach dem verlorenen Glück. München: Beck, 1996

Mannschatz, Marie. Lieben und loslassen. Berlin: Theseus, 2002

Nhat Hanh, Thich. Unsere Verabredung mit dem Leben. Buddhas Lehre vom Leben im gegenwärtigen Augenblick. Berlin: Theseus, Neuausgabe 2004

Needleman, Jacob. Das kleine Buch der großen Liebe. Frankfurt a. M.: Krüger, 1997

Nuber, Ursula: Zehn Gebote für gelassene Frauen. Bern, München, Wien: Scherz, 2000

Nuber, Ursula. Zehn Gebote für starke Frauen. Bern, München, Wien: Scherz, 11. Auflage 2002

Rombach, Desiree. Alle Wege führen zu Dir. Landschaften der Liebe. Frankfurt a. M.: Eichborn, 2002

Schleip, Robert: Der aufrechte Mensch. Übungskurs für eine gelöste Körperhaltung und einen natürlichen Gang. München: Hugendubel, 2000

Schulz von Thun, Friedemann. Miteinander reden 3. Reinbek bei Hamburg: Rowohlt, 1998

Selby, John: Die Kunst, allein zu sein. Reinbek: Rowohlt, 2002

Selby, John. Einander finden. Reinbek bei Hamburg: Rowohlt, 1986

Steindl-Rast, David. Staunen und Dankbarkeit. Freiburg i. Br.: Herder, 1996

Stern, Daniel. Tagebuch eines Babys. München: Piper, 1996

Storch, Maja. Die Sehnsucht der starken Frau nach dem starken Mann. München: Goldmann, 2002

Tollifson, Joan. Im Auge des Sturms. Frankfurt a. M.: Krüger, 1998

Vanzant, Iyanla. Bis heute! München: Econ, 2002
Vanzant, Iyanla: Und meine Seele öffnete sich. München: Econ, 2001

Weis, Norbert (Übersetzer). Wo die Wüste erblüht. München: Neue Stadt, 2004
Wilber K., Ecker, B., Anthony, D. Meister, Gurus, Menschenfänger. Frankfurt a. M.: Fischer, 1998
Wilber, Ken. Wege zum Selbst. München: Goldmann, 1993
Wilber, Ken. Integrale Psychologie. Freiamt: Arbor, 2001
Wilker, Jessica. Das Einmaleins der Achtsamkeit. Berlin: Theseus, 1998
Wilker, Jessica. Das Einmaleins der Gelassenheit. Berlin: Theseus, 2000
Wirtz, Ursula; Zöbeli, Jürg. Hunger nach Sinn. Stuttgart: Kreuz, 5. Auflage 1999
Wlodarek, Eva. Den richtigen Mann finden. Brigitte Buch, München: Mosaik,1995

Zimmer, Katharina. Die Kunst allein zu leben. München: Econ, 2002

Adressen

Buddhistische Meditationszentren und -Gruppen und Vereinigungen

Einen guten Überblick über buddhistische Meditationsgruppen verschiedenster Traditionen bekommen Sie bei den folgenden Dachverbänden. Dort gibt es auch nach Postleitzahlen geordnete Verzeichnisse, so dass Sie leicht eine Gruppe in der Nähe Ihres Wohnortes finden können.

In Deutschland:
Deutsche Buddhistische Union
Geschäftsstelle
Amalienstr. 71
D – 80799 München
Fon: 089 / 28 01 04
www.dharma.de

In Österreich:
Österreichische Buddhistische Religionsgesellschaft
Fleischmarkt 16
A – 1010 Wien
Fon und Fax: 43 / 1 / 412 37 19
www.buddhismus-austria.org

In der Schweiz:
Schweizerische Buddhistische Union
www.sbu.net

Informationen über Kurse mit
Sylvia Wetzel und Marie Mannschatz erhalten Sie bei:
Birgit Isemann
Postfach 101523
D – 33515 Bielefeld
Fon: 0521 / 5205383

oder unter:
www.buddhistische-perspektiven.de

Verzeichnis von Klöstern in Deutschland,
die Gäste aufnehmen

(Anzufordern gegen Rückporto über):

Vereinigung der Ordensoberinnen Deutschlands,
D – 56503 Neuwied, Postfach 1318, (Frauenklöster)

Vereinigung Deutscher Ordensobern,
D – 96049 Bamberg,
Am Knöcklein 13, (Männerklöster)
Im Internet: www.orden.de

Körperorientierte Therapien

Kurse mit den Körpertherapeuten Gay und Kathlyn Hendricks
Kontakt über:
Esther Staewen-Schenkel
E-Mail: estaewen@gmx.de
www.staewen.de

Feldenkrais Gilde
www.feldenkrais.de
Feldenkrais Network International e. V.
www.feldenkraisnetwork.de

Visionssuche und Wildnisreisen

Visionssuche, Wildnisretreats
www.outwardbound.de
www.visionssuche-heiten.de

Reisen zum Kailash im Himalaya – Minka Hauschild
Ottostraße 6
D – 40625 Düsseldorf
E-Mail: Minkahaus@aol.com
www.Minka-Hauschild.de

Familientherapie/-aufstellungen

Systemische Familienaufsteller
Institut für Familienaufstellungen Berlin
Erdmuthe Kunath
Schustehrusstr. 27
D – 10585 Berlin

Bert Hellinger Institut Freiburg
Dr. Bertold Ulsamer und Gabriele Ulsamer
Runzstr. 48
D – 79102 Freiburg
E-Mail: bertold.ulsamer@t-online.de
www.bhi-freiburg.de

Über die Autorin

Ursula Wagner, 1964 in Bad Gandersheim, Niedersachsen, geboren, ist Psychologin mit Zusatzausbildungen in Tanztherapie, Kommunikationspsychologie und Coaching. Nach Tätigkeiten in der Erwachsenenbildung und im Kulturmanagement arbeitet sie heute hauptsächlich im Bereich Managementtraining.

Seit zehn Jahren beschäftigt sich Ursula Wagner intensiv mit buddhistischer Meditation, christlicher Mystik und anderen Traditionen sowie der transpersonalen Psychologie.

Bereits seit ihrer Jugend schreibt die Autorin für Tageszeitungen, später auch für eine Kulturzeitschrift. In zehn Jahren als Rundfunkjournalistin, -moderatorin und -sprecherin entstanden zahlreiche Sendungen und Features zu Themen aus Psychologie, Religion und Spiritualität.

Seit einigen Jahren setzt sich Ursula Wagner auch mit den vielfältigen Facetten des Alleinseins auseinander und bietet Beratung rund um das Thema an.

Kontakt:
www.KunstdesAlleinseins.de
E-Mail: info@KunstdesAlleinseins.de